高等学校创新性数智化应用型经济管理规划教材（会计实验系列）

总主编 / 李雪　　主审 / 徐国君

审计实务实验

杨阳 ◎ 主编

陈丽娜　姜林 ◎ 副主编

立信会计出版社
LIXIN ACCOUNTING PUBLISHING HOUSE

图书在版编目(CIP)数据

审计实务实验 / 杨阳主编. —上海：立信会计出版社，2023.7

"十四五"高等学校创新性数智化应用型经济管理规划教材. 会计实验系列

ISBN 978-7-5429-7090-9

Ⅰ.①审… Ⅱ.①杨… Ⅲ.①审计学-高等学校-教材 Ⅳ.①F239.0

中国国家版本馆 CIP 数据核字(2023)第 118919 号

策划编辑	方士华
责任编辑	郭　光
助理编辑	崔姝然　窦乔伊
美术编辑	吴博闻

审计实务实验
SHENJI SHIWU SHIYAN

出版发行	立信会计出版社
地　　址	上海市中山西路 2230 号　　邮政编码　200235
电　　话	(021)64411389　　传　　真　(021)64411325
网　　址	www.lixinph.com　　电子邮箱　lixinaph2019@126.com
网上书店	http://lixin.jd.com　　http://lxkjcbs.tmall.com
经　　销	各地新华书店
印　　刷	上海华业装潢印刷有限公司
开　　本	787 毫米×1092 毫米　1/16
印　　张	19.25
字　　数	493 千字
版　　次	2023 年 7 月第 1 版
印　　次	2023 年 7 月第 1 次
书　　号	ISBN 978-7-5429-7090-9/F
定　　价	49.80 元

如有印订差错，请与本社联系调换

总　序

教材是高校实现人才培养目标的重要载体,教材及教材建设对高校发展具有举足轻重的作用。与培养模式相对应的教材是培养合格人才的基本保证,是实现培养目标的重要工具。由于历史的原因,在财经类教材的出版方面,相关出版社出版研究型本科或者高职高专、中等职业等层次的教材较多,应用型本科教材较少。虽然近年来一些应用型本科教材也陆续出版,但总体而言,这些教材还是缺乏权威性、普适性、实用性、创新性。造成这种状况的原因主要在于:出版社对财经类应用型本科教材的出版还不够重视,没有进行有效的组织;财经类应用型本科院校多为新建院校,教材建设相对滞后,主观上也较愿意使用研究型本科教材;在教材使用中存在比较严重的混用现象,教材目标读者群不明确,如不少教材既适用于研究型本科院校又适用于应用型本科院校,或者既适用于本科院校又适用于高职高专院校。

由于目前财经类应用型本科教材种类和数量匮乏或质量欠佳,财经类应用型本科院校不得不沿用传统研究型教材。这些教材本身的质量很好、级别很高,但是并不适用于应用型本科院校的教学,教师和学生普遍反映不好用。即使在全国范围看,也还没有相对成套、成熟的适合财经类应用型本科院校的教材。现有教材存在的主要问题包括:①教材的定位和要求过高;②教材的内容偏多、难度偏大;③教材着重于理论解释,相关案例、实训等内容较少,缺乏普适性、实用性。

与此同时,信息技术的快速发展使学生的学习习惯和阅读习惯发生了改变,不断朝个性化、自主学习的方向发展,传统的单一纸质教材已经无法适应这种变化。翻转课堂、慕课、微课等网络课程的兴起,混合式教学的不断推进,也对立体化教材建设提出了新的要求。教材作为一种课堂上的教学工具、一种传播媒介,理应顺势而为,随课堂形式、学生学习方式的改变而改变,朝着数字化、立体化、可视化的方向发展。因此,需要编写适应学生水平、便于学生接受的立体化财经类应用型本科教材。

我们组织具有多年应用型人才培养经验的优秀教师和实务界专家编写了这套教材。本系列教材有《会计基本技能》《出纳实务》《基础会计》《中级财务会计》《成本会计》《管理会计》《会计信息系统》《财务管理》《审计学》《高级财务会计》《商业分析》《税法》《经济法》《金融学》等品种。为了保证教材的质量,本系列教材聘请了知名高校的专家教授进行专门指导和审核。每本教材至少有一名本学科的知名专家或学科带头人提出审核指导意见,至少有一名高等院校教学一线的高级职称教师组织编写,至少有一名行业协会、实务界专家或教学研究机构人员提出编写建议。

本系列教材的特色如下。

1. 应用性

应用型本科的教材建设应坚持培养应用型本科人才的定位,充分吸收和借鉴传统的普通本科教材与高职高专类教材建设的优点和经验,以就业为导向,做到理论上高于高职高专类教材、动手能力的培养上高于传统的本科院校教材。本系列教材体现了应用型本科的定位,体现了素质教育和"以学生发展为本"的教育理念,遵循了高等教育教学基本规律,重视知识、能力和素质的协调发展,根据应用型人才培养模式对学生的创新精神、实践能力和适应能力的要求,在内容选材、教学方法、学习方法、实验和实训配套等方面突出了应用性特征。

2. 针对性

本系列教材的编写符合会计学、财务管理和审计学等专业的培养目标、培养需求、业务规格和教学大纲的基本要求,与各专业的课程结构和课程设置相对应,与课程平台和课程模块相对应。教材在结构纵横的布局、内容重点的选取、示例习题的设计等方面符合教改目标和教学大纲的要求,把教师的备课、试讲、授课、辅导答疑等教学环节有机地结合起来。

3. 立体化

本系列教材为立体化教材,实现了由传统纸质教材向"纸质教材+数字资源"的转变,通过技术手段将晦涩难懂的理论知识转变为直观的具体知识,以立体化、数字化的方式呈现,包括图文、动画、音频、视频等多种形式,生动、有趣且易懂,不仅可以激发学生的学习兴趣,还有利于教学效果的提升。

4. 趣味性

本系列教材注重趣味性,使用了大量的例题和案例,每章都加入了"思政育人""相关思考""延伸阅读"等内容,使读者能够加深理解,便于掌握相关内容。在案例、例题等的设计选用上重点突出趣味性,易于引发读者的共鸣。

5. 先进性

本系列教材反映了应用型会计人才教育教学改革的内容,能够反映学科领域的新发展。教材的整体规划、每一种教材的内容构建等均体现了创新性。教材还强调了系列配套,包括了教材、学习参考书、教学课件等。立体化教材在内容修订上更具有明显优势,线上资源可以随时根据政策法规、理论知识或工作实务等的变化进行调整,更有利于保持教材内容的先进性。

6. 基础性

本系列教材将打破传统教材自身知识框架的封闭性,尝试多方面知识的融会贯通,注重知识层次的递进,体现每一门科目的基本内容,同时在具体内容上突出实际运用能力,做到"教师易教,学生乐学,技能实用"。

7. 易于自学

自学能力是大学生的一项基本能力。学生只有具备了自主学习的能力,才能最终建立起终身学习的保障体系,这也是应用型本科人才培养的客观要求。应用技术型高校的生源素质与普通高校相比存在一定的差距,除了一部分是高考发挥失误的学生,还有一部分学生在学习习惯、基础知识等方面存在一定的欠缺,这就要求教材能够调动这部分学生的学习积极性,在理论方面尽量通俗易懂,在实践方面尽量采用案例式教学。为了有利于学生课后自主学习,本系列教材配套了学习指导书和教学课件。

因此,本系列教材的定位准确,特色明显,适用于应用型本科院校教学,容易得到学生和市场的认可,便于学生的自学和教师的教学。

"十四五"高等学校创新性数智化应用型经济管理规划教材凝聚了众多领导、教授和专家多年来的经验和心血。当然,由于我们的经验和人力有限,教材中难免存在不足,我们期待着各位同行、专家和读者的批评指正。我们将伴随着经济发展和会计环境的变迁不断修订教材,以便及时反映学科的最新发展和人才培养的最新变化。

本系列教材自 2014 年出版后,得到市场的认可,深受广大高校师生的欢迎。为了更好地回馈读者,本系列教材从 2017 年起启动第二版的修订工作,2019 年启动第三版的修订工作,2021 年启动第四版的修订工作。各种教材的修订版将陆续出版。我们会一如既往地做好教材修订和相关服务工作,希望广大读者对本套系列教材继续给予支持。

李 雪

2023 年 7 月

前言

本教材是适用于会计学、审计学专业"互联网＋"课、岗、训融合的新形态一体化教材,是教育信息化环境下以纸质教材与移动终端互联的多维立体可视化教材。

"审计实务实验"是高等学校会计学专业的核心课程。本教材符合高等学校会计专业课程设置和审计实验课程教学基本要求,为适应和满足高等学校精细化人才培养和全面素质教育的需要而编写。本教材涵盖了一般财务报表审计的主要工作环节和重要任务,以企业仿真会计资料为主线、以注册会计师审计工作底稿为载体,充分考虑到学生已有的知识、技能、经验与兴趣,将枯燥的审计准则和专业知识与生动、鲜活、可读的现实审计案例相融合。本教材在内容安排上融"教""学""做"于一体,易教、易懂、易学。本教材详细提出了模拟实验要求,操作性强,注重培养学生的实践操作能力,注重夯实学生基本素质和能力,突出对专业拓展素质和能力的培养,有利于全面培养学生的就业素质和能力,缩短审计理论学习与实务工作的距离。本教材寓价值观引导于知识传授和能力培养之中,协同推进课程思政建设。

本教材具有以下特点。

1. 框架清晰、知识连贯

本教材围绕审计岗位的实务工作,设置了审计计划阶段、审计实施阶段和审计完成阶段等内容。在此基础上,教材对每个知识点进行了细分,采用承上启下的编写方式,知识连贯,理论讲解全面,实践操作性强。

2. 仿真实训、流程性强

本教材结合了大量的业务原始单据、账簿及非财务资料,学生可以接触到真实的工作底稿,获得真实的业务实操体验。同时,本教材采用"业务流程式"编写模式,实训以流程为主,能够帮助学生切实体会审计工作的具体流程步骤。

3. 内容丰富、突出能力

根据现阶段就业岗位的实际情况,本教材以审计岗位的各种业务为主线,以介绍工作流程中的各个程序和操作步骤为主要内容,围绕职业能力培养,注重内容的实用性和针对性,体现审计实践课程的本质特征。

4. 资源丰富、融入思政

本教材针对部分重要内容设置了二维码,配有相关视频、操作动画、前沿资讯、拓展阅读等资源,便于学生利用碎片化时间,随时随地观看微课视频,做相应的实训练习,从而提高学生学习的热情和积极性。同时,本教材融入课程思政元素,增加了教材的知识性、人文性、时代性和开放性。

本教材由杨阳任主编,由陈丽娜、姜林任副主编,多位优秀教师和实务界专家参编。各章撰写分工如下:第一章总论由姜林编写,第二章审计计划阶段由杨阳编写,第三章风险评估阶段由赵珍珍编写,第四章采购与付款循环审计由杨阳编写,第五章生产与存货循环审计由陈丽娜编写,第六章销售与收款循环审计由陈丽娜编写,第七章筹资与投资循环审计由姜林编写,第八章人力资源与工薪循环审计由姜林编写,第九章货币资金循环审计由杨阳编写,第十章审计完成阶段由韩真真编写。

  本教材在编写过程中参考了大量相关教材和论著,在此向有关作者致以深深的谢意!同时,本教材得到了厦门网中网软件有限公司的大力支持,引用网中网软件中的原始凭证、仿真单据、软件操作界面、实训案例任务试题等资料,在此深表感谢!

  在本教材的编写中,参编教师进行了多次讨论研究,力求立意新颖、理念先进、内容充实、结构合理。然而,由于编者的理论水平和实践经验有一定的局限性,本教材中可能有不足之处,敬请读者提出宝贵意见,以便日后不断改进和完善。

编者
2023 年 7 月

目 录

第一章 总论 ·· 1
  第一节 审计概述 ·· 2
  第二节 审计要素 ·· 4
  第三节 审计目标及审计证据 ·· 6
  第四节 审计的基本要求 ·· 11
  第五节 审计风险及审计抽样 ·· 12

第二章 审计计划阶段 ·· 16
  第一节 初步业务活动与审计业务约定书 ·· 17
  第二节 总体审计策略和具体审计计划 ·· 22
  第三节 重要性水平 ·· 24

第三章 风险评估阶段 ·· 27
  第一节 风险评估程序 ·· 28
  第二节 了解被审计单位及其环境 ·· 30
  第三节 了解被审计单位的内部控制 ·· 35
  第四节 评估重大错报风险 ·· 39

第四章 采购与付款循环审计 ·· 43
  第一节 采购与付款循环控制测试 ·· 44
  第二节 固定资产审计 ·· 56
  第三节 在建工程审计 ·· 71
  第四节 应付账款审计 ·· 77
  第五节 管理费用审计 ·· 87

第五章 生产与存货循环审计 ·· 100
  第一节 生产与存货循环控制测试 ·· 102
  第二节 存货审计 ·· 116
  第三节 营业成本审计 ·· 144

第六章 销售与收款循环审计 ··· 151
第一节 销售与收款循环控制测试 ··· 152
第二节 应收账款审计 ··· 168
第三节 营业收入审计 ··· 184

第七章 筹资与投资循环审计 ··· 200
第一节 筹资与投资循环控制测试 ··· 201
第二节 以公允价值计量且其变动计入当期损益的金融资产审计 ··· 207
第三节 长短期借款审计 ··· 211
第四节 财务费用审计 ··· 220
第五节 其他应收应付款审计 ··· 224

第八章 人力资源与工薪循环审计 ··· 232
第一节 人力资源与工资薪金循环控制测试 ··· 233
第二节 应付职工薪酬审计 ··· 240

第九章 货币资金循环审计 ··· 249
第一节 货币资金循环控制测试 ··· 250
第二节 库存现金审计 ··· 257
第三节 银行存款审计 ··· 261
第四节 货币资金其他实质性程序 ··· 269

第十章 审计完成阶段 ··· 275
第一节 试算平衡 ··· 276
第二节 审计报告 ··· 284

参考文献 ··· 295

第一章 总 论

知识框架

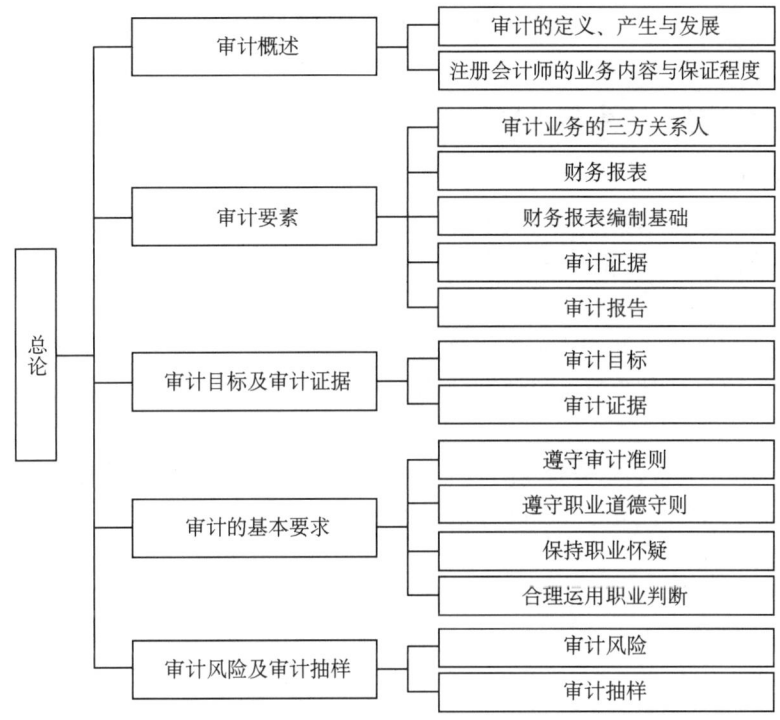

实验目标

1. 了解审计的定义、产生与发展,理解注册会计师的业务内容与保证程度。
2. 掌握审计各要素的基本内容。
3. 熟悉审计目标、审计证据及审计工作底稿,了解审计的基本要求、审计风险。
4. 熟练掌握审计抽样的方法。

思政育人

阮啸仙:党的审计事业的开拓者

阮啸仙,1897年出生于广东省河源市。1920年,他加入中国社会主义青年团(中国共产主义青年团前身),1921年春,加入广州共产主义小组,成为党的早期成员之一。1922年秋,阮啸仙受广东党组织委派,负责筹备成立社会主义青年团两广区委员会,他也由此成为广东社会主义青年团的主要创始人和领导人。

1928年6月,中共六大在莫斯科召开,阮啸仙被选举为中央审查委员会委员。1934年2月,他又出任中华苏维埃共和国临时中央政府审计委员会主任,成为我党第一任中央审计委员会主任。上任后,阮啸仙开源节流,按照临时中央政府发布的《审计条例》,围绕预算、决算制度的建立和完善,财政的统一和反贪污浪费斗争等,开展了富有成效的审计工作,严肃了财政纪律,极大地预防和制止了腐败行为的发生,为人民审计制度的建立奠定了基础。

资料来源:李树泉.阮啸仙:党的审计事业的开拓者[J].党建,2021(01):65-66.

第一节 审计概述

一、审计的定义、产生与发展

(一) 审计的定义

本教材主要介绍财务报表审计,财务报表审计是指注册会计师对财务报表是否不存在重大错报提供合理保证,以积极方式提出意见,增强除了管理层的预期使用者对财务报表信赖的程度。

上述定义可以从以下几个方面加以理解:

(1) 审计的用户是财务报表的预期使用者,即审计可以用来有效满足财务报表预期使用者的需求。

(2) 审计的目的是改善财务报表的质量或内涵,增强除了管理层的预期使用者对财务报表的信赖程度,即以合理保证的方式提高财务报表的可信度,而不涉及如何利用信息提供建议。

(3) 合理保证是一种高水平保证。当注册会计师获取充分、适当的审计证据将审计风险降至可接受的低水平时,就获取了合理保证。审计存在固有限制,注册会计师据以得出结论和形成审计意见的大多数审计证据是说服性而非结论性的,因此,审计只能提供合理保证,不能提供绝对保证。

(4) 审计的基础是独立性和专业性。审计通常由具备专业胜任能力和独立性的注册会计师来执行,注册会计师应当独立于被审计单位和预期使用者。

(5) 审计的最终产品是审计报告。注册会计师针对财务报表是否在所有重大方面按照财务报表编制基础编制并实现公允反映发表审计意见,并以审计报告的形式予以传达。注册会计师按照审计准则和相关职业道德要求执行审计工作,能够形成意见。

(二) 审计的产生与发展

公司制度产生于19世纪中期,与之相对应,注册会计师制度也产生于这一时期。注册会计师制度源于企业所有权和经营权的分离,即"两权"分离。随着股份有限公司的出现以及"两权"分离,所有者不再直接参与企业的日常经营管理,这就产生了所有者如何对经营者的行为进行监督和控制的问题,由此产生了经营者定期通过财务报表向所有者报告财务状况和经营成果的需要。财务报表是由企业管理层编制和提供的,其自身利益通常与企业的财务状况与经营成果挂钩,因此,需要由独立的第三方——注册会计师对财务报表进行审计,以出具客观、公正的审计报告。

市场经济是信息经济。会计信息对资源配置具有重要作用,财务报表使用者需要根据财务报表作出各种经济决策。由于企业管理层是提供财务报表的责任主体,编制的财务报表容易受到利益驱动而失实,注册会计师的审计能够有效地降低财务报表使用者进行决策所面临的信息失真风险,提高经济决策的有效性,维护市场经济秩序和保护公众利益。在审计的发展过程中,注册会计师为了满足委托人的需要、应对审计环境的变化,持续创新审计方法。审计方法的创新经历了账项基础审计、制度基础审计和风险导向审计三个阶段。

我国注册会计师制度出现于20世纪初,伴随着市场经济的萌芽与发展而产生。中华人民共和国成立初期,随着对资本主义工商业的社会主义改造的完成、高度集中的计划经济体制的建立,市场经济退出历史舞台,注册会计师制度一度被中断。1978年,我国作出"对外开放、对内搞活"的改革开放伟大决策,外国投资者大量涌入我国。为保护投资者利益,建立注册会计师制度迫在眉睫。1980年12月,我国开始重建注册会计师制度,并取得了较快的发展。随着我国以建立社会主义市场经济体制为导向的改革的不断深入,注册会计师发挥的作用越来越大,服务领域遍布经济生活的各个方面,涉及公司设立验资、变更登记验资、国有企业改组上市和上市公司年度财务报表审计等诸多领域。注册会计师除提供审计服务外,还为企业提供管理咨询、会计服务、代理纳税等服务。

二、注册会计师的业务内容与保证程度

注册会计师执行的业务分为鉴证业务和相关服务两类。鉴证业务包括审计、审阅和其他鉴证业务。相关服务包括代编财务信息、对财务信息执行商定程序、税务咨询和管理咨询等。

鉴证业务的保证程度分为合理保证和有限保证。审计属于合理保证(高水平保证)的鉴证业务,注册会计师将审计业务风险降至审计业务环境下可接受的低水平,以此作为以积极方式提出审计意见的基础。审阅属于有限保证(低于审计业务的保证水平)的鉴证业务,注册会计师将审阅业务风险降至审阅业务环境下可接受的水平,以此作为以消极方式提出审阅结论的基础。

 相关思考 1-1

合理保证和有限保证有什么区别

【思考题】 合理保证和有限保证这两种业务类型的区别是什么?

合理保证和有限保证这两种业务类型的区别主要体现在目标、证据收集程序、所需证据数量、检查风险、财务报表的可信性和提出结论的方式几个方面,如表1-1所示。

表1-1　　　　　　　　　　合理保证和有限保证的区别

业务类型的区别	合理保证 (财务报表审计)	有限保证 (财务报表审阅)
目标	在可接受的低审计风险下,以积极方式对财务报表整体发表审计意见,提供高水平的保证	在可接受的审阅风险下,以消极方式对财务报表整体发表审阅意见,提供有意义水平的保证。该保证水平低于审计业务的保证水平

(续表)

业务类型的区别	合理保证 (财务报表审计)	有限保证 (财务报表审阅)
证据收集程序	通过一个不断修正的、系统化的执业过程,获取充分、适当的证据,证据收集程序包括检查记录或文件、检查有形资产、观察、询问、函证、重新计算、重新执行、分析程序等	通过一个不断修正的、系统化的执业过程,获取充分、适当的证据,证据收集程序受到有意识的限制,主要采用询问和分析程序获取证据
所需证据数量	较多	较少
检查风险	较低	较高
财务报表的可信性	较高	较低
提出结论的方式	以积极方式提出结论。例如,"我们认为,ABC公司财务报表在所有重大方面按照《企业会计准则》的规定编制,公允反映了ABC公司2×22年12月31日的财务状况以及2×22年度的经营成果和现金流量"	以消极方式提出结论。例如,"根据我们的审阅,我们没有注意到任何事项使我们相信,ABC公司财务报表没有按照《企业会计准则》的规定编制,未能在所有重大方面公允反映被审阅单位的财务状况、经营成果和现金流量"

第二节 审计要素

注册会计师通过收集充分、适当的证据来评价财务报表是否在所有重大方面符合会计准则的要求,并出具审计报告,从而提高财务报表的可信性。对财务报表审计而言,审计业务要素包括审计业务的三方关系人、财务报表、财务报表编制基础、审计证据和审计报告。

一、审计业务的三方关系人

三方关系人分别是注册会计师、被审计单位管理层(责任方)、财务报表预期使用者。注册会计师对由被审计单位管理层负责的财务报表发表审计意见,以增强除了管理层的预期使用者对财务报表的信赖程度。财务报表由被审计单位管理层负责编制,因此,注册会计师的审计意见主要向除了管理层的预期使用者提供。在某些情况下,管理层和预期使用者可能来自同一企业,但并不意味着两者就是同一方。例如,某公司同时设有董事会和监事会,监事会需要对董事会和管理层负责编制的财务报表进行监督。

审计意见有利于提高财务报表的可信性,有可能对管理层有用,因此,在这种情况下,管理层也会成为预期使用者之一,但不是唯一的预期使用者。例如,管理层是审计报告的预期使用者之一,但同时预期使用者还包括企业的股东、债权人、监管机构等。因此,是否存在三方关系是判断某项业务是否属于审计业务的重要标准之一。

二、财务报表

在财务报表审计中,审计对象是历史的财务状况、经营业绩和现金流量,而审计对象的载体是财务报表。财务报表是指依据某一财务报表编制基础对被审计单位历史财务信息作出的结构性表述,旨在反映某一时点的经济资源或义务或者某一时期经济资源或义务的变化。财务报表通常是指整套财务报表,有时也指单一财务报表。披露包括适用的财务报表编制基础所要求的、明确允许的或通过其他形式允许作出的解释性或描述性信息。披露是财务报表不可分割的组成部分,其主要在财务报表附注中反映,也可能在财务报表表内反映,或通过财务报表中的交叉索引予以提及。

管理层和治理层(如适用)在编制财务报表时需要:①根据相关法律法规的规定确定适用的财务报表编制基础。②根据适用的财务报表编制基础编制财务报表。③在财务报表中对适用的财务报表编制基础作出恰当的说明。编制财务报表要求管理层根据适用的财务报表编制基础,运用判断,作出合理的会计估计,选择和运用恰当的会计政策。

财务报表可以按照某一财务报告编制基础编制,旨在满足下列需求之一:①财务报表使用者共同的财务信息需求(即通用目的财务报表的目标)。②财务报表特定使用者的财务信息需求(即特殊目的财务报表的目标)。

三、财务报表编制基础

注册会计师在运用职业判断对审计对象作出合理一致的评价或计量时,需要有适当的标准。在财务报表审计中,财务报表编制基础即是标准。适用的财务报表编制基础,是指法律法规要求采用的财务报表编制基础;或者管理层和治理层(如适用)在编制财务报表时,就被审计单位的性质和财务报表的目标而言,采用的可接受的财务报表编制基础。财务报表编制基础分为通用目的编制基础和特殊目的编制基础。通用目的编制基础,旨在满足广大财务报表使用者共同的财务信息需求,主要是指《企业会计准则》和相关会计制度。特殊目的编制基础,旨在满足财务报表特定使用者的财务信息需求,包括计税核算基础、监管机构的报告要求和合同的约定等。

四、审计证据

注册会计师对财务报表提供合理保证建立在获取充分、适当的审计证据的基础上。审计证据是指注册会计师为了得出审计结论和形成审计意见而使用的必要信息。

审计证据具有累积性,除了在审计过程中通过实施审计程序获取,还可能从其他来源获取,如以前审计中获取的信息(前提是注册会计师已确定自上次审计后是否已发生变化,这些变化是否影响这些信息对本期审计的相关性)或会计师事务所在接受与保持客户或业务时实施质量管理程序获取的信息。除从被审计单位内部其他来源和外部来源获取的信息外,会计记录也是重要的审计证据来源。同样,被审计单位雇用或聘请的专家编制的信息也可以作为审计证据。审计证据既包括支持和佐证管理层认定的信息,又包括与这些认定相矛盾的信息。在某些情况下,信息的缺乏(如管理层拒绝提供注册会计师要求的声明)本身也构成审计证据,可以被注册会计师利用。在形成审计意见的过程中,注册会计师的大部分工作是获取和评价审计证据。

审计证据的充分性和适当性相互关联。充分性是对审计证据数量的衡量。注册会计师需要获取的审计证据的数量受其对重大错报风险评估的影响(评估的重大错报风险越高,需要的审计证据可能越多),并受审计证据质量的影响(审计证据质量越高,需要的审计证据可能越少)。然而,注册会计师仅靠获取更多的审计证据可能无法弥补其质量上的缺陷。审计证据的适当性是对审计证据质量的衡量,即审计证据在支持审计意见所依据的结论方面具有的相关性和可靠性。审计证据的可靠性受其来源和性质的影响,并取决于获取审计证据的具体环境。

由于不同来源或不同性质的审计证据可以证明同一项认定,注册会计师可以考虑获取证据的成本与所获取信息有用性之间的关系,但不应仅以获取证据的困难和成本为由,减少不可替代的程序。在评价证据的充分性和适当性以支持鉴证报告时,注册会计师应当运用职业判断,并保持职业怀疑态度。

五、审计报告

注册会计师应当针对财务报表在所有重大方面是否符合适当的财务报表编制基础,以书面报告的形式发表能够提供合理保证程度的意见。如果对财务报表发表无保留意见,除非法律法规另有规定,注册会计师应当在审计意见中使用"财务报表在所有重大方面按照适用的财务报表编制基础(如《企业会计准则》等)编制,公允反映了……"的措辞。

如果存在下列情形之一,注册会计师应当对财务报表发表恰当的非无保留意见:
(1) 根据获取的审计证据,得出财务报表整体存在重大错报的结论。
(2) 无法获取充分、适当的审计证据,不能得出财务报表整体不存在重大错报的结论。

除了审计准则规定的注册会计师对财务报表出具审计报告的责任,相关法律法规可能对注册会计师设定了其他报告责任。如果注册会计师还履行了其他报告责任,应当在审计报告中以"按照相关法律法规的要求报告的事项"为标题,并将其单独作为一部分。

第三节 审计目标及审计证据

一、审计目标

审计目标分为总体审计目标和具体审计目标。总体审计目标是指注册会计师为完成整体审计工作而达到的预期目的。具体审计目标是指注册会计师通过实施审计程序以确定管理层在财务报表中确认的各类交易、账户余额、披露层次认定是否恰当。注册会计师在了解每个项目的认定后,就很容易确定每个项目的具体目标。

1. 总体审计目标

在执行财务报表审计工作时,注册会计师的总体审计目标是:
(1) 对财务报表整体是否不存在由于舞弊或错误导致的重大错报获取合理保证,使得注册会计师能够对财务报表是否在所有重大方面按照适用的财务报表编制基础编制发表审计意见。
(2) 按照审计准则的规定,根据审计结果对财务报表出具审计报告,并与管理层和治理层沟通。在任何情况下,如果不能获取合理保证,并且在审计报告中发表保留意见也不足以实现向预期使用者报告的目的,注册会计师应当按照审计准则的规定出具无法表示意见的审计报告,或者在法律法规允许的情况下终止审计业务或解除业务约定。注册会计师是否按照审计准则的规定执行审计工作,取决于注册会计师在具体情况下实施的审计程序,由此获取的审计证据的充分性和适当性,以及根据总体审计目标和对审计证据的评价结果而出具审计报告的恰当性。

2. 具体审计目标

注册会计师了解认定后,就很容易确定每个项目的具体审计目标,并以此作为评估重大错报风险以及设计和实施进一步审计程序的基础。

1) 与审计期间各类交易、事项及相关披露相关的审计目标

(1) 发生:由发生认定推导的审计目标是确认已记录的交易是真实的。例如,如果没有发生销售交易,但在销售日记账中记录了一笔销售,则违反了该目标。发生认定所要解决的问题是管理层是否把那些不曾发生的项目列入财务报表,它主要与财务报表组成要素的高估有关。

(2) 完整性:由完整性认定推导的审计目标是确认已发生的交易确实已经记录,所有应包括在财务报表中的相关披露均已包括。例如,如果发生了销售交易,但没有在销售明细账和总账中记录,则违反了该目标。

发生和完整性两者强调的是相反的关注点。发生目标针对多记、虚构交易(高估),而完整性目标则针对漏记交易(低估)。

(3) 准确性:由准确性认定推导出的审计目标是确认已记录的交易是按正确金额反映的,相关披露已得到恰当计量和描述。例如,如果在销售交易中,发出商品的数量与账单上的数量不符,或是开账单时使用了错误的销售价格,或是账单中的乘积或加总有误,或是在销售明细账中记录了错误的金额,则违反了该目标。

准确性与发生、完整性之间存在区别。例如,若已记录的销售交易是不应当记录的(如发出的商品是寄销商品),则即使发票金额是准确计算的,仍违反了发生目标。又如,若已入账的销售交易是对正确发出商品的记录,但金额计算错误,则违反了准确性目标,没有违反发生目标。在完整性与准确性之间也存在同样的关系。

(4) 截止:由截止认定推导出的审计目标是确认接近于资产负债表日的交易记录于恰当的期间。例如,如果本期交易推到下期,或下期交易提到本期,均违反了截止目标。

(5) 分类:由分类认定推导出的审计目标是确认被审计单位记录的交易经过适当分类。例如,如果将出售经营性固定资产所得的收入记为营业收入,则导致交易分类的错误,违反了分类的目标。

(6) 列报:由列报认定推导出的审计目标是确认被审计单位的交易和事项已被恰当地汇总或分解且表述清楚,相关披露在适用的财务报表编制基础下是相关的、可理解的。

2) 与期末账户余额及相关披露相关的审计目标

(1) 存在:由存在认定推导的审计目标是确认记录的金额确实存在。例如,如果不存在某顾客的应收账款,在应收账款明细表中却列入了对该顾客的应收账款,则违反了存在目标。

(2) 权利和义务:由权利和义务认定推导的审计目标是确认资产归属于被审计单位,负债属于被审计单位的义务。例如,将他人寄售商品列入被审计单位的存货中,违反了权利目标;将不属于被审计单位的债务记入账内,违反了义务目标。

(3) 完整性:由完整性认定推导的审计目标是确认已存在的金额均已记录,所有应包括在财务报表中的相关披露均已包括。例如,如果存在某顾客的应收账款,而应收账款明细表中却没有列入,则违反了完整性目标。

(4) 准确性、计价和分摊:资产、负债和所有者权益以恰当的金额包括在财务报表中,与之相关的计价或分摊调整已恰当记录,相关披露已得到恰当计量和描述。

(5) 分类:资产、负债和所有者权益已记录于恰当的账户。

(6) 列报:资产、负债和所有者权益已被恰当地汇总或分解且表述清楚,相关披露在适用的财务报表编制基础下是相关的、可理解的。

3. 认定

认定与具体审计目标密切相关,注册会计师的基本职责就是确定被审计单位管理层对财务报表的认定是否恰当。注册会计师了解认定,就是要确定每个项目的具体审计目标。

1) 认定的含义

审计的认定是指管理层对财务报表组成要素的确认、计量、列报作出明确或隐含的表达。注册会计师将认定用于考虑可能发生的不同类型的潜在错报。通过考虑可能发生的不同类型的潜在错报,注册会计师运用认定评估风险,并据此设计审计程序以应对评估风险。当管理层声明财务报表已按照适用的财务报表编制基础编制,并在所有重大方面作出公允反映时,就意味着管理层对各类交易和事项、账户余额以及披露的确认、计量和列报作出了认定。管理层在财务报表上的认定有些是明确表达的,有些则是隐含表达的。例如,管理层在资产负债表中列报存货及其金额,意味着作出下列明确的认定:①记录的存货是存在的。②存货以恰当的金额包括在财务报表中,与之相关的计价或分摊调整已恰当记录。同时,管理层也作出下列隐含的认定:①所有应当记录的存货均已记录。②记录的存货都由被审计单位所有。注册会计师的审计工作就是要确定管理层对财务报表各组成要素作出的认定是否恰当。

2) 关于审计期间各类交易、事项及相关披露的认定

关于审计期间各类交易、事项及相关披露的认定通常分为下列类别:①发生:记录或披露的交易和事项已发生,且这些交易和事项与被审计单位有关。②完整性:所有应当记录的交易和事项均已记录,所有应当包括在财务报表中的相关披露均已包括。③准确性:与交易和事项有关的金额及其他数据已恰当记录,相关披露已得到恰当计量和描述。④截止:交易和事项已记录于正确的会计期间。⑤分类:交易和事项已记录于恰当的账户。⑥列报:交易和事项已被恰当地汇总或分解且表述清楚,相关披露在适用的财务报表编制基础下是相关的、可理解的。

3) 关于期末账户余额及相关披露的认定

关于期末账户余额及相关披露的认定通常分为下列类别:①存在:记录的资产、负债和所有者权益是存在的。②权利和义务:记录的资产由被审计单位拥有或控制,记录的负债是被审计单位应当履行的偿还义务。③完整性:所有应当记录的资产、负债和所有者权益均已记录,所有应当包括在财务报表中的相关披露均已包括。④准确性、计价和分摊:资产、负债和所有者权益以恰当的金额包括在财务报表中,与之相关的计价或分摊调整已恰当记录,相关披露已得到恰当计量和描述。⑤分类:资产、负债和所有者权益已记录于恰当的账户。⑥列报:资产、负债和所有者权益已被恰当地汇总或分解且表述清楚,相关披露在适用的财务报表编制基础下是相关的、可理解的。

注册会计师可以按照上述分类运用认定,也可以按其他方式表述认定,但应涵盖上述所有方面。例如,注册会计师可以选择将关于各类交易、事项及相关披露的认定与关于账户余

额及相关披露的认定综合运用。又如,当发生和完整性认定包含了对交易是否记录于正确会计期间的恰当考虑时,就可能不存在与交易和事项截止相关的单独认定。

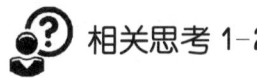相关思考1-2

认定、审计目标和审计程序之间的关系

【思考题】 认定、审计目标和审计程序之间的关系如表1-2所示,你可以将以下四组审计程序分别与其最重要的审计目标对应起来吗?

①从销售发票检查至销售合同和发运凭证。②以应收账款明细账为起点,检查有关合同,确定是否已经收回、出售或质押。③选取发运凭证,追查至销售发票和银行存款的收款记录及赊销记录;选取销售发票,追查至发运凭证和银行存款的收款记录及赊销记录。④检查期后已收回应收账款情况,分析应收账款账龄,确定坏账准备计提是否适当。

表1-2　　　　　　　　认定、审计目标和审计程序之间的关系

认定	审计目标	审计程序
存在	资产负债表列示的存货存在	实施存货监盘程序、从销售发票检查至销售合同和发运凭证
完整性	销售收入包括了所有已发货的交易	检查发货单和销售发票的编号以及销售明细账;选取发运凭证,追查至销售发票和银行存款的收款记录及赊销记录;选取销售发票,追查至发运凭证和银行存款的收款记录及赊销记录
准确性	销售业务是否基于正确的价格和数量,计算是否准确	比较价格清单与发票上的价格、发货单与销售订购单上的数量是否一致,重新计算发票上的金额;检查期后已收回应收账款情况;分析应收账款账龄,确定坏账准备计提是否适当
截止	销售业务记录在恰当的期间	比较上一年度最后几天和下一年度最初几天的发货单日期与记账日期
权利和义务	资产负债表中的固定资产确实为公司所有	查阅所有权证书、购货合同、结算单和保险单;以应收账款明细账为起点,检查有关合同,确定是否已经收回、出售或质押
准确性、计价和分摊	以净值记录应收款项	检查应收账款账龄分析表、评估计提的坏账准备是否充足

二、审计证据

注册会计师应当获取充分、适当的审计证据,以得出合理的审计结论,作为形成审计意见的基础。因此,注册会计师需要确定审计证据的构成、如何获取审计证据、如何确定已收集的证据是否充分适当、收集的审计证据如何支持审计意见。上述内容构成了注册会计师审计工作的基本要求。

1. 审计证据的含义

审计证据是指注册会计师为了得出审计结论、形成审计意见而使用的所有信息。审计

证据包括构成财务报表基础的会计记录所含有的信息和其他的信息。证据是一个适用性较广的概念,不仅注册会计师执行审计工作需要证据,科学家和律师也需要证据。在科学实验中,科学家获取证据,以得出关于某项理论的结论;在法律案件中,法官需要根据严密确凿的证据,以提出审判结论;注册会计师必须在每项审计工作中获取充分、适当的审计证据,以满足发表审计意见的要求。

2. 会计记录中含有的信息

依据会计记录编制财务报表是被审计单位管理层的责任,注册会计师应当测试会计记录以获取审计证据。会计记录主要包括原始凭证、记账凭证、总分类账和明细分类账、未在记账凭证中反映的对财务报表的其他调整,以及支持成本分配、计算、调节和披露的手工计算表和电子数据表。上述会计记录是编制财务报表的基础,是构成注册会计师执行财务报表审计业务所需获取的审计证据的重要部分。这些会计记录通常是电子数据,因而要求注册会计师对被审计单位内部控制予以充分关注,以确保获取这些记录的真实性、准确性和完整性。电子形式的会计记录可能只能在特定时间获取,如果不备份文件,特定期间之后有可能无法再获取这些记录。会计记录取决于相关交易的性质,它既包括被审计单位内部生成的手工或电子形式的凭证,又包括从与被审计单位进行交易的其他企业收到的凭证。此外,会计记录还可能包括:

(1) 销售发运单和发票、顾客对账单以及顾客的汇款通知单。

(2) 附有验货单的订购单、购货发票和对账单。

(3) 考勤卡和其他工时记录、工薪单、个别支付记录和人事档案。

(4) 支票存根、电子转移支付记录、银行存款单和银行对账单。

(5) 合同记录。例如,租赁合同和分期付款销售协议。

(6) 记账凭证。

(7) 分类账账户调节表。

3. 其他的信息

会计记录中含有的信息本身并不足以提供充分的审计证据作为对财务报表发表审计意见的基础,注册会计师还应当获取用作审计证据的其他的信息。可用作审计证据的其他的信息包括:①注册会计师从被审计单位内部或外部获取除会计记录以外的信息,如被审计单位会议记录、内部控制手册、询证函的回函、分析师的报告、与竞争者的比较数据等。②通过询问、观察和检查等审计程序获取的信息,如通过检查存货获取存货存在的证据等。③自身编制或获取的可以通过合理推断得出结论的信息,如注册会计师编制的各种计算表、分析表等。

财务报表依据的会计记录中含有的信息和其他的信息共同构成了审计证据,两者缺一不可。如果没有前者,审计工作将无法进行;如果没有后者,可能无法识别重大错报风险。只有将两者结合在一起,才能将审计风险降至可接受的低水平,为注册会计师发表审计意见奠定坚实的基础。

注册会计师应当获取不同来源和不同性质的审计证据,不过,审计证据很少是绝对的,从性质上来看反而是说服性的,并能佐证会计记录中信息的合理性。因此,在确定财务报表公允反映时,注册会计师最终评价的正是这种累计的审计证据。注册会计师将不同来源和不同性质的审计证据综合起来考虑,以此反映出结果的一致性,从而佐证会计记录中信息的合理性。如果审计证据不一致,而且这种不一致可能是重大的,注册会计师应当扩大审计程序的范围,直到不一致得到解决,并针对账户余额或各类交易,获得必要保证。

值得注意的是,用作审计证据的其他的信息,与注册会计师执行财务报表审计时应当阅读被审计单位年度报告中除财务报表和审计报告外的其他信息是两个不同的概念。

第四节 审计的基本要求

一、遵守审计准则

审计准则是衡量注册会计师执行财务报表审计业务的权威性标准,涵盖从接受业务委托到出具审计报告的整个过程,注册会计师在执业过程中应当遵守审计准则的要求。

《中华人民共和国注册会计师法》第二十一条规定,注册会计师执行审计业务,必须按照执业准则、规则确定的工作程序出具报告;第三十五条规定,中国注册会计师协会依法拟订注册会计师执业准则、规则,报国务院财政部门批准后施行。

二、遵守职业道德守则

注册会计师受到与财务报表审计相关的职业道德要求(包括与独立性相关的要求)的约束。相关的职业道德要求通常是指中国注册会计师职业道德守则(以下简称职业道德守则)中与财务报表审计相关的规定。《中国注册会计师职业道德守则第1号——职业道德基本原则》和《中国注册会计师职业道德守则第2号——职业道德概念框架》规定了与注册会计师执行财务报表审计相关的职业道德基本原则,并提供了应用这些原则的概念框架。根据职业道德守则,注册会计师应当遵循的基本原则包括:①诚信。②独立性。③客观公正。④专业胜任能力和勤勉尽责。⑤保密。⑥良好职业行为。《中国注册会计师职业道德守则第3号——提供专业服务的具体要求》和《中国注册会计师职业道德守则第4号——审计和审阅业务对独立性的要求》说明了注册会计师执行审计和审阅业务时如何在具体情形下应用概念框架。

三、保持职业怀疑

在计划和实施审计工作时,注册会计师应当保持职业怀疑,认识到可能存在导致财务报表发生重大错报的情形。职业怀疑是指注册会计师执行审计业务的一种态度,包括采取质疑的思维方式,对可能因舞弊或错误产生错报的情况保持警觉,以及对审计证据进行审慎评价。根据职业怀疑的要求,注册会计师应当做到以下几个方面:

(1) 职业怀疑在本质上要求注册会计师秉持一种质疑的理念。这种理念促使注册会计师在考虑获取的相关信息和得出结论时采取质疑的思维方式。在这种理念下,注册会计师应当具有批判和质疑的精神,摒弃"存在即合理"的逻辑思维,寻求事物的真实情况。同时,职业怀疑与"客观公正""独立性"两项职业道德基本原则密切相关。保持独立性可以提升注册会计师在审计过程中保持客观公正、职业怀疑的能力。

(2) 职业怀疑要求注册会计师对引起疑虑的情形保持警觉。这些情形包括但不限于:

相互矛盾的审计证据;引起对文件记录、对询问的答复的可靠性产生怀疑的信息;表明可能存在舞弊的情况;表明需要实施除了审计准则规定的其他审计程序的情形。

(3)职业怀疑要求注册会计师审慎评价审计证据。审计证据包括支持和印证管理层认定的信息,也包括与管理层认定相互矛盾的信息。审慎评价审计证据是指质疑相互矛盾的审计证据的可靠性。在怀疑信息的可靠性或存在舞弊迹象时(例如,在审计过程中识别出的情况使注册会计师认为文件可能是伪造的或文件中的某些信息已被篡改),注册会计师需要作出进一步调查,并确定需要修改的审计程序或实施追加的审计程序。虽然注册会计师需要权衡审计成本与信息的可靠性,但是,审计中的困难、时间或成本等事项本身,不能作为省略不可替代的审计程序或满足于说服力不足的审计证据的理由。

(4)职业怀疑要求注册会计师客观评价管理层和治理层。管理层和治理层为实现预期利润或趋势结果而承受内部或外部压力,即使以前正直、诚信的管理层和治理层,也可能发生变化。因此,注册会计师不应依赖以往对管理层和治理层在诚信方面形成的判断。即使注册会计师认为管理层和治理层是正直、诚实的,也不能降低保持职业怀疑的要求,不允许在获取合理保证的过程中满足于说服力不足的审计证据。

四、合理运用职业判断

职业判断是指在审计准则、财务报表编制基础和职业道德要求的框架下,注册会计师综合运用相关知识、技能和经验,作出适合审计业务具体情况、有根据的行动决策。

职业判断是注册会计师行业的精髓。从本质上讲,无论是财务报表的编制,还是注册会计师审计,都是由一系列判断行为构成的。职业判断对于适当地执行审计工作是必不可少的,如果没有运用职业判断将相关知识和经验灵活运用于具体事实和情况,仅靠机械地执行审计程序,注册会计师将无法理解审计准则、财务报表编制基础和相关职业道德要求,以致于难以在整个审计过程中作出有依据的决策。

第五节 审计风险及审计抽样

一、审计风险

审计风险是指当财务报表存在重大错报时,注册会计师发表不恰当审计意见的可能性。审计风险是一个与审计过程相关的技术术语,并不是指注册会计师执行业务的法律后果,如因诉讼、负面宣传或其他与财务报表审计相关的事项而导致损失的可能性。审计风险取决于重大错报风险和检查风险。

(一)重大错报风险

重大错报风险是指财务报表在审计前存在重大错报的可能性。重大错报风险与被审计单位的风险相关,且独立于财务报表审计而存在。在设计审计程序以确定财务报表整体是否存在重大错报时,注册会计师应当从财务报表层次和各类交易、账户余额和披露认定层次两个方面考虑重大错报风险。《中国注册会计师审计准则第1211号——重大错报风险的识别和评估》对注册会计师如何评估财务报表层次和认定层次的重大错报风险提出了详细的要求。

1. 两个层次的重大错报风险

财务报表层次的重大错报风险与财务报表整体存在广泛联系,可能影响多项认定。此类风险通常与控制环境有关,但也可能与其他因素有关,如经济萧条。此类风险难以界定于某类交易、账户余额和披露的具体认定;相反,此类风险增大了认定层次发生重大错报的可能性,与注册会计师评估由舞弊引起的风险尤其相关。

注册会计师应当同时考虑各类交易、账户余额和披露认定层次的重大错报风险,考虑的结果直接有助于注册会计师确定认定层次上实施的进一步审计程序的性质、时间安排和范围。注册会计师在各类交易、账户余额和披露认定层次获取审计证据,以便能够在审计工作完成时,以可接受的低审计风险水平对财务报表整体发表审计意见。

2. 固有风险和控制风险

认定层次的重大错报风险又可以进一步细分为固有风险和控制风险。固有风险是指在考虑相关的内部控制之前,某类交易、账户余额或披露的某一认定易于发生错报(该错报单独或连同其他错报可能是重大的)的可能性。一是某些类别的交易、账户余额和披露及其认定,其固有风险较高。例如,复杂的计算比简单计算更可能出错;受重大计量不确定性影响的会计估计发生错报的可能性较大。二是产生经营风险的外部因素也可能影响固有风险,例如,技术进步可能导致某项产品陈旧,进而导致存货易于发生高估错报(计价认定)。三是被审计单位及其环境中的某些因素还可能与多个甚至所有类别的交易、账户余额和披露有关,进而影响多个认定的固有风险。这些因素包括维持经营的流动资金匮乏、被审计单位处于夕阳行业等。

控制风险是指某类交易、账户余额或披露的某一认定发生错报,该错报单独或连同其他错报是重大的,但没有被内部控制及时防止或发现并纠正的可能性。控制风险取决于与财务报表编制有关的内部控制的有效性。由于控制的固有局限性,某种程度的控制风险始终存在。

由于固有风险和控制风险不可分割地交织在一起,故将这两者合并称为"重大错报风险"。但这并不意味着,注册会计师不可以单独对固有风险和控制风险进行评估。相反,注册会计师既可以对两者进行单独评估,又可以对两者进行合并评估。具体采用的评估方法取决于会计师事务所偏好的审计技术和方法,以及实务上的考虑。

(二) 检查风险

检查风险是指如果存在某一错报,该错报单独或连同其他错报可能是重大的,注册会计师为将审计风险降至可接受的低水平而实施程序后没有发现这种错报的风险。检查风险取决于审计程序设计的合理性和执行的有效性。注册会计师通常并不对所有的交易、账户余额和披露进行检查,以及其他原因,检查风险不可能降低为零。其他原因包括注册会计师选择了不恰当的审计程序、审计过程执行不当,或者错误解读了审计结论。这些问题可以通过适当计划、在项目组成员之间进行恰当的职责分配、保持职业怀疑态度以及监督、指导和复核项目组成员执行的审计工作得以解决。

(三) 检查风险与重大错报风险的反向关系

在既定的审计风险水平下,可接受的检查风险水平与认定层次重大错报风险的评估结果呈反向关系。评估的重大错报风险越高,可接受的检查风险越低;评估的重大错报风险越低,可接受的检查风险就越高。检查风险与重大错报风险的反向关系用数学模型表示如下:

审计风险＝重大错报风险×检查风险

这个模型也就是审计风险模型。假设针对某一认定,注册会计师将可接受的审计风险水平设定为5%,注册会计师实施风险评估程序后将重大错报风险评估为25%,则根据这一模型,可接受的检查风险为20%。当然,实务中,注册会计师不一定用绝对数量表达这些风险水平,而是选用"高""中""低"等文字进行定性描述。

注册会计师应当合理设计审计程序的性质、时间安排和范围,并有效执行审计程序,以控制检查风险。上例中,注册会计师应当根据确定的可接受检查风险(20%),设计审计程序的性质、时间安排和范围。审计计划在很大程度上围绕确定审计程序的性质、时间安排和范围而展开。

二、审计抽样

注册会计师在获取充分、适当证据时,需要选取项目进行测试。选取方法包括三种:一是对某总体包含的全部项目进行测试(比如对资本公积项目)。二是对选出的特定项目进行测试,但不推断总体。三是审计抽样,以样本结果推断总体结论。在现实中,企业规模的扩大和经营复杂程度的不断上升,使注册会计师对每一笔交易进行检查变得既不可行,又没有必要。为了在合理的时间内以合理的成本完成审计工作,审计抽样应运而生。审计抽样旨在帮助注册会计师确定实施审计程序的范围,以获取充分、适当的审计证据,得出合理的结论,作为形成审计意见的基础。

审计抽样是指注册会计师对具有审计相关性的总体中低于百分之百的项目实施审计程序,使所有抽样单元都有被选取的机会,为注册会计师针对整个总体得出结论提供合理基础。审计抽样能够使注册会计师获取和评价有关所选取项目某一特征的审计证据,以形成或有助于形成有关总体的结论。总体,是指注册会计师从中选取样本并期望据此得出结论的整个数据集合。抽样单元,则是指构成总体的个体项目。抽样是一个适用性较广的概念,不仅注册会计师执行审计工作时使用抽样,意见调查、市场分析或科学研究都可能用到抽样。但是审计抽样不同于其他行业的抽样,例如,审计抽样可能为某账户余额的准确性提供进一步佐证证据,注册会计师通常只需要评价该账户余额是否存在重大错报,而不需要确定其初始金额,这些初始金额在审计抽样开始之前已由被审计单位记录并汇总完毕。而在运用抽样方法进行意见调查、市场分析或科学研究时,类似的初始数据在抽样开始之前通常并未得到累积、编制或汇总。

所有的审计抽样都需要注册会计师运用职业判断,计划并实施抽样程序,评价样本结果。审计抽样时,注册会计师既可以使用统计抽样方法,又可以使用非统计抽样方法。

在控制测试中进行审计抽样时,只有从抽样总体中选出具有代表性的样本项目,注册会计师才能根据样本的测试结果推断有关总体的结论。因此,不管使用统计抽样还是非统计抽样,在选取样本项目时,注册会计师应当使总体中的每个抽样单元都有被选取的机会。在统计抽样中,注册会计师有必要使用适当的随机选样方法,如简单随机选样或系统随机选样。在非统计抽样中,注册会计师通常使用近似于随机选样的方法,如随意选样。计算机辅助审计技术(CAAT)可以提高选样的效率。选取样本的基本方法包括简单随机选样、系统选样、随意选样和整群选样。

在细节测试中进行审计抽样,可以使用统计抽样,也可以使用非统计抽样。注册会计师在细节测试中常用的统计抽样方法包括货币单元抽样和传统变量抽样。

但审计抽样并非在所有审计程序中都可使用。注册会计师拟实施的审计程序将对运用审计抽样产生重要影响,具体如下：

第一,在风险评估程序中通常不涉及审计抽样。

第二,在进行控制测试时,应根据以下三种情况来分析：

(1) 对于留下运行轨迹的控制,注册会计师可以考虑使用审计抽样实施控制测试。

(2) 对于未留下运行轨迹的控制,注册会计师通常实施询问、观察等审计程序,以获取有关控制运行有效性的审计证据,此时不宜使用审计抽样。

(3) 对于信息技术的应用控制,注册会计师通常只需要测试一般控制,并选取一笔或几笔交易进行测试,就能获取其运行有效性的审计证据,此时不需使用审计抽样。

二维码1-1:
审计抽样示例视频

第三,在进行实质性程序时,也应根据以下三种情况来分析：

(1) 在实施细节测试时,注册会计师可以使用审计抽样获取审计证据,以验证有关财务报表金额的一项或多项认定(如应收账款的存在),或对某些金额作出独立估计(如陈旧存货的价值)。

(2) 在实施实质性分析程序时,不宜使用审计抽样。

(3) 如果注册会计师将某类交易或账户余额的重大错报风险评估为可接受的低水平,也可不实施细节测试,此时不需使用审计抽样。

第二章 审计计划阶段

知识框架

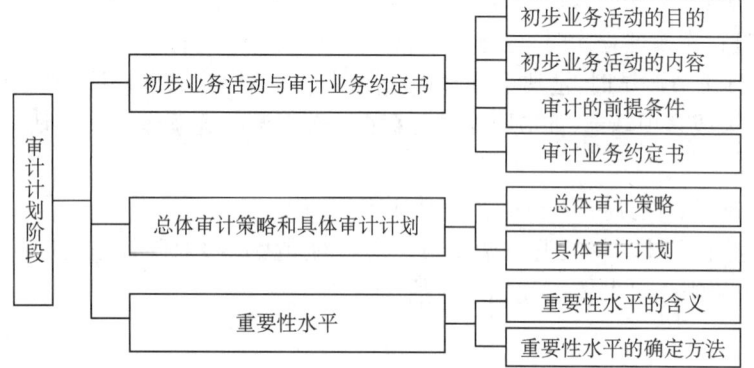

实验目标

1. 了解初步业务活动程序表、业务承接评价表、业务保持评价表。
2. 掌握审计业务约定书编制的目的和内容。
3. 掌握总体审计策略的内容。
4. 掌握具体审计计划的内容。
5. 掌握重要性水平的确定方法。

思政育人

接受审计业务与职业道德

甲会计师事务所通过招投标程序接受委托,负责审计 A 上市公司 2022 年度财务报表,在招投标阶段和审计过程中,双方在审计业务约定书中约定,审计费用按照最终审定营业收入的 1‰ 确定。签订审计业务约定书后,甲会计师事务所发现 A 公司与本事务所另一常年审计客户 B 公司存在直接竞争关系。甲会计师事务所将这一情况告知了 A 公司,并获得了 A 公司的同意,但并未告知 B 公司。A 公司将其供货商的年报审计业务介绍给甲会计师事务所,甲会计师事务所为此支付了 2 000 元业务介绍费。

上述资料中,甲会计师事务所在确定收费时应当主要考虑提供专业服务所需的知识和技能、所需专业人员的水平和经验、各级别专业人员提供服务所需的时间和提供专业服务所需承担的责任。除非法律法规允许,注册会计师不得以或有收费方式提供鉴证服务,收费与

否或收费多少不得以鉴证工作结果或实现特定目的为条件。甲会计师事务所为两家存在直接竞争关系的客户提供审计服务,可能存在利益冲突,应当同时告知A公司和B公司,并在征得客户同意的情况下执行业务。注册会计师支付业务介绍费,可能对客观和公正原则、专业胜任能力以及应有的关注原则产生非常严重的不利影响,导致没有防范措施能够消除不利影响或将其降低至可接受的水平。

第一节 初步业务活动与审计业务约定书

实验目的

通过本节课的学习,学生能够了解初步业务活动的目的和内容,掌握审计业务约定书编制的目的和方法。

理论知识点

初步业务活动是指注册会计师在本期审计业务开始时开展的有利于计划和执行审计工作、实现审计目标的活动的总称。通常在初步业务活动阶段,注册会计师应当实施审计程序,对业务保持和业务承接进行评价。

一、初步业务活动的目的

在本期审计业务开始时,开展初步业务活动的目的包括:
(1) 确保注册会计师已具备执行业务所需的独立性和能力。
(2) 确保不存在因管理层诚信问题而影响注册会计师保持该项业务意愿的事项。
(3) 确保与被审计单位之间不存在对业务约定条款的误解。

二维码2-1:初步业务活动程序表、业务承接评价表、业务保持评价表

二、初步业务活动的内容

开展初步业务活动的内容包括:
(1) 针对保持客户关系和具体审计业务实施相应的质量控制程序。
(2) 评价遵守相关职业道德要求的情况。
(3) 就审计业务约定条款与被审计单位达成一致意见。

三、审计的前提条件

1. 采用可接受的财务报表编制基础

承接鉴证业务的条件之一是财务报表编制基础标准适当,且能够为预期使用者获取。

2. 就管理层的责任达成一致意见

执行审计工作的前提是管理层已认可并理解其承担的责任,包括:①按照适用的财务报表编制基础编制财务报表,并使其实现公允反映。②设计、执行和维护必要的内部控制,使财务报表不存在舞弊或错误导致的重大错报。③向注册会计师提供必要的工作条件,包括允许注册会计师接触与编制财务报表相关的所有信息(如记录、文件和其他事项);向注册会计师提供审计所需要的其他信息,包括允许注册会计师在获取审计证据时不受限制地接触其认为必要的内部人员和其他相关人员。

3. 确认的形式

注册会计师应当要求管理层就其已履行的某些责任提供书面声明。如果管理层不认可其责任,或不同意提供书面声明,注册会计师将不能获取充分、适当的审计证据。在这种情况下,注册会计师承接此类审计业务是不恰当的,除非法律法规另有规定。

四、审计业务约定书

审计业务约定书是会计师事务所与被审计单位签订的,用以记录和确认审计业务的委托与受托关系、审计目标和范围、双方的责任以及报告的格式等事项的书面协议。会计师事务所承接任何审计业务,都应与被审计单位签订审计业务约定书。

1. 审计业务约定书的基本内容

审计业务约定书的基本内容包括:①财务报表审计的目标与范围。②注册会计师的责任。③管理层的责任。④指出用于编制财务报表所使用的财务报表编制基础。⑤提及注册会计师拟出具的审计报告的预期形式和内容,以及对在特定情况下出具的审计报告可能不同于预期形式和内容的说明。

2. 审计业务约定条款的变更

在完成审计业务前,如果被审计单位或委托人要求将审计业务变更为保证程度较低的业务,注册会计师应当确定是否存在合理理由予以变更。下列情况可能导致被审计单位要求变更业务:①环境变化对审计服务的需求产生影响。②对原来要求的审计业务的性质存在误解。③无论是管理层施加的还是其他情况引起的审计范围受到限制。

上述第①和第②项通常被认为是变更业务的合理理由,如果没有合理的理由,注册会计师不应同意变更业务。如果注册会计师不同意变更审计业务约定条款,而管理层又不允许继续执行原审计业务,注册会计师应当在适用的法律法规允许的情况下,解除审计业务约定,确定是否有约定义务或其他义务向治理层、所有者或监管机构等报告该事项。

延伸阅读2-1

或 有 收 费

或有收费是指收费与否或收费多少以鉴证工作结果或实现特定目的为条件。或有收费的类型包括收费与否型和收费水平型。审计客户要求注册会计师出具标准审计报告,否则就不付费,这属于收费与否的或有收费;审计客户按照审计后的净利润水平高低付费,这属于收费水平型的或有收费。

或有收费在鉴证业务中危害很大,这是因为如果会计师事务所的收费与否或多少以鉴证工作结果或实现特定目的为条件,注册会计师为了获得收费或多收费,往往会发表不恰当的意见,作出有违社会公众利益的行为。

(1)除非法律法规允许,会计师事务所不得以或有收费方式提供鉴证服务,收费与否或多少不得以鉴证工作结果或实现特定目的为条件。

(2)如果是经法院或其他公共管理机构确定的收费,则不应视为或有收费。

（3）除了得到法律认可或作为某种专业服务的公认做法而被职业组织认可,按照百分比或其他类似基础收取费用的应被视为或有收费。

实验资料及操作

力人股份有限公司于2022年1月9日与科举会计师事务所签订审计业务约定书,对其2021年度的会计报表进行审计,力人股份有限公司承诺于次日之前提供审计所需的全部资料。甲方应于本约定书签署之日起7日内支付20%的审计费用,审计费用按乙方各级别工作人员在本次工作中所耗费的时间计算,其余款项于审计报告出具当日结清。若出现不可预见的原因导致无法完成审计工作的情况,甲方应支付5 000元补偿费,并于收到乙方收款通知之日起3日内结清。科举会计师事务所承诺于2022年3月2日之前出具审计报告,一式六份。双方协定的收费为35万元。约定书自签订之日起生效,争议解决方式:提交当地仲裁委员会仲裁。

【工作底稿填写要求】

根据背景资料提示,将审计业务约定书内容补充完整。如果情况需要,除了审计业务约定书的基本内容,注册会计师还可能考虑在审计业务约定书中列明如收费的计算基础和收费安排、对审计业务结果的其他沟通形式、在某些方面对利用其他注册会计师和专家工作的安排等内容。

审计业务约定书

甲方:

乙方:

兹由甲方委托乙方对　　年度财务报表进行审计,经双方协商,达成以下约定:

一、业务范围与审计目标

（1）乙方接受甲方委托,对甲方按照企业会计准则编制的　　年　月　日的资产负债表、　　年度的利润表、股东权益变动表和现金流量表以及财务报表附注(以下统称财务报表)进行审计。

（2）乙方通过执行审计工作,对财务报表的下列方面发表审计意见:①财务报表是否按照企业会计准则的规定编制;②财务报表是否在所有重大方面公允反映甲方的财务状况、经营成果和现金流量。

二、甲方的责任与义务

（一）甲方的责任

（1）根据《中华人民共和国会计法》及《企业财务会计报告条例》,甲方及甲方负责人有责任保证会计资料的真实性和完整性。因此,甲方管理层有责任妥善保存和提供会计记录(包括但不限于会计凭证、会计账簿及其他会计资料),这些记录必须真实、完整地反映甲方的财务状况、经营成果和现金流量。

（2）按照企业会计准则的规定编制财务报表是甲方管理层的责任,这种责任包括:①设计、实施和维护与财务报表编制相关的内部控制,以使财务报表不存在舞弊或错误导致的重大错报。②选择和运用恰当的会计政策。③作出合理的会计估计。

（二）甲方的义务

（1）及时为乙方的审计工作提供其所要求的全部会计资料和其他有关资料（在　　年　　月　　日之前提供审计所需的全部资料），并保证所提供资料的真实性和完整性。

（2）确保乙方不受限制地接触任何与审计有关的记录、文件和所需的其他信息。

（3）甲方管理层对其作出的与审计有关的声明予以书面确认。

（4）为乙方派出的有关工作人员提供必要的工作条件和协助，主要事项将由乙方于外勤工作开始前提供清单。

（5）按本约定书的约定及时足额支付审计费用以及乙方人员在审计期间的交通、食宿和其他相关费用。

三、乙方的责任和义务

（一）乙方的责任

（1）乙方的责任是在实施审计工作的基础上对甲方财务报表发表审计意见。乙方按照中国注册会计师审计准则（以下简称审计准则）的规定进行审计。审计准则要求注册会计师遵守职业道德规范，计划和实施审计工作，以对财务报表是否不存在重大错报获取合理保证。

（2）审计工作涉及实施审计程序，以获取有关财务报表金额和披露的审计证据。选择的审计程序取决于乙方的判断，包括对舞弊或错误导致的财务报表重大错报风险的评估。在进行风险评估时，乙方考虑与财务报表编制相关的内部控制，以设计恰当的审计程序，但目的并非对内部控制的有效性发表意见。审计工作还包括评价管理层选用会计政策的恰当性和作出会计估计的合理性，以及评价财务报表的总体列报。

（3）乙方需要合理计划和实施审计工作，以使乙方能够获取充分、适当的审计证据，为甲方财务报表是否不存在重大错报获取合理保证。

（4）乙方有责任在审计报告中指明所发现的甲方在重大方面没有遵循企业会计准则编制财务报表且未按乙方的建议进行调整的事项。

（5）由于测试的性质和审计的其他固有限制，以及内部控制的固有局限性，不可避免地存在着某些重大错报在审计后可能仍然未被乙方发现的风险。

（6）在审计过程中，乙方若发现甲方内部控制存在乙方认为的重要缺陷，应向甲方提交管理建议书。但乙方在管理建议书中提出的各种事项，并不代表已全面说明所有可能存在的缺陷或已提出所有可行的改善建议。甲方在实施乙方提出的改善建议前应全面评估其影响。未经乙方书面许可，甲方不得向任何第三方提供乙方出具的管理建议书。

（7）乙方的审计不能减轻甲方及甲方管理层的责任。

（二）乙方的义务

（1）按照约定时间完成审计工作，出具审计报告。乙方应于　　年　　月　　日前出具审计报告。

（2）除下列情况外，乙方应当对执行业务过程中知悉的甲方信息予以保密：①取得甲方的授权。②根据法律法规的规定，为法律诉讼准备文件或提供证据，以及向监管机构报告发现的违反法规行为。③接受行业协会和监管机构依法进行的质量检查。④监管机构对乙方进行行政处罚（包括监管机构处罚前的调查、听证）以及乙方对此提起行政复议。

四、审计收费

(1) 本次审计服务的收费是以乙方各级别工作人员在本次工作中所耗费的时间为基础计算的。乙方预计本次审计服务的费用总额为人民币　　　元。

(2) 甲方应于本约定书签署之日起　　日内支付　　%的审计费用,剩余款项于审计报告草稿完成日结清。

(3) 如果由于无法预见的原因,乙方从事本约定书所涉及的审计服务实际时间较本约定书签订时预计的时间有明显的增加或减少时,甲乙双方应通过协商,相应调整本约定书第四项第(1)条下所述的审计费用。

(4) 如果由于无法预见的原因,乙方人员抵达甲方的工作现场后,本约定书所涉及的审计服务不再进行,甲方不得要求退还预付的审计费用;如上述情况发生于乙方人员完成现场审计工作,并离开甲方的工作现场之后,甲方应另行向乙方支付人民币　　　元的补偿费,该补偿费应于甲方收到乙方的收款通知之日起　　日内支付。

(5) 与本次审计有关的其他费用(包括交通费、食宿费等)由甲方承担。

五、审计报告和审计报告的使用

(1) 乙方按照《中国注册会计师审计准则第1501号——审计报告》和《中国注册会计师审计准则第1502号——非标准审计报告》规定的格式和类型出具审计报告。

(2) 乙方向甲方致送审计报告一式　　份。

(3) 甲方在提交或对外公布审计报告时,不得修改乙方出具的审计报告及其后附的已审计财务报表。当甲方认为有必要修改会计数据、报表附注和所作的说明时,应当事先通知乙方,乙方将考虑有关的修改对审计报告的影响,必要时,将重新出具审计报告。

六、本约定书的有效期间

本约定书自签署之日起生效,并在双方履行完毕本约定书约定的所有义务后终止。但其中第三(二)(2)、四、五、八、九、十项并不因本约定书终止而失效。

七、约定事项的变更

如果出现不可预见的情况,影响审计工作如期完成,或需要提前出具审计报告时,甲、乙双方均可要求变更约定事项,但应及时通知对方,并由双方协商解决。

八、终止条款

(1) 如果根据乙方的职业道德及其他有关专业职责、适用的法律法规或其他任何法定的要求,乙方认为已不适宜继续为甲方提供本约定书约定的审计服务时,乙方可以采取向甲方提出合理通知的方式终止履行本约定书。

(2) 在终止业务约定的情况下,乙方有权就其于本约定书终止之日前对约定的审计服务项目所做的工作收取合理的审计费用。

九、违约责任

甲、乙双方按照《中华人民共和国民法典》(合同编)的规定承担违约责任。

十、适用法律和争议解决

本约定书的所有方面均应适用中华人民共和国法律进行解释并受其约束。本约定书履行地为乙方出具审计报告所在地,因本约定书所引起的或与本约定书有关的任何纠纷或争议(包括关于本约定书条款的存在、效力或终止,或无效之后果),双方选择第　　种解决方式:

(1) 向有管辖权的人民法院提起诉讼;

(2)提交当地仲裁委员会仲裁。

十一、双方对其他有关事项的约定

本约定书一式两份,甲、乙双方各执一份,具有同等法律效力。

甲方:(盖章) 　　　　　　　　　　　　　　　　　　　　乙方:(盖章)

授权代表:(签章) 　　　　　　　　　　　　　　　　　授权代表:(签章)

　　年　月　日 　　　　　　　　　　　　　　　　　　　　　年　月　日

第二节　总体审计策略和具体审计计划

实验目的

通过本节课的学习,学生能够理解总体审计策略和具体审计计划的作用,掌握总体审计策略和具体审计计划编制的方法。

理论知识点

审计计划分为总体审计策略和具体审计计划两个层次。虽然制定总体审计策略的过程通常在具体审计计划之前,但是两项计划具有紧密的内在联系,对其中一项的决定可能会影响甚至改变对另外一项的决定。

一、总体审计策略

注册会计师应当为审计工作制定总体审计策略。总体审计策略用以确定审计范围、时间安排、审计方向和审计资源,并指导具体审计计划的制订。

1. 审计范围

注册会计师应当确定审计业务的特征,包括被审计单位采用的会计准则和相关会计制度,特定行业的报告要求以及被审计单位组成部分的分布等,以界定审计范围。

2. 报告目标、时间安排及所需沟通的性质

总体审计策略的制定应当包括明确审计业务的报告目标、审计的时间安排和所需沟通的性质。时间安排包括提交审计报告的时间要求、预期与管理层和治理层沟通的重要日期等。

3. 审计方向

总体审计策略的制定应当考虑影响审计业务的重要因素,以确定项目组的工作方向,包括确定适当的重要性水平,初步识别可能存在较高的重大错报风险的领域,初步识别重要的组成部分和账户余额,评价是否需要针对内部控制的有效性获取审计证据,识别被审计单位、被审计单位所处行业、财务报告要求及其他相关方面最近发生的重大变化等。

4. 审计资源

注册会计师应当在总体审计策略中清楚地说明审计资源的规划和调配,包括确定执行审计业务所必需的审计资源的性质、时间安排和范围,如向具体审计领域资源的调配和分配

以及何时调配这些资源。

二、具体审计计划

具体审计计划比总体审计策略更加详细,其核心是获取充分、适当的审计证据,以将审计风险降至可接受的低水平,项目组成员拟实施的审计程序的性质、时间安排和范围。具体审计计划的内容包括风险评估程序、计划实施的进一步审计程序和计划实施的其他审计程序。

1. 风险评估程序

具体审计计划应当包括按照《中国注册会计师审计准则第1211号——通过了解被审计单位及其环境识别和评估重大错报风险》的规定,为了充分识别和评估财务报表重大错报风险,注册会计师计划实施的风险评估程序的性质、时间安排和范围。

2. 计划实施的进一步审计程序

具体审计计划应当包括按照《中国注册会计师审计准则第1231号——针对评估的重大错报风险采取的应对措施》的规定,针对评估的认定层次的重大错报风险,注册会计师应计划实施进一步审计程序的性质、时间和范围。进一步审计程序包括控制测试和实质性程序。

随着审计工作的推进,对审计程序的计划会一步步深入,并贯穿于整个审计过程。例如,风险评估程序通常在审计开始阶段进行,计划实施的进一步审计程序则需要依据风险评估程序的结果进行。因此,达到制订具体审计计划的要求,注册会计师需要完成风险评估程序,识别和评估重大错报风险,并针对评估的认定层次的重大错报风险,计划实施进一步审计程序的性质、时间和范围。

3. 计划实施的其他审计程序

具体审计计划应当包括根据审计准则的规定,注册会计师针对审计业务需要计划实施的其他审计程序。计划实施的其他审计程序可以包括计划实施的进一步审计程序中没有涵盖的,以及根据其他审计准则的要求注册会计师应当执行的既定程序。

在审计计划阶段,除了按照《中国注册会计师审计准则第1211号——通过了解被审计单位及其环境识别和评估重大错报风险》进行计划工作,注册会计师还需要兼顾其他准则中规定的、针对特定项目在审计计划阶段应执行的程序及记录要求。由于被审计单位所处行业、环境各不相同,特别项目可能也有所不同。例如,有些企业可能涉及环境事项、电子商务等,在实务中,注册会计师应根据被审计单位的具体情况确定特定项目,并执行相应的审计程序。

 相关思考 2-1

总体审计策略和具体审计计划的关系

【思考题】 总体审计策略和具体审计计划是制订审计计划的两个层次,那么这两者之间是什么关系呢?

确定审计程序的性质、时间安排和范围的决策是具体审计计划的核心。具体审计计划中的审计程序应当包括风险评估程序、计划实施的进一步审计程序和计划实施的其他审计程序。虽然制定总体审计策略的过程通常在具体审计计划之前,但是两项计划具有紧密的内在联系,对其中一项的决定可能会影响甚至改变对另外一项的决定。计划审计工作是一个持续的、不断修正的过程,贯穿于整个审计业务的始终。

第三节 重要性水平

实验目的

通过本节课的学习,学生能够了解重要性水平的含义、确定方法。

理论知识点

一、重要性水平的含义

财务报表编制基础通常从编制和列报财务报表的角度阐释重要性水平的含义。关于重要性水平的含义,需要注意把握以下几点:

(1) 如果合理预期错报(包括漏报)单独或汇总起来可能影响财务报表使用和依据财务报表作出的经济决策,则通常认为该错报是重大的。

(2) 对重要性水平的判断是根据具体环境作出的,并受错报的金额或性质的影响,或受两者共同作用的影响。

(3) 判断某事项对财务报表使用者是否重大,是在考虑财务报表使用者整体共同的财务信息需求的基础上作出的。由于不同财务报表使用者对财务信息的需求可能差异很大,不考虑错报对个别财务报表使用者可能产生的影响。

在实施审计前,必须对重大错报的规模和性质作出判断,包括确定财务报表整体的重要性水平和特定类别交易、账户余额和披露认定层次的重要性水平。当错报金额高于整体重要性水平时,就很可能被合理预期为将对使用者根据财务报表作出的经济决策产生影响。

二、重要性水平的确定方法

在计划审计工作时,注册会计师应当确定一个合理的重要性水平,以发现金额重大的错报。注册会计师在确定计划的重要性水平时,需要考虑对被审计单位及其环境的了解、审计的目标、财务报表各项目的性质及其相互关系、财务报表项目的金额及其波动幅度。

二维码2-2:
重要性水平
的确定视频

1. 财务报表整体的重要性水平

由于财务报表审计的目标是注册会计师通过执行审计工作对财务报表发表审计意见,注册会计师应当考虑财务报表整体的重要性水平,并据此得出财务报表是否公允反映的结论。注册会计师应当在制定总体审计策略时确定财务报表整体的重要性水平。

确定多大错报会影响到财务报表使用者所作决策,是注册会计师运用职业判断的结果。注册会计师可以根据所在会计师事务所的惯例及自己的经验,确定重要性水平。

注册会计师在确定重要性水平时,需要运用职业判断。通常先选定一个基准,再乘以某一百分比作为财务报表整体的重要性水平。在选择基准时,需要考虑的因素包括:

(1) 财务报表要素(如资产、负债、所有者权益、收入和费用)。

(2) 是否存在特定会计主体的财务报表使用者特别关注的项目(如为了评价财务业绩使用者可能更关注利润、收入或净资产)。

(3) 被审计单位的性质、所处的生命周期阶段以及所处行业和经济环境。

(4) 被审计单位的所有权结构和融资方式(例如,如果被审计单位仅通过债务而非权益进行融资,财务报表使用者可能更关注资产及资产的索偿权,而非被审计单位的收益)。

(5) 基准的相对波动性。

注册会计师为被审计单位选择的基准在各年度中通常会保持稳定,但是并非必须保持不变。注册会计师可以根据经济形势、行业状况和被审计单位具体情况的变化对采用的基准作出调整,常用的基准如表2-1所示。

表 2-1　　　　　　　　　　　　常用的基准

被审计单位的情况	可能选择的基准
(1) 企业的盈利水平保持稳定	经常性业务的税前利润
(2) 企业近年来经营状况大幅度波动,盈利和亏损交替发生,或者由正常盈利变为微利或微亏,或者本年度税前利润因情况变化而出现意外增加或减少	过去3~5年经常性业务的平均税前利润或亏损(取绝对值)以及其他基准,如营业收入
(3) 企业为新设企业,处于开办期,尚未开始经营,目前正在建造厂房及购买机器设备	总资产
(4) 企业处于新兴行业,目前侧重于抢占市场份额、扩大企业知名度和影响力	营业收入

为选定的基准确定百分比需要运用职业判断。百分比和选定的基准之间存在一定的联系,如经常性业务的税前利润对应的百分比通常比营业收入对应的百分比要高。

对以营利为目的的制造行业实体,注册会计师可能认为经常性业务的税前利润的5%是适当的;而对非营利组织,注册会计师可能认为总收入或费用总额的1%是适当的。百分比无论是高一些还是低一些,只要符合具体情况,都是适当的。

2. 特定类别交易、账户余额或披露的重要性水平

根据被审计单位的特定情况,下列因素可能表明存在一个或多个特定类别的交易、账户余额或披露,其发生的错报金额虽然低于财务报表整体的重要性水平,但合理预期将影响财务报表使用者依据财务报表作出的经济决策。

(1) 法律法规或适用的财务报表编制基础是否影响财务报表使用者对特定项目计量或披露的预期。

(2) 与被审计单位所处行业相关的关键性披露。

(3) 财务报表使用者是否特别关注财务报表中单独披露的业务的特定方面。

在根据被审计单位的特定情况考虑是否存在上述交易、账户余额或披露时,了解管理层和管理层的看法和预期通常是有用的。

3. 实际执行的重要性水平

实际执行的重要性水平,是指注册会计师确定的低于财务报表整体重要性水平的一个或多个金额,旨在将未更正和未发现错报的汇总数超过财务报表整体的重要性水平的可能性降至适当的低水平。

仅为发现单项重大的错报而计划审计工作将忽视这样一个事实,即单项非重大错报的汇总数可能导致财务报表出现重大错报,更不用说还没有考虑可能存在的未发现错报。确定财务报表整体的实际执行的重要性水平(根据定义可能是一个或多个金额),旨在将财务

报表中未更正和未发现错报的汇总数超过财务报表整体的重要性的可能性降至适当的低水平。

确定实际执行的重要性并非简单机械的计算,需要注册会计师运用职业判断,通常而言,实际执行的重要性水平通常为财务报表整体重要性水平的50%～75%。

(1) 如果存在下列情况,注册会计师可能考虑选择较低的百分比来确定实际执行的重要性水平:①首次接受委托的审计项目。②连续审计项目,以前年度审计调整较多。③项目总体风险较高,如处于高风险行业、管理层能力欠缺、面临较大市场竞争压力或业绩压力等。④存在或预期存在值得关注的内部控制缺陷。

(2) 如果存在下列情况,注册会计师可能考虑选择较高的百分比来确定实际执行的重要性水平:①连续审计项目,以前年度审计调整较少。②项目总体风险为低到中等,如处于非高风险行业、管理层有足够能力、面临较低的市场竞争压力和业绩压力等。③以前期间的审计经验表明内部控制运行有效。

4. 明显微小错报临界值

对于低于某一金额的错报,注册会计师认为这些错报的汇总数明显不会对财务报表产生重大影响,不需要累积,将其界定为明显微小的错报。

这些明显微小的错报,无论单独还是汇总起来,无论从规模、性质还是其发生的环境来看,都是明显微不足道的。如果不确定一个或多个错报是否明显微小,就不能认为这些错报是明显微小的。

如果注册会计师预期被审计单位存在数量较多、金额较小的错报,可能考虑采用较低的临界值,以避免大量低于临界值的错报积少成多构成重大错报。如果注册会计师预期被审计单位错报数量较少,则可能采用较高的临界值。

二维码2-3:重要性水平的应用

注册会计师可能将明显微小错报的临界值确定为财务报表整体重要性的3%～5%,也可能低一些或高一些,但通常不超过财务报表整体重要性的10%,除非注册会计师认为有必要单独为重分类错报确定一个更高的临界值。

第三章 风险评估阶段

知识框架

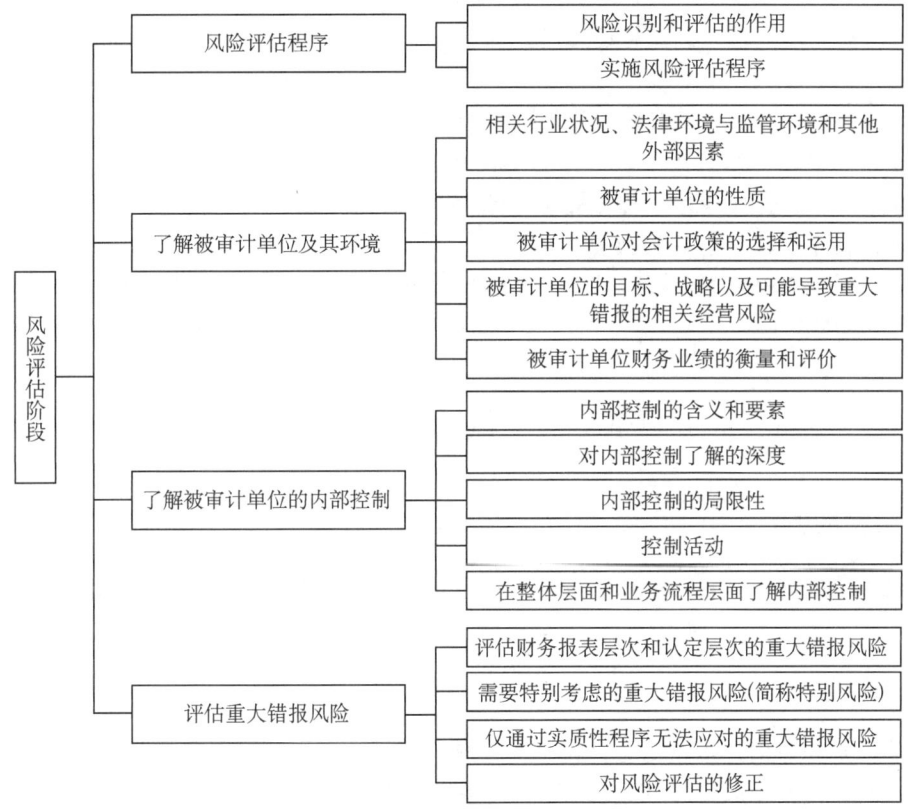

 实验目标

1. 熟悉风险评估在整个审计中的作用。
2. 掌握风险评估程序的内容。
3. 熟悉了解被审计单位及其环境的具体内容和方法。
4. 掌握了解被审计单位内部控制的主要内容和方法。
5. 能够运用相关的专业知识对被审计单位实施风险评估程序。
6. 能够识别和评估重大错报风险。

 **思政育人**

良好职业行为

（1）注册会计师应当遵循良好职业行为原则，爱岗敬业，遵守相关法律法规，避免发生任何可能损害职业声誉的行为。

注册会计师不得在明知的情况下，从事任何可能损害诚信原则、客观公正原则或良好职业声誉，从而可能违反职业道德基本原则的业务、职务或活动。

如果一个理性且掌握充分信息的第三方很可能认为某种行为将对良好的职业声誉产生负面影响，则这种行为属于可能损害职业声誉的行为。

（2）注册会计师在向公众传递信息以及推介自己和工作时，应当客观、真实、得体，不得损害职业形象。

（3）注册会计师应当诚实、实事求是，不得有下列行为：①夸大宣传提供的服务、拥有的资质或获得的经验。②贬低或无根据地比较他人的工作。

（4）如果注册会计师对其行为是否适当存有疑问，中国注册会计师职业道德守则鼓励注册会计师向中国注册会计师协会咨询。

资料来源：中国注册会计师协会. 中国注册会计师职业道德守则第 1 号——职业道德基本原则[EB/OL]. (2020-12-17)[2023-02-27]. https://www.cicpa.org.cn/xxfb/news/202012/W020210316506662797340.pdf.

第一节 风险评估程序

 实验目的

通过本节课的学习，学生能够理解风险识别和评估的作用，掌握实施风险评估程序的方法。

 理论知识点

风险识别和评估是指注册会计师通过实施风险评估程序，识别和评估财务报表层次和认定层次的重大错报风险。其中，风险识别是指找出财务报表层次和认定层次的重大错报风险；风险评估是指对重大错报发生的可能性和后果的严重程度进行评估。

一、风险识别和评估的作用

注册会计师应当了解被审计单位及其环境，以充分识别和评估财务报表的重大错报风险，从而设计和实施进一步审计程序。

了解被审计单位及其环境作为审计的必要程序，为注册会计师在下列关键环节作出职业判断奠定了重要的基础：

（1）确定重要性水平，并随着审计工作的进程评估对重要性水平的判断是否仍然适当。

（2）考虑会计政策的选择和运用是否恰当，以及财务报表的列报是否适当。

（3）识别与财务报表中金额或披露相关的需要特别考虑的领域，包括关联方交易、管层运用持续经营假设的合理性,或交易是否具有合理的商业目的等。

(4) 确定在实施分析程序时所使用的预期值。

(5) 设计和实施进一步审计程序,以将审计风险降至可接受的低水平。

(6) 评价所获取审计证据的充分性和适当性。

了解被审计单位及其环境是一个连续和动态地收集、更新与分析信息的过程,贯穿整个审计过程的始终。注册会计师应当运用职业判断,确定需要了解被审计单位及其环境的程度。

评价对被审计单位及其环境了解的程度是否恰当,关键是看注册会计师对被审计单位及其环境的了解是否足以识别和评估财务报表的重大错报风险。如果了解被审计单位及其环境获得的信息足以识别和评估财务报表的重大错报风险,并设计和实施进一步审计程序,那么,了解的程度就是恰当的。当然,要求注册会计师对被审计单位及其环境了解的程度,要低于管理层为经营管理企业而对被审计单位及其环境需要了解的程度。

 相关思考 3-1

ABC 会计师事务所接受委托,负责审计上市公司甲公司 2022 年度财务报表,并委派 A 注册会计师担任审计项目合伙人。相关事项摘录如下:

在制订审计计划时,A 注册会计师根据其审计甲公司的多年经验,认为甲公司 2022 年度财务报表不存在重大错报风险,应当直接实施进一步审计程序。

【思考题】 针对上述事项,假定不考虑其他因素,请思考 A 注册会计师的做法是否恰当? 如不恰当,请简要说明理由。

不恰当。A 注册会计师应当实施风险评估程序,了解甲公司及其环境,评估财务报表的重大错报风险。

二、实施风险评估程序

注册会计师了解被审计单位及其环境,目的是识别和评估财务报表中的重大错报风险。为了解被审计单位及其环境而实施的程序称为"风险评估程序"。注册会计师应当实施下列风险评估程序,以了解被审计单位及其环境:询问管理层和被审计单位内部其他人员;分析程序;观察和检查。

二维码 3-1:
风险评估程
序视频

需要注意的是,注册会计师在审计过程中应当实施上述审计程序,但是在了解被审计单位及其环境的每一方面时,无须实施上述所有程序。

1. 询问管理层和被审计单位内部其他人员

注册会计师通过询问获取的大部分信息来自管理层和负责财务报告的人员。注册会计师也可以通过询问被审计单位内部的其他不同层级的人员获取信息,有助于为识别重大错报风险提供不同的视角。

2. 分析程序

分析程序是指注册会计师通过研究不同财务数据之间以及财务数据与非财务数据之间的内在关系,对财务信息作出评价。

分析程序既可用于风险评估程序和实质性程序,又可用于对财务报表的总体复核。注册会计师实施分析程序有助于识别异常的交易或事项,以及对财务报表和审计产生影响的金额、比率和趋势。

3. 观察和检查

实施观察和检查程序可以支持对管理层和其他相关人员的询问结果,并可以提供有关被审计单位及其环境的信息。注册会计师应当实施下列观察和检查程序:

(1) 观察被审计单位的经营活动。
(2) 检查文件、记录和内部控制手册。
(3) 阅读由管理层和治理层编制的报告。
(4) 实地察看被审计单位的生产经营场所和厂房设备。
(5) 追踪交易在财务报告信息系统中的处理过程(穿行测试)。

二维码3-2:风险评估程序——特殊项目风险评估

延伸阅读 3-1

其他审计程序

除了采用上述程序从被审计单位内部获取信息,如果根据职业判断认为从被审计单位外部获取的信息有助于识别重大错报风险,注册会计师应当实施其他审计程序以获取这些信息。例如,询问被审计单位聘请的外部法律顾问、专业评估师、投资顾问和财务顾问等。

阅读外部信息也可能有助于注册会计师了解被审计单位及其环境。外部信息包括证券分析师、银行、评级机构出具的有关被审计单位及其所处行业的经济或市场环境等状况的报告,贸易与经济方面的报纸期刊,法规或金融出版物,以及政府部门或民间组织发布的行业报告和统计数据等。

第二节 了解被审计单位及其环境

实验目的

通过本节课的学习,学生能够掌握了解被审计单位及其环境的具体内容和方法。

理论知识点

注册会计师应当从下列方面了解被审计单位及其环境:
(1) 相关行业状况、法律环境与监管环境和其他外部因素。
(2) 被审计单位的性质。
(3) 被审计单位对会计政策的选择和运用。
(4) 被审计单位的目标、战略以及可能导致重大错报风险的相关经营风险。
(5) 被审计单位财务业绩的衡量和评价。
(6) 被审计单位的内部控制。

上述第(1)项是被审计单位的外部环境,第(2)、(3)、(4)项以及第(6)项是被审计单位的内部因素,第(5)项则既有外部因素又有内部因素。第(1)项至第(5)项的具体内容如下,第(6)项将在本章第三节"了解被审计单位的内部控制"中阐述。

一、相关行业状况、法律环境与监管环境和其他外部因素

1. 行业状况

了解行业状况有助于注册会计师识别与被审计单位所处行业有关的重大错报风险。注册会计师应当了解被审计单位的行业状况,主要包括:

(1)所处行业的市场与竞争,包括市场需求、生产能力和价格竞争。
(2)生产经营的季节性和周期性。
(3)与被审计单位产品相关的生产技术。
(4)能源供应与成本。
(5)行业的关键指标和统计数据。

二维码3-3:
风险评估工作底稿——
了解被审计单位及其环境(不包括内部控制)

2. 法律环境与监管环境

了解法律环境与监管环境的主要原因在于,某些法律法规或监管要求可能对被审计单位的经营活动产生重大影响,如不遵守将导致停业等严重后果;某些法律法规或监管要求(如环保法规等)规定了被审计单位某些方面的责任和义务;某些法律法规或监管要求决定了被审计单位需要遵循的行业惯例和核算要求。

因此,注册会计师应当了解被审计单位所处的法律环境与监管环境,主要包括:

(1)会计原则和行业特定惯例。
(2)受管制行业的法规框架,包括披露要求。
(3)对被审计单位经营活动产生重大影响的法律法规及监管活动。
(4)税收政策(关于企业所得税和其他税种的政策)。
(5)目前对被审计单位开展经营活动产生影响的政府政策,如货币政策(包括外汇管制)、财政政策、财政刺激措施(如政府援助项目)、关税或贸易限制政策等。
(6)影响行业和被审计单位经营活动的环保要求。

3. 其他外部因素

注册会计师应当了解影响被审计单位经营的其他外部因素,主要包括总体经济情况、利率、融资的可获得性、通货膨胀水平和币值变动等。

相关思考 3-2

【思考题】 以下选项中,哪些选项属于行业状况?哪些选项属于法律环境与监管环境?哪些选项属于其他外部因素?

A. 所在行业的市场供求与竞争
B. 生产经营的季节性和周期性
C. 适用的会计准则、会计制度和行业特定惯例
D. 对经营活动产生重大影响的法律法规及监管活动
E. 利率和资金供求状况
F. 通货膨胀水平及币值变动
G. 产品生产技术的变化
H. 能源供应与成本

I. 行业的关键指标和统计数据

J. 对开展业务产生重大影响的政府政策,包括货币、财政、税收和贸易等政策

K. 与被审计单位所处行业和所从事经营活动相关的环保要求

L. 宏观经济的景气度

M. 国际经济环境和汇率变动

通过分析得出:

属于了解被审计单位的行业状况的有 ABIGH。

属于了解被审计单位的法律环境与监管环境的有 CDJK。

属于了解被审计单位的其他外部因素的有 EFLM。

二、被审计单位的性质

1. 所有权结构

了解被审计单位的所有权结构有助于注册会计师识别关联方关系,并了解被审计单位的决策过程。注册会计师应当了解所有权结构以及所有者与其他人员或实体之间的关系,考虑关联方关系是否已经得到识别,以及关联方交易是否得到恰当核算。注册会计师应当按照《中国注册会计师审计准则第1323号——关联方》的规定,了解被审计单位识别关联方的程序,获取被审计单位提供的所有关联方信息,并考虑关联方关系是否已经得到识别、关联方交易是否得到恰当记录和充分披露。

同时,注册会计师还需要对其控股母公司(股东)的情况作进一步的了解,包括:①控股母公司的所有权性质、管理风格及其对被审计单位经营活动及财务报表可能产生的影响。②控股母公司与被审计单位在资产、业务、人员、机构、财务等方面是否分开,是否存在占用资金等情况。③控股母公司是否施加压力,要求被审计单位达到其设定的财务业绩目标。

2. 治理结构

良好的治理结构可以有效地监督被审计单位的经营和财务运作,从而降低财务报表发生重大错报风险的可能性。注册会计师应当了解被审计单位的治理结构。例如,董事会的构成情况、董事会内部是否有独立董事;治理结构中是否设有审计委员会或监事会监督其运作情况。

3. 组织结构

复杂的组织结构可能导致某些特定的重大错报风险。注册会计师应当了解被审计单位的组织结构,考虑复杂的组织结构可能导致的重大错报风险,包括财务报表合并、商誉减值以及长期股权投资核算等问题,以及财务报表是否已对这些问题作了充分披露。

4. 经营活动

了解被审计单位的经营活动有助于注册会计师识别预期在财务报表中反映的主要交易类别、重要账户余额和列报。注册会计师应当了解被审计单位的经营活动,主要包括:

(1) 主营业务的性质。

(2) 与生产产品或提供劳务相关的市场信息。

(3) 业务的开展情况。

(4) 联盟、合营与外包情况。

(5) 从事电子商务的情况。

(6) 地区分布与行业细分。
(7) 生产设施、仓库和办公室的地理位置,存货存放地点和数量。
(8) 关键客户。
(9) 货物和服务的重要供应商。
(10) 劳动用工安排。
(11) 研究与开发活动及其支出。
(12) 关联方交易。

5. 投资活动

了解被审计单位的投资活动有助于注册会计师关注被审计单位在经营策略和方向上的重大变化。注册会计师应当了解被审计单位的投资活动,主要包括:

(1) 近期拟实施或已实施的并购活动及资产处置情况,包括业务重组或业务的终止。注册会计师应当了解并购活动如何与被审计单位目前的经营业务相协调,并考虑它们是否会引发进一步的经营风险。
(2) 证券投资、委托贷款的发生与处置。
(3) 资本性投资活动,包括固定资产和无形资产投资,近期或计划发生的变动,以及重大的资本承诺等。
(4) 不纳入合并范围的投资。例如,联营、合营或其他投资,包括近期计划的投资项目。

6. 筹资活动

了解被审计单位的筹资活动有助于注册会计师评估被审计单位在融资方面的压力,并进一步考虑被审计单位在可预见未来的持续经营能力。注册会计师应当了解被审计单位的筹资活动,主要包括:

(1) 债务结构和相关条款,包括资产负债表外融资和租赁安排。
(2) 主要子公司和联营企业(无论是否处于合并范围内)的重要融资安排。
(3) 实际受益方及关联方。
(4) 衍生金融工具的使用。

7. 财务报告

了解影响财务报告的重要政策、交易或事项,主要包括:

(1) 会计政策和行业特定惯例,包括特定行业各类重要的交易、账户余额及财务报表相关披露(如银行业的贷款和投资、医药行业的研究与开发活动)。
(2) 收入确认惯例。
(3) 公允价值会计核算。
(4) 外币资产、负债与交易。
(5) 异常或复杂交易(包括在有争议的或新兴领域的交易)的会计处理(如对股份支付的会计处理)。

三、被审计单位对会计政策的选择和运用

1. 重大和异常交易的会计处理方法

例如,本期发生的企业合并的会计处理方法。某些被审计单位可能存在与其所处行业相关的重大交易,例如,银行向客户发放贷款、证券公司对外投资、医药企业的研究与开发活

动等。注册会计师应当考虑对重大的和不经常发生的交易的会计处理方法是否适当。

2. 在缺乏权威性标准或共识、有争议的或新兴领域采用的会计政策

在缺乏权威性标准或共识的领域,注册会计师应当关注被审计单位选用了哪些会计政策、为什么选用这些会计政策以及选用这些会计政策产生的影响。

3. 会计政策的变更

如果被审计单位变更了重要的会计政策,注册会计师应当考虑变更的原因及其适当性,主要包括:

(1) 会计政策的变更是否是法律、行政法规或者适用的会计准则和相关会计制度要求的变更。

(2) 会计政策的变更是否能够提供更可靠、更相关的会计信息。除此之外,注册会计师还应当关注会计政策的变更是否得到恰当处理和充分披露。

4. 新颁布的财务报告准则、法律法规,以及被审计单位何时采用、如何采用这些规定

当新的企业会计准则颁布施行时,注册会计师应考虑被审计单位是否应采用新颁布的会计准则,如果采用,是否已按照新会计准则的要求做好衔接调整工作,并收集执行新会计准则需要的信息资料。

除了上述与会计政策的选择和运用相关的事项,注册会计师还应关注下列被审计单位与会计政策运用相关的情况:①被审计单位是否采用激进的会计政策、方法、估计和判断。②财会人员是否拥有足够的运用会计准则的知识、经验和能力。③被审计单位是否拥有足够的资源支持会计政策的运用,如人力资源及培训、信息技术的采用、数据和信息的采集等。

四、被审计单位的目标、战略以及可能导致重大错报的相关经营风险

1. 目标、战略和经营风险

目标是企业经营活动的指针。战略是管理层为实现经营目标采用的方法。经营风险是指可能对被审计单位实现目标和实施战略的能力产生不利影响的重要状况、事项、情况、作为(或不作为)所导致的风险,或制定不恰当的目标和战略而导致的风险。

注册会计师应当了解被审计单位是否存在与下列方面有关的目标和战略,并考虑相应的潜在经营风险:

(1) 行业发展(潜在的相关经营风险可能是被审计单位不具备足以应对行业变化的人力资源和业务专长)。

(2) 开发新产品或提供新服务(潜在的相关经营风险可能是被审计单位产品责任的增加)。

(3) 业务扩张(潜在的相关经营风险可能是被审计单位对市场需求的估计不准确)。

(4) 新的会计要求(潜在的相关经营风险可能是被审计单位不当地执行相关会计要求,或会计处理成本的增加)。

(5) 监管要求(潜在的相关经营风险可能是被审计单位法律责任的增加)。

(6) 本期及未来的融资条件(潜在的相关经营风险可能是被审计单位由于无法满足融资条件而失去融资机会)。

(7) 信息技术的运用(潜在的相关经营风险可能是被审计单位信息系统与业务流程难

以融合)。

(8) 战略的实施对需要运用新的会计要求的影响。

2. 经营风险对重大错报风险的影响

多数经营风险最终都会产生财务后果,从而影响财务报表,但并非所有的经营风险都会导致重大错报风险。经营风险可能对某类交易、账户余额和披露的认定层次重大错报风险或财务报表层次重大错报风险产生直接影响。需要注意的是,注册会计师没有责任识别或评估对财务报表没有重大影响的经营风险。

五、被审计单位财务业绩的衡量和评价

被审计单位管理层经常会衡量和评价关键业绩指标(包括财务的和非财务的)、预算及差异分析、分部信息和分支机构、部门或其他层次的业绩报告以及与竞争对手的业绩比较。此外,外部机构也会衡量和评价被审计单位的财务业绩,如分析师的报告和信用评级机构的报告。

1. 主要关注信息

在了解被审计单位财务业绩的衡量和评价情况时,注册会计师应当关注下列信息:

(1) 关键业绩指标(财务的或非财务的)、关键比率、趋势和经营统计数据。

(2) 同期财务业绩比较分析。

(3) 预算、预测、差异分析,分部信息与分部、部门或其他不同层次的业绩报告。

(4) 员工业绩考核与激励性报酬政策。

(5) 被审计单位与竞争对手的业绩比较。

2. 关注内部财务业绩衡量的结果

内部财务业绩衡量可能显示未预期到的结果或趋势。在这种情况下,管理层通常会进行调查并采取纠正措施。与内部财务业绩衡量相关的信息可能显示财务报表存在错报风险,例如,内部财务业绩衡量可能显示被审计单位与同行业其他单位相比具有异常快的增长率或盈利水平,此类信息如果与业绩奖金或激励性报酬等因素结合起来考虑,可能显示管理层在编制财务报表时存在某种倾向的错报风险。因此,注册会计师应当关注被审计单位内部财务业绩衡量所显示的未预期到的结果或趋势、管理层的调查结果和纠正措施,以及相关信息是否显示财务报表可能存在重大错报。

第三节 了解被审计单位的内部控制

实验目的

通过本节课的学习,学生能够理解内部控制的含义和要素、内部控制的局限性、控制活动,掌握对内部控制了解的深度,在整体层面和业务流程层面了解内部控制。

理论知识点

一、内部控制的含义和要素

内部控制是被审计单位为了合理保证财务报告的可靠性、经营的效率和效果以及对法

律法规的遵守,由治理层、管理层和其他人员设计与执行的政策及程序。可以从以下几方面理解内部控制:

(1) 内部控制的目标是合理保证:①财务报告的可靠性,这一目标与管理层履行财务报告编制责任密切相关。②经营的效率和效果,即经济有效地使用企业资源,以最优方式实现企业的目标。③遵守适用的法律法规的要求,即在法律法规的框架下从事经营活动。

(2) 设计和实施内部控制的责任主体是治理层、管理层和其他人员,组织中的每一个人都对内部控制负有责任。

(3) 实现内部控制目标的手段是设计和执行控制政策及程序。

内部控制包括下列要素:

(1) 控制环境。
(2) 风险评估过程。
(3) 与财务报告相关的信息系统和沟通。
(4) 控制活动。
(5) 对控制的监督。

二、对内部控制了解的深度

对内部控制了解的深度,是指在了解被审计单位及其环境时对内部控制了解的程度。对内部控制了解的深度包括评价控制的设计,并确定其是否得到执行,但不包括对控制是否得到一贯执行的测试。

1. 评价控制的设计

注册会计师在了解内部控制时,应当评价控制的设计,并确定其是否得到执行。评价控制的设计,涉及考虑该控制单独或连同其他控制是否能够有效防止或发现并纠正重大错报。控制得到执行,是指某项控制存在且被审计单位正在使用。评估一项无效控制的运行没有什么意义,因此,需要首先考虑控制的设计。设计不当的控制可能表明存在值得关注的内部控制缺陷。

2. 获取控制设计和执行的审计证据

注册会计师通常实施下列风险评估程序,以获取有关控制设计和执行的审计证据:

(1) 询问被审计单位人员。
(2) 观察特定控制的运用。
(3) 检查文件和报告。
(4) 追踪交易在财务报告信息系统中的处理过程(穿行测试)。

以上程序是风险评估程序在了解被审计单位内部控制方面的具体运用。需要注意的是,询问本身并不足以评价控制的设计以及确定其是否得到执行,注册会计师应当将询问与其他风险评估程序结合使用。了解内部控制的程序不包括分析程序。了解内部控制的目的是评价控制的设计并确认控制是否得到执行,不涉及评价财务信息。

3. 了解内部控制与测试控制运行有效性的关系

除非存在某些可以使控制得到一贯运行的自动化控制,否则注册会计师对控制的了解并不足以测试控制运行的有效性。

三、内部控制的局限性

内部控制无论如何有效,都只能为被审计单位实现财务报告目标提供合理保证。内部控制实现目标的可能性受其固有限制的影响。这些限制包括:

(1) 在决策时人为判断可能出现错误和因人为失误而导致内部控制失效。

(2) 控制可能由于两个或更多的人员串通或管理层不当地凌驾于内部控制之上而被规避。

此外,如果被审计单位内部行使控制职能的人员素质不适应岗位要求,也会影响内部控制功能的正常发挥。被审计单位实施内部控制的成本效益问题也会影响其效能,当实施某项控制的成本大于控制效果而发生损失时,就没有必要设置该控制环节或控制措施。内部控制一般都是针对经常而重复发生的业务设置的,如果出现不经常发生或未预计到的业务,原有控制就可能不适用。

四、控制活动

1. 与审计相关的控制活动的含义

控制活动是指有助于确保管理层的指令得以执行的政策和程序。控制活动包括与授权、业绩评价、信息处理、实物控制和职责分离等相关的活动。

(1) 授权。注册会计师应当了解与授权有关的控制活动,包括一般授权和特别授权。

(2) 业绩评价。注册会计师应当了解与业绩评价有关的控制活动,主要包括被审计单位分析评价实际业绩与预算(或预测、前期业绩)的差异,综合分析财务数据与经营数据的内在关系,将内部数据与外部信息来源相比较,评价职能部门、分支机构或项目活动的业绩(如银行客户信贷经理复核各分行、地区和各种贷款类型的审批和收回),以及对发现的异常差异或关系采取必要的调查与纠正措施。

(3) 信息处理。注册会计师应当了解与信息处理有关的控制活动,包括信息技术的一般控制和应用控制。

(4) 实物控制。注册会计师应当了解实物控制,主要包括了解对资产和记录采取适当的安全保护措施,对访问计算机程序和数据文件设置授权,以及定期盘点并将盘点记录与会计记录相核对。

(5) 职责分离。注册会计师应当了解职责分离,主要包括了解被审计单位如何将交易授权、交易记录以及资产保管等职责分配给不同员工,以防范同一员工在履行多项职责时可能发生的舞弊或错误。当信息技术运用于信息系统时,职责分离可以通过设置安全控制来实现。

2. 对控制活动的了解

在了解控制活动时,注册会计师应当重点考虑一项控制活动单独或连同其他控制活动,是否能够以及如何防止或发现并纠正各类交易、账户余额和披露存在的重大错报。注册会计师的工作重点是识别和了解针对重大错报更高的领域的控制活动。如果多项控制活动能够实现同一目标,注册会计师不必了解与该目标相关的每项控制活动。

注册会计师对被审计单位整体层面的控制活动进行的了解和评估,主要是针对被审计单位的一般控制活动,特别是信息技术一般控制。在了解和评估一般控制活动时考虑的主要因素可能包括：

(1) 被审计单位的主要经营活动是否都有必要的控制政策和程序。

(2) 管理层在预算、利润和其他财务及经营业绩方面是否都有清晰的目标，在被审计单位内部，是否对这些目标都加以清晰的记录和沟通，并且积极地对其进行监控。

(3) 是否存在计划和报告系统，以识别与目标业绩的差异，并向适当层次的管理层报告该差异。

(4) 是否由适当层次的管理层对差异进行调查，并及时采取适当的纠正措施。

(5) 不同人员的职责应在何种程度上相分离，以降低舞弊和不当行为发生的风险。

(6) 会计系统中的数据是否与实物资产定期核对。

(7) 是否建立了适当的保护措施，以防止未经授权接触文件、记录和资产。

(8) 是否存在信息安全职能部门负责监控信息安全政策和程序。

3．对小型被审计单位的考虑

小型被审计单位控制活动依据的理念与较大型被审计单位可能相似，但是它们运行的正式程度可能不同。进一步讲，在小型被审计单位中，由于某些控制活动由管理层执行，特定类型的控制活动可能变得并不相关。小型被审计单位通常难以实施适当的职责分离，注册会计师应当考虑小型被审计单位采取的控制活动(特别是职责分离)能否有效实现控制目标。

五、在整体层面和业务流程层面了解内部控制

内部控制的某些要素(如控制环境)更多地对被审计单位整体层面产生影响，而其他要素(如信息系统与沟通、控制活动)则可能更多地与特定业务流程相关。在实务中，注册会计师应当从被审计单位整体层面和业务流程层面分别了解和评价被审计单位的内部控制。整体层面的控制(包括对管理层凌驾于内部控制之上的控制)和信息技术一般控制通常在所有业务活动中普遍存在。业务流程层面控制主要是对工薪、销售和采购等交易的控制。整体层面的控制对内部控制在所有业务流程中得到严格的设计和执行具有重要影响。整体层面的控制较差甚至可能使最好的业务流程层面控制失效。管理层凌驾于内部控制之上(它们经常在企业整体层面出现)也是不好的公司行为中的普遍问题。

在初步计划审计工作时，注册会计师需要确定在被审计单位财务报表中可能存在重大错报风险的重大账户及其相关认定。为实现此目的，通常采取下列步骤：

(1) 确定被审计单位的重要业务流程和重要交易类别。

(2) 了解重要交易流程，并记录获得的了解。

(3) 确定可能发生错报的环节。

(4) 识别和了解相关控制。

(5) 执行穿行测试，证实对交易流程和相关控制的了解。

(6) 进行初步评价和风险评估。

延伸阅读 3-2

穿 行 测 试

在实务中，上述步骤可能同时进行。例如，在询问相关人员的过程中，同时了解重要交

易的流程和相关控制。

穿行测试是指追踪交易在财务报告信息系统中的处理过程(穿行测试)。这是注册会计师了解被审计单位业务流程及其相关控制时经常使用的审计程序。通过追踪某笔或某几笔交易在业务流程中如何生成、记录、处理和报告,以及相关控制如何执行,注册会计师可以确定被审计单位的交易流程和相关控制是否与之前通过其他程序所获得的了解一致,并确定相关控制是否得到执行。

穿行测试适用于了解内部控制,穿行测试不能为控制运行的有效性提供充分证据。

 相关思考 3-3

甲公司是 ABC 会计师事务所的常年审计客户,A 注册会计师负责审计甲公司 2022 年度财务报表。与审计业务相关的部分事项如下:

甲公司使用存货库龄等信息测算产成品的可变现净值,A 注册会计师拟信赖与库龄记录相关的内部控制,通过穿行测试确定了相关内部控制运行有效。

【思考题】 针对上述事项,请思考 A 注册会计师的做法是否恰当?如不恰当,简要说明理由。

不恰当。穿行测试不能为控制运行的有效性提供充分证据。如果采用穿行测试了解内部控制,还应当实施控制测试。

二维码3-4:预防性控制和检查性控制

第四节 评估重大错报风险

 实验目的

通过本节课的学习,学生能够理解评估财务报表层次和认定层次的重大错报风险,仅通过实质性程序无法应对的重大错报风险,对风险评估的修正,财务报表层次重大错报风险与整体应对措施;掌握需要特别考虑的重大错报风险。

 理论知识点

一、评估财务报表层次和认定层次的重大错报风险

1. 评估重大错报风险时考虑的因素
(1) 已识别的风险是什么。
(2) 错报(金额影响)可能发生的规模有多大。
(3) 事件(风险)发生的可能性有多大。
2. 评估重大错报风险的审计程序
(1) 在了解被审计单位及其环境(包括与风险相关的控制)的整个过程中,结合对财务报表中各类交易、账户余额和披露的考虑,识别风险。
(2) 结合对拟测试的相关控制的考虑,将识别出的风险与认定层次可能发生错报的领域相联系。

二维码3-5:风险评估时考虑的部分风险因素

(3) 评估识别出的风险,并评价其是否更广泛地与财务报表整体相关,进而潜在地影响多项认定。

(4) 考虑发生错报的可能性(包括发生多项错报的可能性),以及潜在错报的重大程度是否足以导致重大错报。

3. 识别两个层次的重大错报风险

在对重大错报风险进行识别和评估后,注册会计师应当确定,识别的重大错报风险是与特定的某类交易、账户余额和披露的认定相关,还是与财务报表整体广泛相关,进而影响多项认定。

4. 控制环境对评估财务报表层次重大错报风险的影响

财务报表层次的重大错报风险很可能源于薄弱的控制环境。薄弱的控制环境带来的风险可能对财务报表产生广泛影响,难以限于某类交易、账户余额和披露,注册会计师应当采取总体应对措施。

5. 控制对评估认定层次重大错报风险的影响

注册会计师应当将所了解的控制与特定认定相联系,以评估认定层次的重大错报风险。控制可能与某一认定直接相关,也可能与某一认定间接相关。关系越间接,控制在防止或发现并纠正认定中错报的作用越小。

6. 考虑财务报表的可审计性

如果通过对内部控制的了解发现下列情况,并对财务报表局部或整体的可审计性产生疑问,注册会计师应当考虑出具保留意见或无法表示意见的审计报告。

(1) 被审计单位会计记录的状况和可靠性存在重大问题,不能获取充分、适当的审计证据以发表无保留意见。

(2) 对管理层的诚信存在严重疑虑。

必要时,注册会计师应当考虑解除业务约定。

二、需要特别考虑的重大错报风险(简称特别风险)

1. 特别风险的含义

特别风险是指注册会计师识别和评估的、根据判断认为需要特别考虑的重大错报风险。

2. 确定特别风险时考虑的事项

在判断哪些风险是特别风险时,注册会计师应当至少考虑下列事项:

(1) 风险是否属于舞弊风险。

(2) 风险是否与近期经济环境、会计处理方法或其他方面的重大变化相关,因而需要特别关注。

(3) 交易的复杂程度。

(4) 风险是否涉及重大的关联方交易。

(5) 财务信息计量的主观程度,特别是计量结果是否具有高度不确定性。

(6) 风险是否涉及异常或超出正常经营过程的重大交易。

在判断哪些风险是特别风险时,注册会计师不应考虑识别出的控制对相关风险的抵销效果。

3. 非常规交易和判断事项导致的特别风险

日常的、不复杂的、经正规处理的交易不太可能产生特别风险。特别风险通常与重大的非常规交易和判断事项有关。

非常规交易是指由于金额或性质异常而不经常发生的交易。基于非常规交易具有下列特征,与重大非常规交易相关的特别风险可能导致更高的重大错报风险:

(1) 管理层更多地干预会计处理。
(2) 数据收集和处理进行更多的人工干预。
(3) 复杂的计算或会计处理方法。
(4) 非常规交易的性质可能使被审计单位难以对由此产生的特别风险实施有效控制。

判断事项通常包括作出的会计估计(具有计量的重大不确定性),如资产减值准备金额的估计、需要运用复杂估值技术确定的公允价值计量等。基于下列原因,与重大判断事项相关的特别风险可能导致更高的重大错报风险:

(1) 对涉及会计估计、收入确认等方面的会计原则存在不同的理解。
(2) 所要求的判断可能是主观和复杂的,或需要对未来事项作出假设。

三、仅通过实质性程序无法应对的重大错报风险

作为风险评估的一部分,如果认为仅通过实质性程序获取的审计证据无法应对认定层次的重大错报风险,注册会计师应当评价被审计单位针对这些风险设计的控制,并确定其执行情况。

在被审计单位对日常交易采用高度自动化处理的情况下,审计证据可能仅以电子形式存在,其充分性和适当性通常取决于自动化信息系统相关控制的有效性,注册会计师应当考虑仅通过实施实质性程序不能获取充分、适当审计证据的可能性。

如果认为仅通过实施实质性程序不能获取充分、适当的审计证据,注册会计师应当考虑依赖的相关控制的有效性,并对其进行了解、评估和测试。

四、对风险评估的修正

注册会计师对认定层次重大错报风险的评估,可能随着审计过程中不断获取审计证据而作出相应的变化。

如果通过实施进一步审计程序获取的审计证据与初始评估获取的审计证据相矛盾,注册会计师应当修正风险评估结果,并相应修改原计划实施的进一步审计程序。

延伸阅读 3-3

财务报表层次重大错报风险与总体应对措施

在财务报表重大错报风险的评估过程中,注册会计师应当确定、识别的重大错报风险是与特定的某类交易、账户余额和披露的认定相关,还是与财务报表整体广泛相关,进而影响多项认定。如果是后者,则属于财务报表层次的重大错报风险。

注册会计师应当针对评估的财务报表层次重大错报风险确定下列总体应对措施:

(1) 向项目组强调保持职业怀疑的必要性。

(2) 指派更有经验或具有特殊技能的审计人员,或利用专家的工作。由于各行业在经营业务、经营风险、财务报告、法规要求等方面具有特殊性,审计人员的专业分工细化成为一种趋势。审计项目组成员中应有一定比例的人员曾经参与过被审计单位以前年度的审计,或具有被审计单位所处特定行业的相关审计经验。必要时,要考虑利用信息技术、税务、评估、精算等方面的专家的工作。

(3) 提供更多的督导。对于财务报表层次重大错报风险较高的审计项目,审计项目组的高级别成员,如项目合伙人、项目经理等经验较丰富的人员,要对其他成员提供更详细、更经常、更及时的指导和监督并加强项目质量复核。

(4) 在选择拟实施的进一步审计程序时融入更多的不可预见的因素。被审计单位人员,尤其是管理层,如果熟悉注册会计师的审计套路,就可能采取种种规避手段,掩盖财务报告中的舞弊行为。因此,在设计拟实施审计程序的性质、时间安排和范围时,为了避免既定思维对审计方案的限制,避免对审计效果的人为干涉,从而使得针对重大错报风险的进一步审计程序更加有效,注册会计师要考虑使某些程序不被审计单位管理层预见或事先了解。

在实务中,注册会计师可以通过以下方式提高审计程序的不可预见性:①对某些未测试过的低于设定的重要性水平或风险较小的账户余额和认定实施实质性程序。②调整实施审计程序的时间,使被审计单位不可预期。③采取不同的审计抽样方法,使当期抽取的测试样本与以前有所不同。④选取不同的地点实施审计程序,或预先不告知被审计单位所选定的测试地点。

(5) 对拟实施审计程序的性质、时间安排或范围作出总体修改。财务报表层次的重大错报风险很可能源于薄弱的控制环境。薄弱的控制环境带来的风险可能对财务报表产生广泛影响,难以限于某类交易、账户余额和披露,注册会计师应当采取总体应对措施。相应地,注册会计师对控制环境的了解也影响其对财务报表层次重大错报风险的评估。有效的控制环境可以使注册会计师增强对内部控制和被审计单位内部产生的证据的信赖程度。如果控制环境存在缺陷,注册会计师在对拟实施审计程序的性质、时间安排和范围作出总体修改时应当考虑:①在期末而非期中实施更多的审计程序。控制环境的缺陷通常会削弱期中获得的审计证据的可信赖程度。②通过实施实质性程序获取更广泛的审计证据。良好的控制环境是其他控制要素发挥作用的基础。控制环境存在缺陷通常会削弱其他控制要素的作用,导致注册会计师可能无法信赖内部控制,而主要依赖实施实质性程序获取审计证据。③增加拟纳入审计范围的经营地点的数量。

二维码3-6:总体应对措施对拟实施进一步审计程序的总体审计方案的影响

第四章 采购与付款循环审计

知识框架

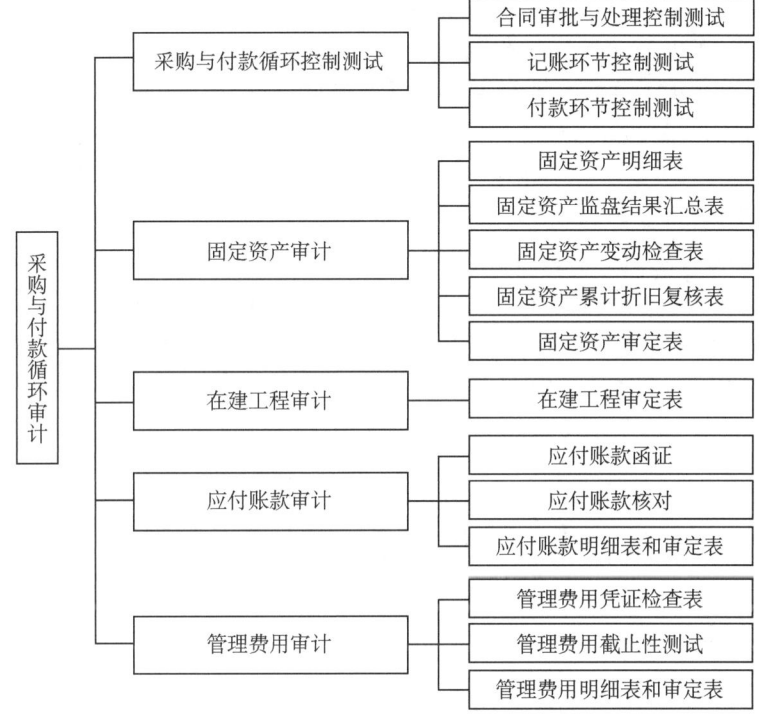

实验目标

1. 了解被审计单位采购与付款循环的内部控制及控制测试的实施。
2. 掌握实施固定资产审计、在建工程审计、应付账款审计、管理费用审计的实质性程序,并编制相关工作底稿。

思政育人

做好常态化"经济体检"

2022年6月21日,受国务院委托,审计署审计长侯凯向十三届全国人大常委会第三十五次会议作了关于2021年度中央预算执行和其他财政收支的审计工作报告。

报告显示,面对复杂严峻的国内外形势和诸多风险挑战,各地区各部门坚持落实党中央、国务院决策部署,扎实做好"六稳"工作、全面落实"六保"任务,宏观调控政策针对性和有效性进一步增强,经济保持恢复发展;常态化疫情防控有力有效,着力保障和改善民生;乡村振兴战略深入实施,生态文明建设取得明显成效;防范化解重点领域风险,地方政府债务管理更加规范。

2021年5月至2022年4月,全国共审计8.7万多个单位,促进增收节支和挽回损失3 800多亿元。截至2022年4月,2020年度审计发现问题已基本整改到位,完善制度1 520多项,追责问责8 300多人,整改责任意识明显增强。

在中央财政管理审计方面,重点审计中央决算草案编制、财政资源统筹、财政部管理分配的直达资金等转移支付和发展改革委管理分配的投资专项、地方政府债务管理等情况。

审计结果表明,财政部、国家发展改革委认真贯彻落实党中央、国务院决策部署,加强重点领域财力支撑,深化财税和投融资体制改革,预算和投资计划执行情况总体较好。同时,在审计中发现,中央决算草案个别事项编报不够完整,财政资源统筹仍需向纵深推进,中央财政支出分配投向和使用效果还不够精准优化,地方政府专项债务管理中还存在问题。

对此,报告建议,要健全完善有利于财政资源统筹的体制机制。加强四本预算衔接,打破支出固化格局,增强公共财政统筹能力;健全专项资金定期评估和动态调整机制,压缩资金分配中的自由裁量空间;严格部门预算管理主体责任,督促将全部收入和支出依法纳入预算。同时,推进省以下财政体制改革,在中央和地方分税制的原则框架内,划分省以下各级政府财政事权和支出责任,依据税种属性划分省以下政府间收入,健全省以下转移支付制度,推动建立县级财力长效保障机制。

资料来源:李华林.做好常态化"经济体检"[N].经济日报,2022-06-23.

第一节 采购与付款循环控制测试

二维码4-1:
北京信诚电子有限公司资料

 实验目的

通过本节课的学习,学生能够了解采购与付款循环内部控制制度,掌握实施采购与付款循环控制测试的程序。

 理论知识点

一、采购与付款循环涉及的主要业务活动、主要单据及会计记录

采购与付款交易通常要经过请购—订货—验收—付款这样的流程,在内部控制比较健全的企业,处理采购与付款交易通常需要适用多种单据与会计记录。

1. 制订采购计划

基于企业的生产经营计划,生产、仓库等部门应定期编制采购计划,经部门负责人等适当的管理人员审批后提交采购部门,具体安排商品及服务的采购。

经审批的采购计划有助于降低存货存在、应付账款存在或其他费用发生认定的重大错报风险。

2. 供应商认证及信息维护

采购部门通过文件审核及实地考察等方式对合作的供应商进行认证,将通过认证的供应商信息进行手工或系统维护,并及时更新,采购部门只能向通过审核的供应商采购。

供应商清单可以为存货存在、应付账款存在、其他费用发生认定提供适当的证据。

3. 请购商品和服务

生产部门和其他部门对所需要购买的商品或劳务编制请购单。请购单是申请购买商品、服务或其他资产的书面凭据,可以按照部门分别设置请购单的连续编号,每张请购单必须经过对这类支出预算负责的主管人员签字批准。

请购单有助于降低采购交易发生认定的重大错报风险。

4. 编制订购单

采购部门在收到请购单后,对经过恰当批准的请购单发出订购单。订购单包含品名、数量、价格、厂商名称和地址等信息,预先编号并经过被授权的采购人员签名。订购单经适当的管理层审核后发送供应商,作为向供应商购买商品和服务的书面凭据。

订购单有助于降低采购交易发生、完整性及准确性认定的重大错报风险。

5. 验收商品

收到商品后,验收部门应先确认所收商品是否与订购单上的要求相符,再盘点商品,并检查有无损坏。验收后,编制一式多联、预先按顺序编号的验收单。验收人员将商品送交仓库或其他请购部门时,应取得经过签字的收据,或要求其在验收单的副联上签收,以确立他们对所采购的资产应负的保管责任,并将其中的一联验收单送交应付凭单部门。验收合格品入库后,需由仓库管理人员填写入库单,作为验收合格品入库的凭证。

验收单可以为采购交易的发生认定提供适当的审计证据。

6. 储存商品

设专人保管已验收的商品,将已验收商品的保管权限与采购的其他职责相分离,有利于减少未经授权的采购和盗用商品的风险。存放商品的仓储区应相对独立,限制无关人员接近。

卖方发票,即供应商发票,是供应商开具的,交给买方以载明货物或劳务、应付款金额和付款条件等事项的凭证。其可以为采购交易的发生、准确性及应付账款的存在、准确性、计价和分摊认定提供适当的审计证据。

7. 确认和记录采购交易与负债

正确确认已验收商品和已接受服务的债务,对企业财务报表和实际现金支出具有重大影响。在记录采购交易前,财务部门需要检查订购单、验收单和供应商发票的一致性,确定供应商发票的内容是否与相关的验收单、订购单一致,以及供应商发票的计算是否正确。在检查无误后,会计人员编制转账凭证或付款凭证,经会计主管审核后据以登记至相关账簿。如果月末尚未收到供应商发票,财务部门需根据验收单和订购单暂估相关的负债。这些内部控制与存在、发生、完整性、权利和义务以及准确性、计价和分摊等认定有关。

8. 办理付款

以支票结算的方式为例,编制和签发支票的有关内部控制包括:①独立检查已签发支票的总额与所处理的付款凭单的总额的一致性。②由被授权的财务部门的人员负责签署支票。③被授权签署支票的人员应确定每张支票都附有一张已经适当批准的未付款凭单,并确定支票收款人姓名和金额与凭单内容一致。④支票一经签署就应在其凭单和支持性凭证上用加盖印戳或打洞等方式将其注销,以免重复付款。⑤支票签署人不应签发无记名甚至空白的支票。⑥支票应预先按顺序编号,保证支出支票存根的完整性和作废支票处理的恰当性。⑦确保只有被授权的人员才能接近未经使用的空白支票。

9. 记录现金、银行存款支出

仍以支票结算的方式为例,会计人员应根据已签发的支票,编制付款记账凭证,并据以登记银行存款日记账及其他相关账簿。以记录银行存款支出为例,有关内部控制包括:①会计主管独立检查记入银行存款日记账和应付账款明细账的金额的一致性,以及与支票汇总记录的一致性。②通过定期比较银行存款日记账记录的日期与支票副本的日期,独立检查入账的及时性。③独立编制银行存款余额调节表。

10. 与供应商定期对账

供应商对账单是由供应商编制、用于核对与采购企业往来款项的凭据,包含期初余额、本期购买、本期支付给供应商的款项和期末余额等信息。从供应商对账单追查至应付账款明细账,可以发现应付账款完整性认定与准确性、计价和分摊认定的错报。反之,从应付账款明细账追查至供应商对账单可以发现应付账款存在认定与准确性、计价和分摊认定的错报。

采购付款循环涉及的主要业务活动、主要单据及会计记录,如表4-1所示。

表4-1　　　　采购付款循环涉及的主要业务活动、主要单据及会计记录

各类交易	相关财务报表项目	主要业务活动	主要单据及会计记录
采购	存货、其他流动资产、销售费用、管理费用、应付账款、其他应付款、预付款项等	① 编制采购计划 ② 维护供应商清单 ③ 请购商品和服务 ④ 编制订购单 ⑤ 验收商品 ⑥ 储存已验收的商品 ⑦ 编制付款凭单 ⑧ 确认并记录采购交易负债	① 采购计划 ② 供应商清单 ③ 请购单 ④ 订购单 ⑤ 验收单 ⑥ 卖方发票 ⑦ 付款凭单
付款	应付账款、其他应付款、应付票据、货币资金等	① 办理付款 ② 记录现金、银行存款支出 ③ 与供应商定期对账	① 转账凭证/付款凭证 ② 应付账款明细账 ③ 现金日记账和银行存款日记账 ④ 供应商对账单

二、采购与付款循环的内部控制

1. 适当的职责分离

企业应当建立采购与付款交易的岗位责任制,明确相关部门和岗位的职责、权限,确保办理采购与付款交易的不相容岗位相互分离、制约和监督。采购与付款交易不相容岗位至少包括:请购与审批,询价与确定供应商,采购合同的订立与审批,采购与验收,采购、验收与相关会计记录,付款审批与付款执行。适当的职责分离有助于防止各种有意或无意的错误。

2. 恰当的授权审批

付款需要由经授权的人员审批，审批人员在审批前需检查相关支持文件，并对发现的例外事项进行跟进处理。

3. 充分的凭证和记录

采购业务应及时、准确地登记入账。对于同一事项，其请购单、订购单、验收单以及供应商发票要一应俱全，并实现订购单和验收单的连续编号和登记入账。

实验资料及操作

一、合同审批与处理控制测试

【工作底稿填写要求】

采购与付款循环控制测试是在了解和评价被审计单位内部控制，以及进行穿行测试的基础上，设计出合理的采购与付款循环流程控制且执行，进而实施后续审计程序。

根据背景资料提示，被审计单位采购部门根据年度销售预算，编制年度采购计划。公司根据月度销售情况滚动调整月、季度采购计划，由公司主管领导审核批准。公司根据销售订单采购物资，所签订的采购合同需由公司财务部门、法务部门以及业务部门领导和总经理审批通过后，签订销售合同，采购部门根据销售合同所列示的物资和数量，选择最合适的供应商签订采购合同。采购人员负责组织相关部门对合同或协议内容的充分性、适宜性、严谨性、合规性、合法性进行审核确认后加盖公章。合同审批和处理控制测试如表4-2所示。

二维码4-2：风险评估——了解和评价采购与付款循环内控

表4-2　　　　　　　　　合同审批和处理控制测试

被审计单位：	北京信诚电子有限公司	编制：	黎云景	日期：	2022/01/14	索引号：	CGC-01
会计期间：	2021.01.01~2021.12.31	复核：	李天一	日期：	2022/01/15	页次：	1

控制编号：
CGKZ-1

控制的性质：			
控制编号	自动控制	依赖信息系统的人工控制	人工控制
CGKZ-1		√	

控制测试的时间安排：
上述控制属于依赖信息系统的人工控制，计划在审计现场抽取样本进行测试。

控制测试的类型：			
询问	观察	检查	重新执行

拟实施的测试程序：
(1) 检查采购合同订立申请表是否经业务经理签字；
(2) 检查采购合同订立申请表是否经法务部门签字；
(3) 检查采购合同订立申请表是否经财务总监签字；
(4) 检查采购合同订立申请是否经总经理签字；
(5) 检查采购合同是否加盖公章。

(续表)

对总体进行定义：	
2021年采购订单或合同。	

总体的来源：	
2021年采购订单或合同。	

控制执行的频率：

控制编号	频率
CGKZ-1	不定期

与控制相关的风险：
低

总体中项目的总数：
100

对偏差进行定义：

控制编号	偏差的定义
CGKZ-1	采购合同未经适当审批或签章。

确定所测试项目的数量并选取项目：
测试项目的数量10，选取数量10。

测试过程记录：

序号	合同编号	合同日期	供应商名称	拟实施的测试程序				
				1	2	3	4	5
1	202107124							
2	202111187							

识别出的偏差：

考虑扩大测试范围：（如适用）
不适用

控制缺陷：（如适用，偏差是否被视为控制缺陷）
无

对获取的有关控制在期中运行有效性的审计证据的考虑：
不适用

剩余期间的测试过程记录：

序号	识别特征	测试程序2	测试程序3	注释
不适用				

结论：

　　注册会计师采取随意选样的方式在本年度所有采购订单或合同的总体中选取两个样本进行测试，检查相关文件资料，验证被审计单位的内部控制是否得到一贯有效执行。在系统中根据随意抽样得到的两个合同编号样本，查询其对应合同审批表和具体合同的情况，对应合同审批表如表4-3和表4-4所示。

表 4-3　北京信诚电子有限公司合同审批表

合同编号	202107124	合同类别	购销合同
合同内容	采购乳白色PE离型膜20 000㎡		
签约单位	远东化工有限公司		
合同金额	40 000.00（不含税）		
签约部门	采购部	经办人	黄博
部门审批：	周敏	审批时间：	2021-7-5
财务审批：	王元	审批时间：	2021-7-6
法务审批：	段秀慧	审批时间：	2021-7-9
总经理审批：	曹楠	审批时间：	2021-7-9

北京信诚电子有限公司

2021-7-9

表 4-4　北京信诚电子有限公司合同审批表

合同编号	202111187	合同类别	购销合同
合同内容	采购蓝色PE离型膜21 300㎡		
签约单位	远东化工有限公司		
合同金额	85 200.00（不含税）		
签约部门	采购部	经办人	黄博
部门审批：	周敏	审批时间：	2021-11-6
财务审批：	王元	审批时间：	2021-11-7
法务审批：	段秀慧	审批时间：	2021-11-9
总经理审批：	曹楠	审批时间：	2021-11-9

北京信诚电子有限公司

2021-11-9

注册会计师检查的内容包括：

(1) 采购合同订立申请表是否经业务经理签字。（是）
(2) 采购合同订立申请表是否经法务部门签字。（是）
(3) 采购合同订立申请表是否经财务总监签字。（是）
(4) 采购合同订立申请表是否经总经理签字。（是）
(5) 采购合同是否加盖公章。（是）

【注意】 根据供应商名称、合同签订日期和合同编号可以查询对应的账簿和凭证，找到与该供应商的往来明细账，查询合同原件，检查合同是否加盖公章。以合同编号202107124 为例，与供应商远东化工有限公司的应付账款明细账和购销合同，如表 4-5 和图 4-1 所示。

表 4-5　应付账款明细账

科目：220202 应付账款——远东化工有限公司

2021年		凭证号数	摘要	借方	贷方	方向	余额
月	日						
01	01		上年结转			平	0
07	31	034	原材料采购		45 200.00	贷	45 200.00
07	31		本月合计		45 200.00	贷	45 200.00
07	31		本年累计		45 200.00	贷	45 200.00
11	30	041	原材料采购		96 276.00	贷	141 476.00
11	30		本月合计		96 276.00	贷	141 476.00
11	30		本年累计		141 476.00	贷	141 476.00
12	31		本年累计		141 476.00	贷	141 476.00
			结转下年			贷	141 476.00

根据测试内容结果可知，被审计单位在采购与付款流程中的合同审批与处理环节控制测试不属于偏差，不视为控制缺陷，因此，不考虑扩大测试范围及增加样本规模。测试结论为控制测试有效，未见异常。

购销合同

购方：北京信诚电子有限公司　　　　　合同编号：202107124

销方：远东化工有限公司　　　　　　　签订时间：2021年07月10日

供需双方本着互利互惠、长期合作的原则，根据《中华人民共和国民法典》及双方的实际情况，就需方向供方采购事宜，订立本合同，以使双方在合同履行中共同遵守。

一、产品名称、数量、单价、金额：

产品名称	规格型号	计量单位	数量	单价	金额	备注
乳白色PE离型膜	YUIGN 1/2H T0.20	m²	20 000	2.00	40 000.00	不含税价
合计					￥40 000.00	
合计人民币（大写）： 肆万元整						

二、质量要求技术标准：供方按合同企业标准。

三、交（提）货地点、方式：

四、付款时间与付款方式：交货后1年内付款。

五、运输方式及到站、港和费用负担：由第三方物流公司提供配送服务，相关配送服务费用由销售方承担。

六、合理损耗及计算方法：以实际数量验收。

七、包装标准、包装物的供应与回收：普通包装，不回收包装物。

八、验收标准、方法及提出异议期限：货到需方7天内提出质量异议，不包括运输过程中造成的质量问题。

九、违约责任：按照《中华人民共和国民法典》。

十、解决合同纠纷的方式：双方协商解决。

十一、其他约定事项：本合同一式两份，供需双方各一份，经双方盖章后即生效。

购方（盖章）：北京信诚电子有限公司　　　销方（盖章）：远东化工有限公司
单位地址：北京市东城区城中街刘场路26号　单位地址：北京市东城区丹徒街东波路95号
电　话：010-16231555　　　　　　　　　电　话：010-16145090
签订日期：2021年07月10日　　　　　　　签订日期：2021年07月10日
开户银行：交通银行北京东城支行　　　　开户银行：中国建设银行北京东城支行
账　号：4146187411381 57744000　　　　账　号：4180265026941 7594100

图 4-1　购销合同

二、记账环节控制测试

【工作底稿填写要求】

根据背景资料提示,采购部收到供应商开具的发票后,将采购合同与业务确认情况进行核对,审核无误提交至财务部。财务部收到采购部门提交的相关单据后,及时地审核并进行记账处理。记账环节控制测试如表4-6所示。

表4-6　　　　　　　　　　　　**记账环节控制测试**

被审计单位：北京信诚电子有限公司　　　编制：黎云景　　日期：2022/01/14　　索引号：CGC-02

会计期间：2021.01.01~2021.12.31　　　　复核：李天一　　日期：2022/01/15　　页次：1

控制编号：
CGKZ-2

控制的性质：

控制编号	自动控制	依赖信息系统的人工控制	人工控制
CGKZ-2		√	

控制测试的时间安排：
上述控制属于依赖信息系统的人工控制,计划在审计现场抽取样本进行测试。

控制测试的类型：

询问	观察	检查	重新执行

拟实施的测试程序：
(1) 检查采购合同金额与发票金额是否一致；
(2) 检查记账凭证金额与发票金额是否一致；
(3) 检查采购合同与业务部确认单是否一致；
(4) 检查记账凭证是否经会计主管审核签字。

对总体进行定义：
2021年应付账款贷方凭证。

总体的来源：
2021年应付账款贷方凭证。

控制执行的频率：

控制编号	频率
CGKZ-2	不定期

与控制相关的风险：
低

总体中项目的总数：
100

对偏差进行定义：

控制编号	偏差的定义
CGKZ-2	采购业务情况未与采购合同确认是否一致；采购业务未恰当准确记录。

确定所测试项目的数量并选取项目：
测试项目的数量10,选取数量10。

序号	凭证号	日期	供应商	拟实施的测试程序					
				1	2	3	4	……	……
1	7-记034#								
2	11-记041#								

(续表)

识别出的偏差：

考虑扩大测试范围：（如适用）
不适用

控制缺陷：（如适用，偏差是否被视为控制缺陷）
无

对获取的有关控制在期中运行有效性的审计证据的考虑：
不适用

剩余期间的测试过程记录：

序号	识别特征	测试程序1	测试程序2	注释
不适用				

结论：

注册会计师采取随意选样的方式在本年度所有应付账款贷方凭证的总体中选取两个样本进行测试，检查相关文件资料，验证被审计单位的内部控制是否得到一贯有效执行。在系统中根据随意抽样得到的两个凭证样本，查询相关记账凭证和相关附件。以2021年7月记字034号凭证为例，相关附件如图4-2至图4-4所示。

记 账 凭 证

记字034号　　　　　　　　　日期：2021-07-31　　　　　　　　　附单据　3　张

摘要	科目名称	借方金额	贷方金额
原材料采购	原材料——乳白色PE离型膜	40 000.00	
原材料采购	应交税费——应交增值税（进项税额）	5 200.00	
原材料采购	应付账款——远东化工有限公司		45 200.00
合计		45 200.00	45 200.00

记账　张超　　　　　审核　蔡丽　　　　　出纳　　　　　　　制单　张超

图4-2　记账凭证7-034号

入 库 单

2021年 07月 18日　　　　　　　　　　　　　　　单号 JYXCRKD00001

交来单位及部门	远东化工有限公司	验收仓库	A仓库	入库日期	2021年07月18日			财务联
编号	名称及规格	单位	数量		实际价格			
			交库	实收	单价	金额		
1	乳白色PE离型膜　YUIGN 1/2H T0.20*W29*coil	m²	20 000	20 000				
	合计		20 000	20 000				

负责人：　　　　　会计：蔡丽　　　　　经办人：黄博　　　　　制单人：李旦

图4-3　入库单

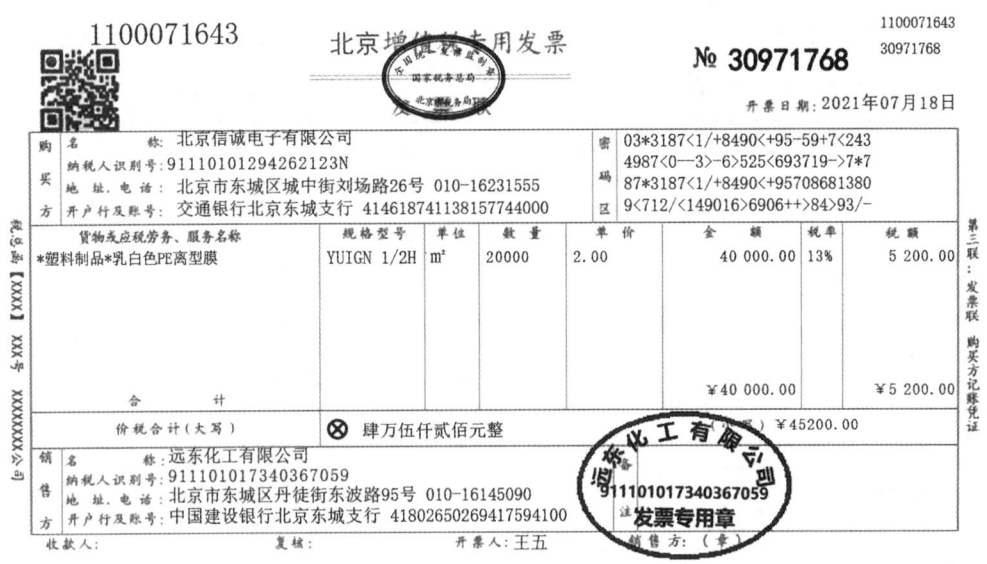

图 4-4 增值税专用发票

注册会计师检查的内容包括:
(1) 采购合同是否与发票金额一致。(是)
(2) 记账凭证是否与发票金额一致。(是)
(3) 采购合同是否与业务部确认单一致。(是)
(4) 记账凭证是否经会计主管审核签字。(是)

【**注意**】合同审批表中业务人员已对合同相关内容签字确认,包括合同内容、签约单位、合同金额等,采购合同见图 4-1。

根据测试内容结果可知,被审计单位在采购与付款流程中的记账环节控制测试不属于偏差,不视为控制缺陷,因此,不考虑扩大测试范围及增加样本规模。测试结论为控制测试有效,未见异常。

三、付款环节控制测试

【**工作底稿填写要求**】

根据背景资料提示,采购部门填写付款申请单,确认无误后由部门领导、财务总监以及总经理进行审批,送交财务部。财务部会计审核付款申请的有效性,并核对合同号、单价以及收款单位名称,确认无误后付款并进行相关账务处理。付款环节控制测试如表 4-7 所示。

表 4-7　　　　　　　　　　付款环节控制测试

被审计单位：	北京信诚电子有限公司	编制：	黎云景	日期：	2022/01/14	索引号：	CGC-03
会计期间：	2021.01.01~2021.12.31	复核：	李天一	日期：	2022/01/15	页次：	1

控制编号：
CGKZ-3

控制的性质：

控制编号	自动控制	依赖信息系统的人工控制	人工控制
CGKZ-3		√	

控制测试的时间安排：
上述控制属于依赖信息系统的人工控制，计划在审计现场抽取样本进行测试。

控制测试的类型：

询问	观察	检查	重新执行

拟实施的测试程序：
(1) 检查付款申请单是否经采购经理签字；
(2) 检查付款申请单是否经财务总监签字；
(3) 检查付款申请单是否经总经理签字；
(4) 检查记账金额、收款人是否与付款申请单一致。

对总体进行定义：
2021年记录的与采购与付款相关的记账凭证。

总体的来源：
2021年记录的与采购与付款相关的记账凭证。

控制执行的频率：

控制编号	频率
CGKZ-3	不定期

与控制相关的风险：
低

总体中项目的总数：
100

对偏差进行定义：

控制编号	偏差的定义
CGKZ-3	付款申请单未经适当审批或缺失。

确定所测试项目的数量并选取项目：
测试项目的数量10，选取数量10。

测试过程记录

序号	凭证号	付款日期	付款金额	收款人	拟实施的测试程序					
					1	2	3	4	……	……
1	7-记002#									
2	12-记055#									

识别出的偏差：

考虑扩大测试范围：（如适用）
不适用

控制缺陷：（如适用，偏差是否被视为控制缺陷）
无

对获取的有关控制在期中运行有效性的审计证据的考虑：
不适用

剩余期间的测试过程记录：

序号	识别特征	测试程序1	测试程序2	注释
不适用				

结论：

注册会计师采取随意选样的方式在本年度所有应付账款借方记账凭证（采购相关）的总体中选取两个样本进行测试，检查相关文件资料，验证被审计单位的内部控制是否得到一贯有效执行。在系统中根据随意抽样得到的两个凭证样本，查询相关记账凭证和相关附件。以 2021 年 7 月记字 002 号凭证为例，相关附件如图 4-5 至图 4-7 所示。

记账凭证

记字002号　　　　　　　　　日期：2021-07-31　　　　　　　附单据　　2　张

摘要	科目名称	借方金额	贷方金额
预付汽车起动机耐久性测试机（10万元）	预付账款——郯城机器设备有限公司	100 000.00	
预付汽车起动机耐久性测试机（10万元）	银行存款——交通银行北京东城支行		100 000.00
合计		100 000.00	100 000.00

记账　张超　　　　　审核　蔡丽　　　　　出纳　陈琳琳　　　　　制单　张超

图 4-5　记账凭证 7-002 号

付款申请书

2021 年 07 月 05 日

用途及情况	金额										收款单位(人)：郯城机器设备有限公司
预付汽车起动机耐久性测试机（10万元）	亿	千	百	十	万	千	百	十	元	角	分	账　号：414396930587035598000
			￥	1	0	0	0	0	0	0	0	开户行：交通银行临沂郯城支行
金额（大写）合计：	人民币 壹拾万元整										结算方式：转账
总经理　曹楠	财务部门	经理	王元	业务部门	经理	周敏
		会计	蔡丽		经办人	黄博

图 4-6　付款申请书

交通银行电子汇划付款回单

2021 年 07 月 05 日　　流水号：110032880710123

付款人	全 称	北京信诚电子有限公司	收款人	全 称	郯城机器设备有限公司
	账 号	4146187411381577440000		账 号	4143969305870355980000
	开户行	交通银行北京东城支行		开户行	交通银行临沂郯城支行
金额	(大写)	壹拾万元整			￥100 000.00
用途	预付设备款				

备注：

汇划日期：2021.07.05　　　　汇划流水号：110032880710123

汇出行行号：301100212018　　原凭证种类：

原凭证号码：　　　　　　　　原凭证金额：￥100 000.00

汇款人地址：

收款人地址：

实际收款人账号：4143969305870355980000

实际收款人名称：郯城机器设备有限公司　　　　　　银行盖章

（印章：交通银行北京东城支行 2021.07.05 转讫(01)）

图 4-7　交通银行电子汇划付款回单

注册会计师检查的内容包括：

（1）付款申请单是否经采购经理签字。（是）

（2）付款申请单是否经财务总监签字。（是）

（3）付款申请单是否经总经理签字。（是）

（4）记账金额、收款人是否与付款申请单一致。（是）

根据测试内容结果可知，被审计单位在采购与付款流程中的记账环节控制测试不属于偏差，不视为控制缺陷，因此，不考虑扩大测试范围及增加样本规模。测试结论为控制测试有效，未见异常。

二维码 4-3：参考答案——采购与付款循环控制测试

第二节　固定资产审计

 **实验目的**

通过本节课的学习，学生能够了解固定资产审计的要点，掌握实施固定资产实质性程序的方法。

 理论知识点

一、审计目标

固定资产审计的目标如表 4-8 所示。

表 4-8　　　　　　　　　　　　　固定资产审计的目标

事项	财务报表的认定
1. 资产负债表中记录的固定资产是存在的	存在
2. 所有应记录的固定资产均已记录	完整性
3. 记录的固定资产由被审计单位拥有或控制	权利和义务
4. 固定资产以恰当的金额包括在账务报表中,与之相关的计价或分摊已恰当记录	准确性、计价和分摊
5. 固定资产已按照《企业会计准则》的规定在财务报告中恰当地列报和披露	列报

二、计划实施的实质性程序

（1）获取或编制固定资产明细表。复核加计是否正确,并核对其与总账数和明细账合计数是否相符,核对累计折旧和固定资产减值准备与报表数是否相符。

（2）实施实质性分析程序。①考虑可获取信息的来源、可比性、性质和相关性以及与信息编制相关的控制,评价在对记录的金额或比率作出预期时使用数据的可靠性。②对已记录的金额作出预期,评价预期值是否足够精确以识别重大错报。③确定已记录金额与预期值之间可接受的、无须作进一步调查的可接受的差异额。④将记录金额与期望值进行比较,识别需要进一步调查的差异。⑤调查差异:通过询问管理层,针对管理层的答复获取适当的审计证据;根据具体情况在必要时实施其他审计程序。

（3）实地检查重要固定资产,确定其是否存在,关注是否存在已报废但仍未核销的固定资产。

（4）检查固定资产的所有权或控制权。对于外购的机器设备等固定资产,审核采购发票、采购合同等。对于房地产类固定资产,查阅有关的合同、产权证明、财产税单、抵押借款的还款凭据、保险单等书面文件。对于融资租入的固定资产,检查有关融资租赁合同。对汽车等运输设备,检查有关运营证件等。对于受留置权限制的固定资产,结合有关负债项目进行检查。

（5）检查本期固定资产的初始计量。对于外购的固定资产,检查采购合同、发票、保险单、发运凭证等支持性文件,确定入账价值是否正确、授权批准手续是否齐备、会计处理是否正确。对于自行建造的固定资产,检查固定资产确认时点是否符合《企业会计准则》的规定,核对入账价值与在建工程的相关记录是否相符,是否与竣工决算、验收和移交报告等一致。对于已经达到预定可使用状态,但尚未办理竣工决算手续的固定资产,检查其是否已按估计价值入账,并按规定计提折旧。对于投资者投入的固定资产,检查其是否按投资各方确认的价值入账,并检查确认的价值是否公允、交接手续是否齐全;涉及国有资产的,检查是否有评估报告并经国有资产管理部门评审备案或核准确认。检查固定资产是否存在弃置费用,如果存在弃置费用,检查弃置费用的估计方法和弃置费用现值的计算是否合理、会计处理是否正确。

（6）检查固定资产的后续支出是否满足资产确认条件,如不满足,检查该支出是否在该后续支出发生时计入当期损益。

(7) 检查本期固定资产的处置。①结合固定资产清理科目,抽查固定资产账面转销额是否正确。②检查出售、盘亏、转让、报废或毁损的固定资产是否经授权批准、会计处理是否正确。③检查因修理、更新改造而停止使用的固定资产的会计处理是否正确。④检查投资转出固定资产的会计处理是否正确。⑤检查债务重组或非货币性资产交换转出固定资产的会计处理是否正确。⑥检查其他减少固定资产的会计处理是否正确。

(8) 检查固定资产的租赁。①检查固定资产的租赁是否签订了合同、租约,手续是否完备,合同内容是否符合国家规定、是否经相关管理部门的审批。②检查租入固定资产是否已登记备查簿。如果被审计单位的固定资产中融资租赁占有相当大的比例,复核新增加的租赁协议,检查租赁是否符合融资租赁的条件、会计处理是否正确(资产的入账价值、折旧、相关负债),并向出租人函证租赁合同及执行情况以及租入固定资产改良支出的核算是否符合规定。

(9) 获取暂时闲置固定资产的相关证明文件,并观察其实际状况,检查是否已按规定计提折旧、相关的会计处理是否正确。

(10) 获取已提足折旧仍继续使用的固定资产的相关证明文件,并作相应记录。

(11) 获取持有待售固定资产的相关证明文件,并作相应记录,检查对其预计净残值调整是否正确、会计处理是否正确。

(12) 对应计入固定资产价值的借款费用,根据《企业会计准则》的规定,结合长短期借款、应付债券或长期应付款的审计,检查借款费用资本化的计算方法和资本化金额、会计处理是否正确。

(13) 检查购置固定资产时是否存在与资本性支出有关的财务承诺。

(14) 检查固定资产的抵押、担保情况。结合对银行借款的检查,了解固定资产是否存在重大的抵押、担保情况。如存在,应取证,并作相应的记录,同时提请被审计单位作恰当披露。

(15) 检查累计折旧。获取或编制累计折旧分类汇总表,复核加计是否正确,并与总账数和明细账合计数核对。检查被审计单位制定的折旧政策和方法是否符合相关会计准则的规定,确定采用的折旧方法能否在固定资产预计使用寿命内合理分摊其成本、前后期是否一致、预计使用寿命和预计净残值是否合理。此外,复核本期折旧费用的计提和分配:①复核本期折旧费用的计提是否正确,关注已计提减值准备的固定资产的折旧。②检查折旧费用的分配方法是否合理、是否与上期一致。③分配计入各项目的金额占本期全部折旧计提额的比例与上期比较是否有重大差异。将"累计折旧"账户贷方的本期计提折旧额与相应的成本费用中的折旧费用明细账户的借方相比较,检查本期所计提折旧金额是否已全部摊入本期产品成本或费用。检查累计折旧的减少是否合理、会计处理是否正确。

(16) 获取管理层在资产负债表日就固定资产是否存在可能发生减值迹象判断的说明。如果识别出固定资产减值准备相关的重大错报风险,执行"审计会计估计(包括公允价值会计估计)和相关披露"中"应对评估的重大错报风险"所述的程序,并在本账项工作底稿中记录测试过程。

(17) 根据评估的舞弊风险等因素增加的审计程序。

(18) 检查固定资产是否已按照《企业会计准则》的规定在财务报表中恰当地列报和披露。

# 实验资料及操作

一、固定资产明细表

【工作底稿填写要求】

根据企业信息资料提示,查询固定资产、累计折旧、固定资产减值准备的明细账、总账和报表数,将明细账、总账和报表数进行核对,检查是否相符。固定资产明细表如表4-9所示。

表4-9　　　　　　　　　　　　固定资产明细表

被审计单位:北京信诚电子有限公司　　编制:黎云景　　日期:2022/02/18　　索引号:1119-2
会计期间:2021.01.01~2021.12.31　　复核:李天一　　日期:2022/02/25　　页　次:　1

项目	未审数				账项调整		重分类调整		调整索引	期末审定数	备注
	期初数	本期增加	本期减少	期末数	借方	贷方	借方	贷方			
一、固定资产原值											
其中:房屋建筑物											
生产设备											
运输设备											
电子设备											
其他设备											
二、固定资产累计折旧											
其中:房屋建筑物											
生产设备											
运输设备											
电子设备											
其他设备											
三、固定资产减值准备											
其中:房屋建筑物											
生产设备											
运输设备											
电子设备											
其他设备											
四、固定资产账面价值											
其中:房屋建筑物											
生产设备											

(续表)

项目	未审数			账项调整		重分类调整		调整索引	期末审定数	备注
	期初数	本期增加	本期减少	期末数	借方	贷方	借方	贷方			
运输设备											
电子设备											
其他设备											
审计说明											

【注意】

(1) 明细表中各项目之间需要符合"期初余额＋本期增加－本期减少＝期末余额",查询明细账中的期初余额、本期增加、本期减少后,自行计算得出期末余额,将其与总账、明细账中的期末余额进行核对,检查是否相符。

(2) 根据"固定资产的原价－累计折旧－固定资产减值准备＝账面价值",计算出账面价值,并将其与被审计单位相关账簿和报表进行核对。

二、固定资产监盘结果汇总表

固定资产监盘结果汇总表如表 4-10 所示。

表 4-10　　　　　　　　　固定资产监盘结果汇总表
被审计单位:北京信诚电子有限公司　　编制:黎云景　　日期:2022/02/18　　索引号:1119-3
会计期间:2021.01.01～2021.12.31　　复核:李天一　　日期:2022/02/25　　页　次:　1　

序号	名称	编号	计量单位	购置日期	资产存放地	账面单位原值	账面数量(1)	实盘数量(2)	差异数量(1)－(2)	备注
1	漆包线刮漆机	10001	台	2019/12/31	生产部	18 397.81	1			
2	脉冲式线圈匝间测试仪	10002	台	2019/12/31	生产部	15 713.68	1			
3	漆包线刮漆机（扁线）	10003	台	2019/12/31	生产部	1 818.80	1			
4	远红外鼓风烘干箱	10004	台	2019/12/31	生产部	7 818.29	1			
5	点焊机	10005	台	2019/12/31	生产部	127 875.37	1			
6	空压机	10006	台	2019/12/31	生产部	1 984.02	1			
7	油压机	10007	台	2019/12/31	生产部	3 206.19	1			

【工作底稿填写要求】

获取固定资产盘点表,与固定资产明细账、总账核对;以固定资产盘点表或明细账为起点,进行实地追查,以证明会计记录中所列固定资产确实存在,并关注其目前使用情况和资产质量;以实地为起点,追查至固定资产明细分类账,以证实实际存在的固定资产均已入账,并关注其中是否存在经营性租赁资产。注册会计师应检查固定资产盘点表记录的真实性并在上面以监盘人的身份签字,根据已确认的固定资产盘点表(表 4-11)编制固定资产监盘结果汇总表(表 4-10)。

表 4-11　　　　　　　　　　　固定资产盘点表

页　次：　1

盘点日期:2022 年 01 月 05 日　　　　　　　　　　　　　　　　　　　　　盘点部门:管理部门

序号	名称	编号	计量单位	购置日期	资产存放地	账面单位原值	账面数量	实盘数量	差异数量	备注
1	漆包线刮漆机	10001	台	2019/12/31	生产部	18 397.81	1	1	—	
2	脉冲式线圈匝间测试仪	10002	台	2019/12/31	生产部	15 713.68	1	1	—	
3	漆包线刮漆机(扁线)	10003	台	2019/12/31	生产部	1 818.80	1	1	—	
4	远红外鼓风烘干箱	10004	台	2019/12/31	生产部	7 818.29	1	1	—	
5	点焊机	10005	台	2019/12/31	生产部	127 875.37	1	1	—	
6	空压机	10006	台	2019/12/31	生产部	1 984.02	1	1	—	
7	油压机	10007	台	2019/12/31	生产部	3 206.19	1	1	—	

财务经理:王元　　　　　　　　　　监盘人:黎元景　　　　　　　　　　盘点人:刘贝

【注意】注册会计师应盘点固定资产数量、观察资产状况,查看相关权属证明,检查账面结存数量与监盘数量是否存在差异,若盘盈或盘亏,应查明原因并作审计调整。

 相关思考 4-1

固定资产监盘

监盘程序简单来说就是观察和检查程序的综合体,在实地观察和检查固定资产,验证固定资产的存在认定,检查企业记录在账上的固定资产是否存在问题、是否真实存在。盘点时,管理固定资产的负责部门,如资产管理部、财务部、审计部等应协同参与复盘或检查。最终对固定资产负责的是主要责任部门,即固定资产的管理部门。

【思考题】 在进行固定资产监盘时需要注意的事项有哪些?

(1) 关注固定资产的管理情况,固定资产的使用状态,是否存在未使用的固定资产、待处理的固定资产等(观察程序)。

(2) 关注本年新增的固定资产,对盘点数和账面数存在的差异及差异原因等进行检查(检查程序)。

(3) 如在监盘过程中发现差异,需要询问相关人员具体原因,核实后,可能涉及审计调整(询问程序)。

(4) 往往忽略监盘房产,认为房产不会移动,不会出现问题,但在实务中,可能存在房屋已经处置等情况,但账面上并未记载,又或者是虚增的房产(检查程序)。

(5) 某些在建工程或在建工程转固的固定资产,可能存在虚增的情况,在实务中,审计人员仅仅检查相关合同文件等纸质资料,但没有到现场实地勘察,进而没有识别舞弊风险(固定资产或在建工程舞弊)。

(6) 如果在监盘中发现部分机器设备已无法使用,或实际生产线已停产等情况,需要对其他审计程序或审计证据引起足够的谨慎(资产大幅度减值可能,以及引发对收入真实性的考虑)。

(7) 监盘无计划,无法提高审计效率。固定资产存放位置可能多个地点,应该制订好相关计划,并提前做好相关准备(审计方向)。

三、固定资产变动检查表

一般情况下,固定资产的增减变动并不频繁,但涉及金额一般比较巨大,应尽量按明细编制,进行检查。

1. 固定资产增加检查表

【工作底稿填写要求】

对新增固定资产进行抽查凭证时,应按底稿核对内容说明,关注其计价、产权等多个信息,抽查样本量,如不多,可全抽,视具体情况确定。对于在建工程转入的固定资产,应与在建工程核对、结合检查,索引至在建工程底稿;对于投资投入的固定资产,更新改造而增加的固定资产,通过债务重组、非货币性交易增加的固定资产,融资租入的固定资产等,应特别关注并及时与被审计单位沟通,考虑如何实施相应程序。固定资产增加检查表如表4-12所示。

表4-12　　　　　　　　固定资产增加检查表

被审计单位:北京信诚电子有限公司　　编制:黎云景　　日期:2022/02/18　　索引号:1119-4
会计期间:2021.01.01~2021.12.31　　复核:李天一　　日期:2022/02/25　　页　次:　1

序号	资产名称	单位	购置日期	取得方式	账面单位原值	账面数量	凭证号	对应科目(一级科目)	核对内容(用"√"或"×"表示)						备注
									1	2	3	4	5	6	
1	汽车起动机耐久性测试机	台													
2	轴承试验机	台													
3	车间周转容器工程	台													
4	叉车	台													
5	螺杆式空压机	台													
	合　计														
核对内容说明:(1)计价正确;(2)结转手续完备;(3)授权审批完整;(4)账务处理正确及时;(5)原始凭证内容完整;(6)……															
审计说明															

【注意】根据企业信息资料提示,查询固定资产明细账(表4-13)中机器设备的借方增加额,可知新增固定资产凭证为2021年7月记字003号和2021年7月记字004号凭证。对应抽查的新增固定资产名称可知,汽车起动机耐久性测试机、叉车为新购入固定资产,查询

2021年7月记字004号凭证并核对相应内容,相关附件如图4-8至图4-12所示。

表4-13　　　　　　　　　　固定资产明细账

科目	160102 固定资产——机器设备					
2021年		凭证号数	摘要	借方	贷方	方向	余额
月	日						
01	01		上年结转			借	716 024.80
07	31	003	母公司调拨资产清单、审批单	291 641.81		借	1 007 666.61
07	31	004	购入一批固定资产	207 392.27		借	1 215 058.88
07	31		本月合计	499 034.08		借	1 215 058.88
07	31		本年累计	499 034.08		借	1 215 058.88
12	31		本年累计	499 034.08		借	1 215 058.88
			结转下年			借	1 215 058.88

记 账 凭 证

记字004号　　　　　　　　　　日期:2021-07-31　　　　　　　　　　附单据　9　张

摘要	科目名称	借方金额	贷方金额
购入一批固定资产	固定资产——机器设备	207 392.27	
购入一批固定资产	固定资产——电子设备	16 666.68	
购入一批固定资产	应交税费——应交增值税(进项税额)	29 127.66	
购入一批固定资产	其他应付款——郯城机器设备有限公司		240 575.03
购入一批固定资产	银行存款——交通银行北京东城支行		12 611.58
合计		253 186.61	253 186.61

记账　张超　　　　　审核　蔡丽　　　　　出纳　陈琳琳　　　　　制单　张超

图4-8　记账凭证7-004号

图4-9　增值税专用发票

图 4-10 增值税专用发票

固定资产验收单

2021 年 07 月 10 日　　　　　　　　　　编号：20210713

名称	规格型号	来源	数量	购(造)价	使用年限	预计残值
计算机	B3110	直接采购	6	16 666.68	3	833.33
安装费		月折旧率		建造单位		交工日期		附件
						2021 年 07 月 10 日		
验收部门	采购部	验收人员	黄博	管理部门	办公室	管理人员	关雨
备注	验收合格						

审核：周敬　　　　　　　　制单：黄博

图 4-11 固定资产验收单(部分)

交通银行电子汇划付款 回单

2021 年 07 月 10 日　　流水号：110032880710472

付款人	全称	北京信诚电子有限公司	收款人	全称	郯城机器设备有限公司
	账号	4146187411381577744000		账号	交通银行临沂郯城支行
	开户行	交通银行北京东城支行		开户行	414396930587035598000
金额	(大写) 壹万贰仟陆佰壹拾壹元伍角捌分			￥12 611.58	
用途	采购计算机及设备				
备注	汇划日期：2021.07.10			汇划流水号：110032880710472	
	汇出行号：301100212018				
	原凭证号码：			原凭证金额：￥12 611.58	
	汇款人地址：				
	收款人地址：				
	实际收款人账号：414396930587035598000				
	实际收款人名称：郯城机器设备有限公司			银行盖章	

图 4-12 交通银行电子汇划付款回单

注册会计师检查的内容包括：
(1) 计价是否正确。(是)
(2) 结转手续是否完备。(是)
(3) 授权审批是否完整。(是)
(4) 账务处理是否正确及时。(是)
(5) 原始凭证内容是否完整。(是)

根据企业信息资料提示，对应抽查的新增固定资产名称可知，轴承试验机、车间周转容器、螺杆式空压机为母公司调拨转入的固定资产，查询 2021 年 7 月记字 003 号凭证并核对相应内容，相关附件如图 4-13、表 4-14 和图 4-14 所示。

记 账 凭 证

记字003号　　　　　　　　　　日期：2021-07-31　　　　　　　　　　附单据　13　张

摘要	科目名称	借方金额	贷方金额
母公司无偿调拨固定资产	固定资产——机器设备	291 641.81	
母公司无偿调拨固定资产	资本公积		291 641.81
合计		291 641.81	291 641.81

记账　张超　　　　　审核　蔡丽　　　　　出纳　　　　　　　制单　张超

图 4-13　记账凭证 7-003 号

表 4-14　　　　　　　　　　　母公司调拨资产清单

日期：2021年07月01日

固定资产名称	数量	原值	期初累计折旧	净值	残值率	预计残值	剩余使用月	预计使用年限	折旧方法	状态
轴承试验机	1	97 876.12	—	97 876.12	5%	4 893.81	120	10	平均年限法	使用
铜套起拔器	1	1 598.93	—	1 598.93	5%	79.95	120	10	平均年限法	使用
液力压轴机	1	17 752.90	—	17 752.90	5%	887.65	120	10	平均年限法	使用
波形绕线机	1	12 955.88	—	12 955.88	5%	647.79	120	10	平均年限法	使用
定子插槽机	1	8 115.91	—	8 115.91	5%	405.80	120	10	平均年限法	使用
螺杆式空压机	1	52 281.71	—	52 281.71	5%	2 614.09	120	10	平均年限法	使用
交直流氩弧焊机	1	5 617.67	—	5 617.67	5%	280.88	120	10	平均年限法	使用
开式可倾压力机	1	1 327.41	—	1 327.41	5%	66.37	120	10	平均年限法	使用
履带抛丸清理机	1	6 414.76	—	6 414.76	5%	320.74	120	10	平均年限法	使用
螺旋振动研磨机	1	4 388.50	—	4 388.50	5%	219.43	120	10	平均年限法	使用
普通台式车床	1	814.83	—	814.83	5%	40.74	120	10	平均年限法	使用
车间周转容器工程	1	82 497.19	—	82 497.19	5%	4 124.86	120	10	平均年限法	使用
合计	—	291 641.81	—	291 641.81	—	14 582.09	—	—	—	—

固定资产验收单

2021 年 07 月 01 日 编号：20210701

名称	规格型号	来源	数量	购(造)价	使用年限	预计残值
轴承试验机	Q-6709	母公司划拨	1	97 876.12	10	4 893.81
安装费		月折旧率		建造单位	交工日期	附件
					2021 年 07 月 01 日	
验收部门	生产部	验收人员	高峰	管理部门	办公室	管理人员	关雨
备注	验收合格					

审核：周敏 制单：高峰

图 4-14 固定资产验收单(部分)

2. 固定资产减少检查表

固定资产减少检查表如表 4-15 所示。

表 4-15　　　　　　　　固定资产减少检查表

被审计单位：北京信诚电子有限公司　　编制：黎云景　　日期：2022/02/18　　索引号：1119-5
会计期间：2021.01.01～2021.12.31　　复核：李天一　　日期：2022/02/25　　页　次：1

序号	资产名称	处置方式	单位	数量	购置日期	原值	累计折旧	减值准备	账面价值 1	清理收入 2	清理费用 3	清理净损益 4=2-1-3	处置日期	凭证号	核对内容(用"√"或"×"表示)						备注
															1	2	3	4	5	6	
1	电脑		台																		
	合计	—	—		—								—	—	—	—	—	—	—	—	

核对内容说明：(1)计价正确；(2)结转手续完备；(3)授权审批完整；(4)账务处理正确及时；(5)原始凭证内容完整；(6)……

审计说明

【工作底稿填写要求】

根据企业信息资料提示，查询固定资产明细账(表 4-16)中电子设备的贷方增加额，可知减少固定资产凭证为 2021 年 12 月记字 040 号凭证。对应减少固定资产名称可知，四台电子设备笔记本电脑本期发生减少变动，查询 2021 年 12 月记字 040 号凭证并核对相应内容，相关附件如图 4-15 至图 4-16、表 4-17 所示。

表 4-16　　　　　　　　固定资产明细账

科目	160104 固定资产——电子设备					
2021年		凭证号数	摘要	借方	贷方	方向	余额
月	日						
01	01		上年结转			借	56 502.92
07	31	004	购入一批固定资产	16 666.68		借	73 169.60
07	31		本月合计	16 666.68		借	73 169.60
07	31		本年累计	16 666.68		借	73 169.60
12	31	040	清理一批资产		9 031.53	借	64 138.07
12	31		本月合计		9 031.53	借	64 138.07
12	31		本年累计	16 666.68	9 031.53	借	64 138.07
			结转下年			借	64 138.07

记 账 凭 证

记字040号　　　　　　　　　　　日期：2021-12-31　　　　　　　　　　　附单据　2　张

摘要	科目名称	借方金额	贷方金额
清理一批资产	固定资产清理	3 311.85	
清理一批资产	累计折旧——电子设备	5 719.68	
清理一批资产	固定资产——电子设备		9 031.53
合计		9 031.53	9 031.53

记账　张超　　　　　审核　蔡丽　　　　　出纳　　　　　　　制单　张超

图 4-15　记账凭证 12-040 号

固定资产报废单

2021 年 12 月 28 日　　　　　　　　　　　凭证编号：000008

固定资产名称及编号	规格型号	单位	数量	购买日期	已计提折旧月数	原始价值	已提折旧	备注
笔记本电脑4台，详见报废清单		台	4	2019年12月31日	24	9 031.53	5 719.68	
固定资产状况及报废原因	配置比较低，系统运行缓慢，无法满足工作需求，申请报废。							
处理意见	使用部门		技术鉴定小组		固定资产管理部门		主管部门审批	
	办公室						曹楠	

审核：曹楠　　　制单：李逸

图 4-16　固定资产报废单

表 4-17　　　　　　　　　固定资产报废清单

固定资产编号	固定资产名称	原值	累计折旧	净值	残值率	预计残值	已使用月	期初剩余使用月	启用时间	预计使用年限	月折旧额	部门	新增方式	折旧方法	状态	固定资产分类
20005	笔记本电脑	2 257.89	1 429.92	827.97	5%	112.89	24	12	2019-12-31	3.00	59.58	办公室	直接购入	平均年限法	使用	电子设备
20006	笔记本电脑	2 257.88	1 429.92	827.96	5%	112.89	24	12	2019-12-31	3.00	59.58	办公室	直接购入	平均年限法	使用	电子设备
20007	笔记本电脑	2 257.88	1 429.92	827.96	5%	112.89	24	12	2019-12-31	3.00	59.58	办公室	直接购入	平均年限法	使用	电子设备
20008	笔记本电脑	2 257.88	1 429.92	827.96	5%	112.89	24	12	2019-12-31	3.00	59.58	办公室	直接购入	平均年限法	使用	电子设备

注册会计师检查的内容包括：

(1) 计价是否正确。(是)

(2) 结转手续是否完备。(是)

(3) 授权审批是否完整。(是)

(4) 账务处理是否正确、及时。(是)

(5) 原始凭证内容是否完整。(是)

【注意】根据企业信息资料提示，被审计单位通过出售的方式处置固定资产，根据 2021 年 12 月记字 041 号凭证和出售电脑的增值税专用发票，处置收入为发票金额 3 799.14 元，净损益=(出售金额－资产净值－税费)=3 799.14－3 311.85－437.07=50.22(元)，相关附件如图 4-17 至图 4-19 所示。

记 账 凭 证

记字041号　　日期：2021-12-31　　附单据　2　张

摘要	科目名称	借方金额	贷方金额
清理一批资产	银行存款——交通银行北京东城支行	3 799.14	
清理一批资产	应交税费——应交增值税(销项税额)		437.07
清理一批资产	固定资产清理		3 311.85
清理一批资产	营业外收入		50.22
合计		3 799.14	3 799.14

记账 张超　　审核 蔡丽　　出纳 陈琳琳　　制单 张超

图 4-17　记账凭证 12-041 号

1100122650　　**北京增值税专用发票**　　1100122650

№ 31069886　　31069886

此联不作报销、扣税凭证使用

开票日期：2021年12月28日

购买方　名　　称：北京宏达电脑有限公司
纳税人识别号：911101018247639048
地 址、电 话：北京市东城区延川街高家路83号 010-57533336
开户行及账号：中国农业银行北京东城支行 416682751641735

密码区　03*3187<4/+8490<+95-59+7<249
4987<0-->>-6>525<693719->7*8
87*3187<4/+8490<+95708681388
9<712/<1+9016>6906++>84>93/8

货物或应税劳务、服务名称	规格型号	单位	数量	单价	金额	税率	税额
*电子计算机*计算机		台	4	840.5173	3 362.07	13%	437.07
合　计					¥3 362.07		¥437.07
价税合计(大写)	⊗ 叁仟柒佰玖拾玖元壹角肆分				(小写) ¥3 799.14		

销售方　名　　称：北京信诚电子有限公司
纳税人识别号：91110101294262123N
地 址、电 话：北京市东城区城中街刘场路26号 010-16231555
开户行及账号：交通银行北京东城支行 414618741138157744000

备注　旧电脑

收款人：　　复核：　　开票人：蔡丽　　销售方：(章)

税总函【XXXX】XXX号 XXXXXXX公司

第一联：记账联　销售方记账凭证

图 4-18　增值税专用发票

交通银行电子汇划收款 回单

2021 年 12 月 28 日　　流水号：120069378509084

付款人	全称	北京宏达电脑有限公司	收款人	全称	北京信诚电子有限公司
	账号	4166827516414735		账号	4146187411381577444000
	开户行	中国农业银行北京东城支行		开户行	交通银行北京东城支行

金额	（大写）叁仟柒佰玖拾玖元壹角肆分	￥3 799.14
用途	废旧电脑款	

备注：汇划日期：2021.12.28　　　　汇划流水号：120069378509084

汇出行行号：301100012016　　　　原凭证种类：

原凭证号码：　　　　　　　　　　原凭证金额：￥3 799.14

汇款人地址：

收款人地址：

实际收款人账号：4146187411381577444000

实际收款人名称：北京信诚电子有限公司　　　　　　　　　　　银行盖章

（交通银行北京东城支行 回单专用章 01）

图 4-19　交通银行电子汇划收款回单

四、固定资产累计折旧复核表

固定资产累计折旧复核表如表 4-18 所示。

表 4-18　　　　　　　固定资产累计折旧复核表

被审计单位：北京信诚电子有限公司　　编制：黎云景　　日期：2022/02/18　　索引号：1119-6

会计期间：2021.01.01～2021.12.31　　复核：李天一　　日期：2022/02/25　　页　次：　1

序号	名称	编号	计量单位	购置日期	使用年限（年）	账面单位原值	账面数量	残值率	累计折旧期初余额	减值准备期初余额	月折旧额	本期应计提月数	本期应提折旧（月折旧额×应计提月数）	本期已提折旧	差异（应提－已提）	备注
1	漆包线刮漆机	10001	台	2019/12/31	10	18 397.81	1	5.00%								
2	脉冲式线圈匝间测试仪	10002	台	2019/12/31	10	15 713.68	1	5.00%								
3	漆包线刮漆机（扁线）	10003	台	2019/12/31	10	1 818.80	1	5.00%								
4	远红外鼓风烘干箱	10004	台	2019/12/31	10	7 818.29	1	5.00%								
5	点焊机	10005	台	2019/12/31	10	127 875.37	1	5.00%								
6	空压机	10006	台	2019/12/31	10	1 984.02	1	5.00%								
7	油压机	10007	台	2019/12/31	10	3 206.19	1	5.00%								
8	绝缘浸漆机	10008	台	2019/12/31	10	74 872.74	1	5.00%								
9	手动冲床	10009	台	2019/12/31	10	77.95	1	5.00%								

【工作底稿填写要求】

编制累计折旧计算检查表，复核加计是否正确，检查被审计单位制定的折旧政策和方法是否符合相关会计准则的规定,复核本期折旧费用的计提和分配,检查本期所计提折旧金额是否已全部摊入本期产品成本或费用、累计折旧的减少是否合理、会计处理是否正确。

【注意】根据企业信息资料提示,发现本期11月厂房改扩建未转出至在建工程,仍继续计提折旧,应冲回多计提的一个月(12月)折旧,并将厂房改扩建转出一并进行调整。折旧计算检查表如表4-19所示。

表4-19 折旧计算检查表

固定资产名称	取得时间	使用年限	固定资产原值	残值率	累计折旧期初余额	减值准备期初余额	本期应提折旧	本期已提折旧	差异(应提-已提)
厂房	2019/12/31	20	1 711 303.39	5.00%	81 286.92	0	74 513.01	81 286.92	-6 773.91

调整多计提折旧的分录为:

借:制造费用——累计折旧　　　　　　　　　　　　-6 773.91
　　贷:累计折旧——房屋建筑物　　　　　　　　　　　-6 773.91

厂房改扩建转出调整分录为:

借:在建工程　　　　　　　　　　　　　　　　　　1 555 503.46
　　累计折旧——房屋建筑物　　　　　　　　　　　　155 799.93
　　贷:固定资产——房屋建筑物　　　　　　　　　　1 711 303.39

五、固定资产审定表

【工作底稿填写要求】

根据企业信息资料提示,列示期末未审数和期末审定数,对期末未审数作账项调整和重分类调整,得到期末审定数,并将其同上期期末审定数作对比。

【注意】根据"固定资产原价-累计折旧-固定资产减值准备=账面价值",计算出固定资产的账面价值。固定资产审定表如表4-20所示。

表4-20 固定资产审定表

被审计单位:北京信诚电子有限公司　　编制:黎云景　　日期:2022/02/18　　索引号:1119-1
会计期间:2021.01.01～2021.12.31　　复核:李天一　　日期:2022/02/25　　页　次:　1

项目	期末未审数	账项调整		重分类调整		期末审定数	期初审定数	索引号
		借方	贷方	借方	贷方			
一、报表数								
二、总账数								
三、明细账数								
其中:固定资产原值								
固定资产累计折旧								
固定资产减值准备								

(续表)

项目	期末未审数	账项调整		重分类调整		期末审定数	期初审定数	索引号
		借方	贷方	借方	贷方			
固定资产账面价值								
审计说明								
审计结论								

延伸阅读 4-1

账项调整和重分类调整的区别

1. 作用不同

账项调整是要把那些影响两个或两个以上会计期间的经济业务在会计期末进行调整。

重分类调整是指会计报表的重分类，它调表不调账，即不调整明细账和总账，只调整报表项目余额。

2. 工作原理不同

账项调整就是期末按照权责发生制原则，正确地划分各个会计期间的收入、费用，为正确计算并结转本期经营成果提供有用的资料。

重分类调整根据会计明细科目的期末余额而非总账余额（净值）而定，当资产类往来会计科目的期末出现贷方余额时，这时不再是债权而是一种债务，应重新分类到负债类科目。

3. 特点不同

为了在权责发生制的基础上正确反映各会计期间的经营成果，就必须在编制财务报表和结账前，对这些有跨期影响的经济业务进行账项调整，然后确定本期的收入和费用，从而正确计量本期的经营成果。

应收账款与预收账款、应付账款与预付账款、其他应收款与其他应付款、待摊费用与预提费用为重分类的对应科目。

第三节 在建工程审计

二维码 4-4：
参考答案——
固定资产

 实验目的

通过本节课的学习，学生能够了解在建工程审计的要点，掌握实施在建工程实质性程序的方法。

 理论知识点

一、审计目标

在建工程审计的目标如表 4-21 所示。

表 4-21　　　　　　　　　　　　在建工程审计的目标

事项	财务报表的认定
1. 资产负债表中记录的在建工程是存在的	存在
2. 所有应记录的在建工程均已记录	完整性
3. 记录但在建工程由被审计单位拥有或控制	权利和义务
4. 在建工程以恰当的金额包括在资产负债表中,与之相关的计价调整已恰当记录	准确性、计价和分摊
5. 在建工程已按照《企业会计准则》的规定在财务报表中恰当地列报和披露	列报

二、计划实施的实质性程序

(1) 获取或编制在建工程明细表。复核加计是否正确,并核对其与总账数和明细账合计数是否相符,核对在建工程减值准备科目和报表数是否相符。

(2) 实施实质性分析程序。①考虑可获取信息的来源、可比性、性质和相关性以及与信息编制相关的控制,评价在对记录的金额或比率作出预期时使用数据的可靠性。②对已记录的金额作出预期,评价预期值是否足够精确以识别重大错报。③确定已记录金额与预期值之间可接受的、无须作进一步调查的可接受的差异额。④将已记录金额与期望值进行比较,识别需要进一步调查的差异。⑤调查差异:询问管理层,针对管理层的答复获取适当的审计证据;根据具体情况在必要时实施其他审计程序。

(3) 检查在建工程的本期增加。①询问管理层当期在建工程的增加情况,并与获取或编制的在建工程明细表进行核对。②查阅公司资本支出预算、公司相关会议决议等,检查本年度增加的在建工程是否全部得到记录。③检查本年度增加的在建工程的原始凭证是否完整,如立项申请、工程借款合同、施工合同、发票、工程物资请购申请、付款单据、建设合同、运单、验收报告等是否完整,检查计价是否正确。

(4) 检查在建工程的本期减少。①了解在建工程结转固定资产的政策,结合固定资产审计,检查在建工程转销额是否正确,是否存在将已达到预定可使用状态的固定资产挂列在建工程而少计折旧的情形。②检查在建工程其他减少的情况,检查入账依据是否齐全、会计处理是否正确。

(5) 检查借款费用资本化的计算是否正确。包括用于计算确定借款费用资本化金额的资本化率、实际支出数以及资本化的开始和停止时间等。

(6) 实施在建工程实地检查程序(全部或部分)。

(7) 获取管理层在资产负债表日就在建工程是否存在可能发生减值迹象判断的说明。如果识别出与在建工程减值准备相关的重大错报风险,执行"审计会计估计(包括公允价值会计估计)和相关披露"中"应对评估的重大错报风险"所述的程序,并在本账项工作底稿中记录测试过程。

(8) 根据评估的舞弊风险等因素增加的审计程序。

(9) 检查在建工程是否已按照《企业会计准则》的规定在财务报表中恰当地列报和披露。

实验资料及操作

在建工程审定表如表 4-22 所示。

表 4-22　　　　　　　　　　在建工程审定表

被审计单位：北京信诚电子有限公司　　编制：黎云景　　日期：2022/02/18　　索引号：1120-1
会计期间：2021.01.01～2021.12.31　　　复核：李天一　　日期：2022/02/25　　页　次：　1

项目	期末未审数	账项调整		重分类调整		期末审定数	期初审定数	索引号
		借方	贷方	借方	贷方			
一、报表数								
二、总账数								
三、明账系数								
其中:在建工程原值								
在建工程减值准备								
在建工程账面价值								
审计说明								
审计结论								

【工作底稿填写要求】

根据企业信息资料提示，列示期末未审数和期末审定数，对期末未审数作账项调整和重分类调整，得到期末审定数，并将其同上期期末审定数作对比。

【注意】 通过审计工作底稿中的固定资产累计折旧复核表（表 4-18）和长期待摊费用凭证检查表（表 4-23）可知，需要对在建工程作审计调整。11 月份厂房改扩建应转出至在建工程 1 555 503.46 元，调整分录见固定资产累计折旧复核表（表 4-18）。检查 2021 年 12 月记字 051 号凭证，发现长期待摊费用为固定资产改扩建材料支出，相关附件如图 4-20 至图 4-25 所示。调整在建工程分录为：

　　借：在建工程　　　　　　　　　　　　　　　　　　　301 724.14
　　　　贷：长期待摊费用　　　　　　　　　　　　　　　　　301 724.14

表 4-23　　　　　　　　　　长期待摊费用凭证检查表

被审计单位：北京信诚电子有限公司　　编制：黎云景　　日期：2022/02/18　　索引号：1128-3
会计期间：2021.01.01～2021.12.31　　　复核：李天一　　日期：2022/02/25　　页　次：　1

序号	记账日期	凭证号	业务摘要	对方科目		金额	核对内容（用"√"或"×"表示）						备注
				方向	一级科目名称		1	2	3	4	5	6	
1	2021/12/31	记-51	厂房改扩建材料费	贷方	银行存款	301 724.14	√	√	×	√			

(续表)

序号	记账日期	凭证号	业务摘要	对方科目		金额	核对内容(用"√"或"×"表示)						备注
				方向	一级科目名称		1	2	3	4	5	6	

核对内容说明：(1)原始凭证内容完整；(2)授权批准完整；(3)账务处理正确；(4)金额核对相符；(5)……

审计说明：检查发现本期长期待摊费用为固定资产改扩建材料支出，应调整至在建工程。调整分录为：借：在建工程　301 724.14；贷：长期待摊费用　301 724.14。

记字051号　　　　　　　　　　日期：2021-12-31　　　　　　　　　　附单据　5　张

摘要	科目名称	借方金额	贷方金额
厂房改扩建材料费	长期待摊费用	301 724.14	
厂房改扩建材料费	应交税费——应交增值税(进项税额)	39 224.14	
厂房改扩建材料费	银行存款——交通银行北京东城支行		340 948.28
合计		340 948.28	340 948.28

记账　张超　　　　　审核　蔡丽　　　　　出纳　　　　　　　制单　张超

图 4-20　记账凭证 12-051 号

付款申请书

2021 年 12 月 28 日

用途及情况	金 额										收款单位(人)：北京欧明建筑材料有限公司
厂房改扩建材料费	亿	千	百	十	万	千	百	十	元	角	分	账号：1402076323 1003940938
				￥	3	4	0	9	4	8	2	8	开户行：交通银行北京朝阳支行
金额(大写)合计：人民币　叁拾肆万零玖佰肆拾捌元贰角捌分												结算方式：转账
总经理　曹柚	财务部门			经理　王元			业务部门			经理　周敏	
				会计　慕画						经办人　黄博	

图 4-21　付款申请书

图 4-22 增值税专用发票

交通银行电子汇划付款 回单

2021 年 12 月 28 日   流水号：120069378509943

付款人	全称	北京信诚电子有限公司	收款人	全称	北京欧明建筑材料有限公司
	账号	4146187411381577440000		账号	14020763231100394 0938
	开户行	交通银行北京东城支行		开户行	交通银行北京朝阳支行
金额	(大写) 叁拾肆万零玖佰肆拾捌元贰角捌分			￥340 948.28	
用途	材料费				
备注：	汇划日期：2021.12.28		汇划流水号：120069378509943		
	汇出行行号：301100212018		原凭证种类：		
	原凭证号码：		原凭证金额：￥340 948.28		
	汇款人地址：				
	收款人地址：				
	实际收款人账号：14020763231100394 0938				
	实际收款人名称：北京欧明建筑材料有限公司				银行盖章

图 4-23 交通银行电子划汇付款回单

北京信诚电子有限公司

收 料 单

入库日期：2021-12-28　　　采购订单：CGDD-20211209　　　入库单号：2021-1209
供 应 商：北京欧明建筑材料有限公司　　联 系 人：林雯　　　　联系电话：010-89405930
存 放 地：工程部　　　　　　　　　收货部门：工程部　　　　单据联次：**财务联（粉）**

序号	商品编号	商品名称	规格型号	单位	数量	订单校验(√)	备注
1	G01	三级钢筋	16	吨	60	√	
2	G02	H钢	300*300	吨	10	√	
3	G03	水泥	P.O 42.5	吨	90	√	
		合计	—		—	160	

质检员：杨刚　　　　　　　签收人：陈小天　　　　　　打印日期：2021-12-28

图 4-24　收料单

购销合同

购方：**北京信诚电子有限公司**　　　　合同编号：*202112886*
销方：**北京欧明建筑材料有限公司**　　签订时间：*2021年12月20日*

供需双方本着互利互惠、长期合作的原则，根据《中华人民共和国民法典》及双方的实际情况，就需方向供方采购事宜，订立本合同，以使双方在合同履行中共同遵守。

一、产品名称、数量、单价、金额：

产品名称	规格型号	计量单位	数量	单价	金额	备注
三级钢筋	16	吨	60	3 600	216 000	**不含税价**
H钢	300*300	吨	10	3 800	38 000	
水泥	P.O 42.5	吨	90	530.2682	47 724.14	
合计					¥301 724.14	

合计人民币（大写）：**叁拾万壹仟柒佰贰拾肆元壹角肆分**

二、质量要求技术标准：供方按合同企业标准。

三、交（提）货地点、方式：**销货方送货至购货方仓库**。

四、付款时间与付款方式：**货到付款**。

五、运输方式及到站、港和费用负担：由第三方物流公司提供配送服务，相关配送服务费用由销售方承担。

六、合理损耗及计算方法：以实际数量验收。

七、包装标准、包装物的供应与回收：普通包装，不回收包装物。

八、验收标准、方法及提出异议期限：货到需方7天内提出质量异议，不包括运输过程中造成的质量问题。

九、违约责任：按照《中华人民共和国民法典》。

十、解决合同纠纷的方式：双方协商解决。

十一、其他约定事项：本合同一式两份，供需双方各一份，经双方盖章后即生效。

购方（盖章）	北京信诚电子有限公司	销方（盖章）	北京欧明建筑材料有限公司
单位地址：	北京市东城区城中街刘场路26号	单位地址：	北京市朝阳区金盏乡东苇路53号
电　话：	010-16231555	电　话：	010-89405930
签订日期：	2021年12月20日	签订日期：	2021年12月20日
开户银行：	交通银行北京东城支行	开户银行：	交通银行北京朝阳支行
账　号：	41461874113815774 4000	账　号：	14020763231100394 0938

图 4-25　购销合同

相关思考 4-2

在建工程与固定资产

　　ABC 公司有甲、乙、丙、丁四项在建工程已完工，具体情况如下：甲在建工程已经试运行，且已经能够生产合格产品，但产量尚未达到设计生产能力；乙在建工程已经试运行，产量已经达到设计生产能力，但生产的产品中仅有少量合格产品；丙在建工程不需试运行，其实体建造和安装工作也全部完成，并已达到预定可使用状态，但尚未办理验收手续；丁在建工程不需试运行，其实体建造和安装工作也全部完成，并已达到预定可使用状态，但资产负债表日后尚发生少量的购建支出。

　　【思考题】　应当建议哪些在建工程结转固定资产，为什么？

　　应当建议甲、丙、丁在建工程结转固定资产。原因是甲、丙、丁在建工程均已达到预计可使用状态，而乙在建工程虽已经试运行，且产量已经达到设计生产能力，但生产的产品中仅有少量合格产品，说明工程未达到可使用状态，不能转入固定资产。

二维码 4-5：
参考答案——
在建工程

第四节　应付账款审计

实验目的

　　通过本节课的学习，学生能够了解应付账款审计的要点，掌握实施应付账款实质性程序的方法。

理论知识点

一、审计目标

应付账款审计的目标如表4-24所示。

表4-24 　　　　　　　　　　应付账款审计的目标

事项	财务报表的认定
1. 资产负债表中记录的应付账款是存在的	存在
2. 所有应记录的应付账款均已记录	完整性
3. 资产负债表中记录的应付账款是被审计单位应当履行的现实义务	权利和义务
4. 应付账款以恰当的金额包括在财务报表中,与之相关的计价调整已恰当记录	准确性、计价和分摊
5. 应付账款已按照《企业会计准则》的规定在财务报表中恰当地列报和披露	列报

二、计划实施的实质性程序

(1) 获取或编制应付账款明细表。①复核加计是否正确,并核对其与报表数、总账数和明细账合计数是否相符。②分析出现借方余额的项目,查明原因,必要时作重分类调整。③结合预付款项等往来项目的明细余额,检查有无针对同一交易在应付账款和预付款项同时记账的情况、异常余额或与购货无关的其他款项(如关联方账户或雇员账户)。

(2) 获取检查被审计单位与其供应商之间的对账单以及被审计单位编制的差异调节表,确定应付账款金额的准确性。

(3) 对于本期发生的应付账款增减变动,检查至相关支持性文件,确定会计处理是否正确。

(4) 检查应付账款长期挂账的原因并作出记录,对确实无需支付的应付款的会计处理是否正确。

(5) 针对资产负债表日后的付款项目,检查银行对账单及有关付款凭证(如银行划款通知、供应商收据等),询问被审计单位内部或外部的人员,查找有无未及时入账的应付账款。

(6) 复核截至审计现场工作日未处理的供应商发票,并询问是否存在其他未处理的供应商发票,确认负债记录在正确的会计期间。

(7) 实施函证程序。编制应付账款函证结果汇总表,检查回函。如果出现不符事项,调查并确定是否表明存在错报。如果未回函,实施替代程序。如果认为回函不可靠,评价其对评估的重大错报风险以及其他审计程序的性质、时间安排和范围的影响。如果管理层不允许寄发询证函:①询问管理层不允许寄发询证函的原因,并就其原因的正当性及合理性收集审计证据。②评价管理层不允许寄发询证函对评估的相关重大错报风险(包括舞弊风险)以及其他审计程序的性质、时间安排和范围的影响。③实施替代审计程序,以获取相关、可靠的审计证据。④如果认为管理层不允许寄发询证函的原因不合理,或实施替代程序仍无法获取相关、可靠的审计证据,与治理层进行沟通,并确定其对审计工作和审计意见的影响。

(8) 检查资产负债表日后应付账款明细账贷方发生额的相应凭证,关注其购货发票的日期,确认其入账时间是否合理。

(9) 结合存货监盘程序,检查被审计单位在资产负债表日前后的存货入库资料(验收报告或入库单),检查相关负债是否计入了正确的会计期间。

(10) 如存在应付关联方的款项,应了解交易的商业理由。检查证实交易的支持性文件(如发票、合同、协议及入库和运输单据等相关文件)。如果可获取与关联方交易相关的审计证据有限,则考虑实施下列审计程序,完成"关联方"审计工作底稿:①向关联方函证交易的条件和金额,包括担保和其他重要信息。②检查关联方拥有的信息。③向与交易相关的人员和机构(例如银行、律师)函证或与其讨论有关信息。

(11) 根据评估的舞弊风险等因素增加的审计程序。

(12) 检查应付账款是否已按照《企业会计准则》的规定在财务报表中恰当地列报和披露。

相关思考 4-3

应付账款重分类

注册会计师对夏华股份有限公司会计报表中"应付账款"项目进行审计。通过核对明细账,发现期末余额中有应付 A 公司及 B 公司款项各 60 万元为借方余额,另外,应付 C 公司款项 90 万元属于临时借入工程结算资金。

【思考题】 如果你是注册会计师,你将对被审单位提出什么建议呢?

A 公司和 B 公司账户借方余额 60 万元,均属正常经济业务往来款项。根据《企业会计制度》的规定,应作重分类调整。为此,注册会计师应建议夏华股份有限公司作如下调整分录:

```
借:预付账款——A 公司                    600 000
         ——B 公司                    600 000
    贷:应付账款——A 公司                600 000
             ——B 公司                600 000
```

C 公司账户贷方余额 90 万元,经审查为夏华股份有限公司临时借入款项,主要用于在建工程项目结算工程价款。注册会计师应建议夏华股份有限公司作如下审计调整:

```
借:应付账款——C 公司                    900 000
    贷:其他应付款——C 公司              900 000
```

实验资料及操作

一、应付账款函证

应付账款函证举例,如表4-25所示。

表4-25　　　　　　　　往来账项询证函

| 索引号：YFZK-001 |
| 编　号：001 |

致：＿＿＿＿＿＿＿＿＿＿＿＿＿＿＿＿＿＿＿＿＿＿＿＿＿＿＿＿＿＿＿

本公司聘请的　北京友和会计师事务所　正在对本公司　　年度的财务报表进行审计,按照中国注册会计师审计准则的要求,应当询证本公司与贵公司的往来账项等事项。下列信息出自本公司账簿记录：

(1) 如与贵公司记录相符,请在本函下端"信息证明无误"处签章证明；

(2) 如有不符,请在"信息不符"处列明不符项目并签章；

(3) 如存在与本公司有关的未列入本函的其他项目,请在"信息不符"处列出这些项目的金额及详细资料并签章。

回函请寄至北京友和会计师事务所　　　　地址及联系方式如下：

回函地址：北京市西城区城东街长逸路1号6楼

联系人：李天一　　电话：010-43034489　传真：010-43034489　邮政编码：100035

电子邮箱：lity@outlook.com

1. 销售与未结算

(1) 销售与应(预)收账款。

截止日期	贵公司欠	销售给贵公司（不含税）	欠贵公司	本公司科目

(2) 应收贵公司票据。

出票日期	票据编号	金额	出票人	前手

二维码4-6：
函证的方式

(续表)

2. 采购与未结算

(1) 采购与预(应)付账款。

截止日期	贵公司欠	向贵公司采购（不含税）	欠贵公司	本公司科目

(2) 应付贵公司票据。

出票日期	票据编号	金额	受票人	备注

3. 其他往来账项

截止日期	贵公司欠	欠贵公司	备注(内容、性质)	本公司科目

4. 其他事项

(公司盖章)

2022 年 01 月 08 日

经办人：王元

信息证明无误	信息不符及需加证明事项(详细附后)
(公司盖章) 　　年　月　日 经办人：	(公司盖章) 　　年　月　日 经办人：

【工作底稿填写要求】

由于采购与付款循环中较为常见的重大错报风险是低估应付账款("完整性"认定),注册会计师在实施函证程序时可能需要从非财务部门(如采购部门)获取适当的供应商清单,如本期采购清单、所有现存供应商名录等,从中选取样本进行测试并执行以下程序:

(1)向债权人发送询证函。注册会计师应根据审计准则的规定对询证函保持控制,包括确定需要确认或填列的信息、选择适当的被询证者、设计询证函,包括正确填列被询证者的姓名和地址,以及被询证者直接向注册会计师回函的地址等信息,必要时再次向被询证者寄发询证函。

(2)将询证函回函确认的余额与已记录金额相比较。如存在差异,检查支持性文件,评价已记录金额是否适当。

(3)对未回函的项目实施替代程序。例如,检查付款单据、相关的采购单据或其他适当文件。

(4)如果认为回函不可靠,评价对评估的重大错报风险以及其他审计程序的性质、时间安排和范围的影响。

二维码 4-7:
函证视频

注册会计师应当根据特定审计目标设计询证函。询证函的设计应服从于审计目标的需要。例如,在对应付账款的完整性获取审计证据时,根据被审计单位的供货商明细表向被审计单位的主要供货商发出询证函,相较于从应付账款明细表中选择询证对象,更容易发现未入账的负债。

【注意】截止日期为报表日 2021 年 12 月 31 日,以供应商威客电子电器有限公司为例,根据供应商明细账查询应付账款余额情况,列示欠贵公司 34 800.00。询证函上应盖有被审计单位公章,被询证单位确认无误后签章确认,若对列示金额有异议,应在其他事项中如实列明,回函应直接寄至会计师事务所。应付账款明细账如表 4-26 所示。

表 4-26 应付账款明细账

科目	220201 应付账款——威客电子电器有限公司					
2021 年		凭证号数	摘要	借方	贷方	方向	余额
月	日						
01	01		上年结转			平	0
09	30	043	原材料采购		33 900.00	贷	33 900.00
09	30		本月合计		33 900.00	贷	33 900.00
09	30		本年累计		33 900.00	贷	33 900.00
12	31		本年累计		33 900.00	贷	33 900.00
			结转下年			贷	33 900.00

函证作为获取的审计证据,其可靠性主要取决于注册会计师设计询证函、实施函证程序和评价函证结果等程序的适当性。在函证过程中,注册会计师需要始终保持职业怀疑,对于不正常的回函率、从私人电子信箱发送的回函、管理层试图拦截、篡改询证函或回函等现象,注册会计师应对疑似舞弊风险的迹象保持警觉。如果认为询证函回函不可靠,注册会计师

应当评价其对评估的相关重大错报风险,以及其他审计程序的性质、时间安排和范围的影响。应付账款函证结果汇总表如表 4-27 所示。

表 4-27　　　　　　　　　应付账款函证结果汇总表

被审计单位:北京信诚电子有限公司　　编制:黎云景　　日期:2022/02/18　　索引号:2105-5
会计期间:2021.01.01~2021.12.31　　复核:李天一　　日期:2022/02/25　　页　次:　1

单位名称	账面余额(1)	函证情况					调节索引	替代程序可确认金额	查验索引	可确认金额(2)	金额差异(1)—(2)	函证索引	备注
		发函日期	发函金额	是否回函	回函日期	回函金额	回函差异调节金额						
威客电子电器有限公司		2022/01/08		是	2022/02/18	33 900.00							
远东化工有限公司		2022/01/08		是	2022/02/21	141 476.00							
合计		—				175 376.00	—		—				
审计说明													

应付账款函证结果汇总表用于汇总和分析所有函证的总体情况,在函证前,应对所有寄发的函证进行编号,并记录函证的方式、函证日期、回函日期以及回函金额。对比分析账面金额和回函金额,判断经调节后是否存在差异。核实收件人及地址、回函寄件人及地址,与被审计单位提供的信息是否一致,回函金额与账面金额是否一致。如果第一次函证没有收到正常回函,注册会计师应考虑再次进行函证。

二、应付账款核对

1. 应付账款凭证检查表

应付账款凭证检查表如表 4-28 所示。

表 4-28　　　　　　　　　应付账款凭证检查表

被审计单位:北京信诚电子有限公司　　编制:黎云景　　日期:2022/02/18　　索引号:2105-3
会计期间:2021.01.01~2021.12.31　　复核:李天一　　日期:2022/02/25　　页　次:　1

序号	记账日期	凭证号	业务摘要	对方科目		金额	核对内容(用"√"或"×"表示)						备注
				方向	一级科目名称		1	2	3	4	5	6	
1	2021/07/31	记-034											
2	2021/09/30	记-043											
3	2021/11/30	记-041											
核对内容说明:(1)原始凭证内容完整;(2)授权批准完整;(3)账务处理正确;(4)金额核对相符;(5)……													
审计说明													

【工作底稿填写要求】

根据企业信息资料提示,检查债务形成的相关原始单据,如供应商发票、验收报告或入库单等,查找有无未及时入账的应付账款,以确定应付账款的存在和准确性。

【注意】 根据凭证编号查询至相关凭证,测试相关内容。以2021年7月记字034号凭证为例,相关资料如图4-2至图4-4所示。

注册会计师检查的内容包括:

(1) 原始凭证内容是否完整。(是)

(2) 授权批准是否完整。(是)

(3) 账务处理是否正确。(是)

(4) 金额核对是否相符。(是)

审计说明:抽取本期采购业务凭证,检查入库单、购货发票及账务处理,未见不符。

2. 未处理的入库单应付账款核对表

未处理的入库单应付账款核对表如表4-29所示。

表4-29　　　　　　　　　未处理的入库单应付账款核对表

被审计单位:北京信诚电子有限公司　　编制:黎云景　　日期:2022/02/18　　索引号:2015-4
会计期间:2021.01.01～2021.12.31　　复核:李天一　　日期:2022/02/25　　页　次:　1

序号	金额	入库单			供应商名称	是否应计入报告期
		编号	日期	数量		
1						
审计说明:						

【工作底稿填写要求】

根据企业信息资料提示,核对采购入库单序时簿(表4-30)与应付单序时簿(表4-31),发现威客电子本期存在原材料已入库但发票未到的现象,并未作暂估,应作审计调整。调整分录为:

借:原材料　　　　　　　　　　　　　　　　　　　　　　　　55 000.00
　　贷:应付账款——威客电子电器有限公司　　　　　　　　　　55 000.00

三、应付账款明细表和审定表

1. 应付账款明细表

应付账款明细表如表4-32所示。

采购与付款循环审计 第四章

表 4-30 采购入库单序时簿

入库单编号	核心单据号	核心单据行号	核心单据类型	单据状态	源单据类型	业务类型	事务类型	付款方式	业务日期	供应商	金额	税额	税额本位币	价税合计	价税合计本位币	采购组织
JYXCRKD00001	JYXCCGDD00001	1	采购订单	审核	采购收货单	普通采购	普通采购入库	赊购	2021-07-03	远东化工有限公司	40 000.00	5 200.00	5 200.00	45 200.00	45 200.00	北京信诚电子有限公司
JYXCRKD00002	JYXCCGDD00002	2	采购订单	审核	采购收货单	普通采购	普通采购入库	赊购	2021-09-21	威客电子电器有限公司	30 000.00	3 900.00	3 900.00	33 900.00	33 900.00	北京信诚电子有限公司
JYXCRKD00003	JYXCCGDD00003	3	采购订单	审核	采购收货单	普通采购	普通采购入库	赊购	2021-11-02	远东化工有限公司	85 200.00	11 076.00	11 076.00	96 276.00	96 276.00	北京信诚电子有限公司
JYXCRKD00004	JYXCCGDD00004	4	采购订单	审核	采购收货单	普通采购	普通采购入库	赊购	2021-12-31	威客电子电器有限公司	55 000.00	7 150.00	7 150.00	62 150.00	62 150.00	北京信诚电子有限公司

表 4-31 应付单序时簿

单据编号	发票编号	已开发票金额	单据类型	核心单号	来源单据类型	物料(费用)编码	单据日期	业务日期	往来户类型	往来户编码	往来户名称	币别	汇率	部门	采购组织	人员	业务类型	付款方式	摘要	应付金额合计	金额合计	税额合计	已结算金额合计	未结算金额合计	制单人	制单日期
JGXCCGFP00001	1100071643-30991768	45 200.00	采购发票	JYXCRKD00001	采购入库单	JY14-12R55H-00012	2021-07-18	2021-07-18	供应商	GY01	远东化工有限公司	人民币	1	采购部	北京信诚电子有限公司	黄博	普通采购	赊购	货款	45 200.00	40 000.00	5 200.00		45 200.00	黄博	2021-07-18
JGXCCGFP00002	1100092650-30991856	33 900.00	采购发票	JYXCRKD00002	采购入库单	JY14-12R55H-00013	2021-09-18	2021-09-18	供应商	GY02	威客电子电器	人民币	1	采购部	北京信诚电子有限公司	黄博	普通采购	赊购	货款	33 900.00	30 000.00	3 900.00		33 900.00	黄博	2021-09-18
JGXCCGFP00003	1100111643-30998768	96 276.00	采购发票	JYXCRKD00003	采购入库单	JY14-12R55H-00014	2021-11-18	2021-11-18	供应商	GY01	远东化工有限公司	人民币	1	采购部	北京信诚电子有限公司	黄博	普通采购	赊购	货款	96 276.00	85 200.00	11 076.00		96 276.00	黄博	2021-11-18
JGXCCGFP00004			采购发票	JYXCRKD00004	采购入库单	JY14-12R55H-00015	2021-12-31	2021-12-31	供应商	GY02	威客电子电器	人民币	1	采购部	北京信诚电子有限公司	黄博	普通采购	赊购	货款	62 150.00	55 000.00	7 150.00		62 150.00	黄博	2022-01-05

表 4-32

应付账款明细表

被审计单位：北京信诚电子有限公司　　　　　　　　　编制：黎云景　　　　　　日期：2022/02/18　　　索引号：2105-02
会计期间：2021.01.01～2021.12.31　　　　　　　　　复核：李天一　　　　　　日期：2022/02/25　　　页　次：1

债务人名称	原因、性质及内容	币种	未审数			未审账龄			账项调整		重分类调整		调整索引数	期末审定数	审定账龄			备注
			期初数	本期增加	本期减少	期末数	1年以内	1～2年	2～3年	3年以上	借方	贷方	借方	贷方			1年以内	1～2年	2～3年	3年以上	
一、关联方																		
二、非关联方																		
其中：威客电子电器有限公司	货款	人民币																
远东化工有限公司	货款	人民币																
合计																		
审计说明																		

【工作底稿填写要求】

根据企业信息资料提示,编制应付账款明细表,复核加计是否正确,并与报表数、总账数和明细账合计数核对是否相符。分析出现借方余额的项目,查明原因,必要时作重分类调整。分析应付账款账龄,结合预付账款等往来项目的明细余额,调查有无异常项目余额或与购货无关的其他款项,如有应进行记录,必要时作出调整。

【注意】根据供应商明细账数据,如表 4-5、表 4-26 所示,填写相关数据,编制明细表,与明细账、总账及报表数核对相符。

2. 应付账款审定表

应付账款审定表如表 4-33 所示。

表 4-33　　　　　　　　　　　应付账款审定表

被审计单位:北京信诚电子有限公司　　编制:黎云景　　日期:2022/02/18　　索引号:2105-1
会计期间:2021.01.01～2021.12.31　　复核:李天一　　日期:2022/02/25　　页　次:　1

项目	期末未审数	账项调整		重分类调整		期末审定数	期初审定数	索引号
		借方	贷方	借方	贷方			
一、报表数								
二、总账数								
三、明细账数								
其中:关联方								
非关联方								
审计说明								
审计结论								

【工作底稿填写要求】

根据企业信息资料提示,列示期末审定数和期末未审数,对期末未审数作账项调整和重分类调整,得出期末审定数,并将其同上期期末审定数作对比。经审计调整后,确定期末余额是否可以确认。

第五节　管理费用审计

实验目的

通过本节课的学习,学生能够了解管理费用审计的要点,掌握实施管理费用实质性程序的方法。

理论知识点

一、审计目标

管理费用审计的目标如表 4-34 所示。

二维码4-8:
参考答案——
应付账款

表 4-34　　　　　　　　　　管理费用审计的目标

事项	财务报表的认定
1. 利润表中记录的管理费用已发生,且与被审计单位有关	发生
2. 所有应记录的管理费用均已记录	完整性
3. 与管理费用有关的金额及其他数据已恰当记录	准确性
4. 管理费用已记录于正确的会计期间	截止
5. 管理费用已记录于恰当的账户	分类
6. 管理费用已按照《企业会计准则》的规定在财务报表中恰当地列报和披露	列报

二、计划实施的实质性程序

（1）获取或编制管理费用明细表。①复核加计是否正确,并核对其与报表数、总账数及明细账合计数是否相符。②将管理费用中的职工薪酬、无形资产摊销、长期待摊费用摊销额等项目与各有关账户进行核对,分析其勾稽关系的合理性,并作出相应记录。

（2）实施实质性分析程序。①考虑可获取信息的来源、可比性、性质和相关性以及与信息编制相关的控制,评价在对记录的金额或比率作出预期时使用数据的可靠性。②对已记录的金额作出预期,评价预期值是否足够精确以识别重大错报。确定已记录金额与预期值之间的差额是可接受的、无需作进一步调查的。③将已记录金额与期望值进行比较,识别需要进一步调查的差异。④调查差异:询问管理层,针对管理层的答复获取适当的审计证据;根据具体情况在必要时实施其他审计程序。

（3）对管理费用进行分析。①计算并分析管理费用中各项目的发生额及其占费用总额的比率,将本期与上期管理费用各主要明细项目作比较分析,判断其变动的合理性。②将管理费用实际金额与预算金额进行比较。③比较本期各月份的管理费用,对有重大波动和异常情况的项目应查明原因,必要时作适当处理。

（4）对本期发生的管理费用,选取样本,检查其支持性文件,确定原始凭证是否齐全、记账凭证与原始凭证是否相符以及账务处理是否正确。

（5）如发生诉讼和索赔费用,完成"诉讼和索赔事项"工作底稿。

（6）重新计算或检查本期发生的矿产资源补偿费,确定其计算是否正确。

（7）重新计算或检查排污费等环保费用,确定其计算是否正确。

（8）从资产负债表日后的银行对账单或付款凭证中选取项目进行测试,检查支持性文件（如合同或发票）,关注发票日期和支付日期是否一致,追踪已选取项目至相关费用明细表,检查费用是否被记录于正确的会计期间。

（9）抽取资产负债表前后若干天的记账凭证,实施截止性测试,若存在异常迹象,应考虑是否有必要追加审计程序,对于重大跨期项目应作必要调整。

（10）根据评估的舞弊风险等因素增加的其他审计程序。

（11）确定管理费用是否已按照《企业会计准则》的规定在财务报表中恰当地列报和披露。

实验资料及操作

一、管理费用凭证检查表

管理费用凭证检查表如表 4-35 所示。

表 4-35　　　　　　　　管理费用凭证检查表

被审计单位:北京信诚电子有限公司　　　编制:黎云景　　　日期:2022/02/18　　　索引号:4405-3
会计期间:2021.01.01~2021.12.31　　　复核:李天一　　　日期:2022/02/25　　　页　次: 1

序号	记账日期	凭证号	业务摘要	对方科目		金额	核对内容(用"√"或"×"表示)						备注
				方向	一级科目名称		1	2	3	4	5	6	
1	2021/03/31	记-050											
2	2021/07/31	记-047											
3	2021/09/30	记-055											
4	2021/10/31	记-043											
5	2021/12/31	记-057											
核对内容说明:(1)原始凭证内容完整;(2)授权批准完整;(3)账务处理正确;(4)金额核对相符;(5)所属期间正确;(6)……													
审计说明													

【工作底稿填写要求】

根据企业信息资料提示,采用随机抽样的方法进行测试,抽查管理费用凭证,检查其支持性文件。以 2021 年 3 月记字 050 号凭证为例,相关附件如表 4-36 和图 4-26 所示。

表 4-36　　　　　　　　3 月工资计提分配表

金额单位:元

序号	部门	工资	社会保险费(公司部分)					公积金(公司部分)	工会经费	合计
			养老保险费	医疗保险费	失业保险费	工伤保险费	小计			
1	管理部	45 480.00	5 320.00	3 024.00	224.00	56.00	8 624.00	3 360.00	909.60	58 373.60
2	销售部	20 640.00	2 660.00	1 512.00	112.00	28.00	4 312.00	1 680.00	412.80	27 044.80
3	生产部	32 360.00	3 325.00	1 890.00	140.00	35.00	5 390.00	2 100.00	647.20	40 497.20
4	制造部	16 740.00	1 995.00	1 134.00	84.00	21.00	3 234.00	1 260.00	334.80	21 568.80
	合计	115 220.00	13 300.00	7 560.00	560.00	140.00	21 560.00	8 400.00	2 304.40	147 484.40

审核:蔡丽　　　　　　　　　　　　　　　　　　　　　　　　　　　　　　　　制表:张超

记 账 凭 证

记字050号　　　　　　　　　日期：2021-03-31　　　　　　　附单据　1　张

摘要	科目名称	借方金额	贷方金额
计提职工薪酬	管理费用——工资、奖金、津贴、补贴	45 480.00	
计提职工薪酬	管理费用——社会保险费	8 624.00	
计提职工薪酬	管理费用——住房公积金	3 360.00	
计提职工薪酬	管理费用——工会经费	909.60	
计提职工薪酬	销售费用——工资、奖金、津贴、补贴	20 640.00	
计提职工薪酬	销售费用——社会保险费	4 312.00	
计提职工薪酬	销售费用——住房公积金	1 680.00	
计提职工薪酬	销售费用——工会经费	412.80	
计提职工薪酬	生产成本——工资、奖金、津贴、补贴	32 360.00	
计提职工薪酬	生产成本——社会保险费	5 390.00	
计提职工薪酬	生产成本——住房公积金	2 100.00	
计提职工薪酬	生产成本——工会经费	647.20	
计提职工薪酬	制造费用——工资、奖金、津贴、补贴	16 740.00	
计提职工薪酬	制造费用——社会保险费	3 234.00	
计提职工薪酬	制造费用——住房公积金	1 260.00	
计提职工薪酬	制造费用——工会经费	334.80	
计提职工薪酬	应付职工薪酬——工资、奖金、津贴、补贴		115 220.00
计提职工薪酬	应付职工薪酬——离职后福利——养老保险		13 300.00
计提职工薪酬	应付职工薪酬——短期薪酬——医疗保险		7 560.00
计提职工薪酬	应付职工薪酬——离职后福利——失业保险		560.00
计提职工薪酬	应付职工薪酬——短期薪酬——工伤保险		140.00
计提职工薪酬	应付职工薪酬——短期薪酬——住房公积金		8 400.00
计提职工薪酬	应付职工薪酬——短期薪酬——工会经费		2 304.40
合计		147 484.40	147 484.40

记账　张超　　　　　审核　蔡丽　　　　　出纳　　　　　　　制单　张超

图 4-26　记账凭证 3-050 号

注册会计师应核对以下内容：

(1) 原始凭证是否齐全。（是）

(2) 记账凭证与原始凭证是否相符。（是）

(3) 账务处理是否正确。（是）

(4) 是否记录于恰当的会计期间。（是）

【注意】抽取的 2021 年 10 月记字 043 号凭证,核对相关附件(图 4-27 至图 4-29),发现账务处理不正确,普通发票进项税额不能抵扣,应进行调整。调整分录为:

借:管理费用——业务招待费　　　　　　　　　　　　　　9.12
　　贷:应交税费——应交增值税(进项税额)　　　　　　　9.12

记 账 凭 证

记字043号　　　　　　　　　　　日期:2021-10-31　　　　　　　　　　　附单据　2　张

摘要	科目名称	借方金额	贷方金额
报销业务招待费	管理费用——业务招待费	152.00	
报销业务招待费	应交税费——应交增值税(进项税额)	9.12	161.12
报销业务招待费	库存现金	132.40	
合计		161.12	161.12

记账　张超　　　　审核　蔡丽　　　　出纳　陈琳琳　　　　制单　张超

图 4-27　记账凭证 10-043 号

报销申请单

填报日期:2021 年 10 月 25 日

姓名	李远	所属部门		办公室	
报销项目	摘　要		金　额		备注:
业务招待费	招待外部投资机构人员		161.12		现金付讫
合　计			¥161.12		
金额大写:	零拾　零万　零仟　壹佰　陆拾　壹元　壹角　贰分				
报销人:李远	部门审核:	财务审核:蔡丽		审批:曹楠	

图 4-28　报销申请单

图 4-29 增值税普通发票

二、管理费用截止性测试

管理费用截止性测试如表 4-37 所示。

表 4-37　　　　　　　　　　管理费用截止性测试

被审计单位:北京信诚电子有限公司　　编制:黎云景　　日期:2022/02/18　　索引号:4405-4
会计期间:2021.01.01～2021.12.31　　复核:李天一　　日期:2022/02/25　　页　次:　1

序号	记账日期	凭证号	业务摘要	金额	是否跨期(是/否)	备注
1	2021/12/31	记-053	报销业务招待费			
2	2021/12/31	记-054	陈南报销差旅费			
			截止日前 截止日期:2021 年 12 月 31 日 截止日后			
1	2022/01/31	记-003	报销招待费			
2	2022/01/31	记-004	2022 年北京晚报订阅费			
	审计说明					

【工作底稿填写要求】

根据企业信息资料提示,抽取资产负债表日前后凭证,实施截止性测试。评价费用是否被记录于正确的会计期间、是否存在提前或推后确认费用的情况、是否跨期。

(1) 在资产负债表日前,抽取两个样本。以 2021 年 12 月记字 053 号凭证为例,相关附件如图 4-30 至图 4-33 所示。

记账凭证

记字053号　　　　　　　　　　　　　　日期：2021-12-31　　　　　　　　　　　附单据　3　张

摘要	科目名称	借方金额	贷方金额
报销业务招待费	管理费用——业务招待费	3 100.00	
报销业务招待费	应交税费——应交增值税(进项税额)	186.00	
报销业务招待费	银行存款——交通银行北京东城支行		3 286.00
合计		3 286.00	3 286.00

记账　张超　　　　　审核　蔡丽　　　　　出纳　陈琳琳　　　　　制单　张超

图 4-30　记账凭证 12-053 号

付款申请书

2021 年 12 月 15 日

用途及情况	金额	收款单位(人)：北京百香大酒店有限公司
外部咨询机构人员招待住宿费用	亿 千 百 十 万 千 百 十 元 角 分 ¥　　　　　3 2 8 6 0 0	账　号：14020084792948928492 开户行：交通银行北京朝阳支行
金额（大写）合计：	人民币　叁仟贰佰捌拾陆元整	结算方式：转账
总经理　曹楠	财务部门	经理　王元	业务部门	经理
		会计　蔡丽		经办人　李逸

图 4-31　付款申请书

北京增值税专用发票

№ 31213666

开票日期：2021年12月15日

购买方	名　称：北京信诚电子有限公司 纳税人识别号：911101012942621 23N 地址、电话：北京市东城区城中街刘场路26号 010-16231555 开户行及账号：交通银行北京东城支行414618741138157744000	密码区	30*3187<4/+8490<+95-59+7<245 4287<0—>>-6>525<693719->7*2 87*3187<4/+8490<+95708681380 9<712/<1+9016>6906++>84>93/8

货物或应税劳务、服务名称	规格型号	单位	数量	单价	金额	税率	税额
*住宿服务*住宿费					3 100.00	6%	186.00
合　计					¥3 100.00		¥186.00
价税合计（大写）	叁仟贰佰捌拾陆元整				（小写）¥3 286.00		

销售方	名　称：北京百香大酒店有限公司 纳税人识别号：911101068039054548 地址、电话：北京市朝阳区东大街8号 010-82315578 开户行及账号：交通银行北京朝阳支行 14020084792948928492 4

收款人：　　　　复核：　　　　开票人：林充

图 4-32　增值税专用发票

交通银行电子汇划付款 回单

2021 年 12 月 15 日　　　流水号：110052880739943

付款人	全　称	北京信诚电子有限公司	收款人	全　称	北京百香大酒店有限公司
	账　号	4146187411381577744000		账　号	140200847929489284924
	开户行	交通银行北京东城支行		开户行	交通银行北京朝阳支行

金额	（大写）叁仟贰佰捌拾陆元整	￥3 286.00

用途	住宿费

备注：汇划日期：2021.12.15　　　汇划流水号：110052880739943

　　　汇出行行号：301100212018　　原凭证种类：

　　　原凭证号码：　　　　　　　　　　　　凭证金额：￥3 286.00

　　　汇款人地址：

　　　收款人地址：

　　　实际收款人账号：140200847929489284924

　　　实际收款人名称：北京百香大酒店有限公司　　　　　　　　　　　　银行盖章

（印章：交通银行北京东城支行 2021.12.15 转讫(01)）

图 4-33　交通银行电子汇划付款回单

【注意】记账凭证日期与相关附件日期都在截至日前，未发现跨期现象。

（2）在资产负债表日后，抽取两个样本。以 2022 年 1 月记字 003 号凭证为例，相关附件如图 4-34 至图 4-37 所示。

记 账 凭 证

记字003号　　　　　　　　　日期：2022-01-31　　　　　　　　　附单据　3　张

摘要	科目名称	借方金额	贷方金额
报销招待费	管理费用——业务招待费	1 200.00	
报销招待费	应交税费——应交增值税(进项税额)	72.00	
报销招待费	银行存款——交通银行北京东城支行		1 272.00
合计		1 272.00	1 272.00

记账　张超　　　审核　蔡丽　　　出纳　陈琳琳　　　制单　张超

图 4-34　记账凭证 1-003 号

付款申请书

2022 年 01 月 10 日

用途及情况	金额										收款单位(人)：北京百香大酒店有限公司
母公司审计人员招待住宿费	亿	千	百	十	万	千	百	十	元	角	分	账 号：14020084792948928492
					￥	1	2	7	2	0	0	开户行：交通银行北京朝阳支行
金额 (大写) 合计	人民币 壹仟贰佰柒拾贰元整											结算方式：转账
总经理 曹楠	财务部门	经理	王元							业务部门	经理	
		会计	慕丽								经办人	李连

图 4-35 付款申请书

图 4-36 增值税专用发票

交通银行电子汇划付款 回单

2022 年 01 月 10 日　　流水号：010019880732887

付款人	全 称	北京信诚电子有限公司	收款人	全 称	北京百香大酒店有限公司
	账 号	414618741138157744000		账 号	140200847929489284924
	开户行	交通银行北京东城支行		开户行	交通银行北京朝阳支行

金额	(大写) 壹仟贰佰柒拾贰元整	¥ 1 272.00

用途	住宿费

备注	汇划日期：2022.01.10　　　　　　　　汇划流水号：010019880732887
	汇出行行号：301100212018　　　　　　原凭证种类：
	原凭证号码：　　　　　　　　　　　　原凭证金额：¥ 1 272.00
	汇款人地址：
	收款人地址：
	实际收款人账号：140200847929489284924
	实际收款人名称：北京百香大酒店有限公司　　　　　　　　　　　　银行盖章

（印章：交通银行北京东城支行 2022.01.10 转讫(01)）

图 4-37　交通银行电子汇划付款回单

【注意】记账凭证日期与相关附件日期都在截止日后，未发现跨期现象。

三、管理费用明细表和审定表

1. 管理费用明细表

管理费用明细表如表 4-38 所示。

表 4-38　　　　　　　　　管理费用明细表

被审计单位：北京信诚电子有限公司　　编制：黎云景　　日期：2022/02/18　　索引号：4405-2
会计期间：2021.01.01～2021.12.31　　复核：李天一　　日期：2022/02/25　　页　次：1

项目	1月	2月	3月	4月	5月	6月	7月	8月	9月	10月	11月	12月	本期未审数	上期审定数	备注
折旧费															
工资、奖金、津贴、补贴															
社会保险费															
住房公积金															
工会经费															
办公费															
水电费															
业务招待费															

(续表)

项目	1月	2月	3月	4月	5月	6月	7月	8月	9月	10月	11月	12月	本期未审数	上期审定数	备注
低值易耗品															
差旅费															
合计															
月发生额占本期合计数比重															
审计说明															

【工作底稿填写要求】

根据企业信息资料提示,列示管理费用各月各明细项目的发生额,如表 4-39 所示,并分析数据关系。对识别出的与其他相关信息不一致或与预期值差异重大的波动或关系进行调查,对财务信息作出评价。

表 4-39　　　　　　　　　　管理费用明细账

科目	660201 管理费用——折旧						
2021年		凭证号数	摘要	借方	贷方	方向	余额
月	日						
01	31	035	计提本月折旧	22 882.15		借	22 882.15
01	31	070	结转管理费用		22 882.15	平	0
01	31		本月合计	22 882.15	22 882.15	平	0
01	31		本年累计	22 882.15	22 882.15	平	0
02	28	035	计提本月折旧	22 882.15		借	22 882.15
02	28	070	结转管理费用		22 882.15	平	0
02	28		本月合计	22 882.15	22 882.15	平	0
02	28		本年累计	45 764.30	45 764.30	平	0
03	31	035	计提本月折旧	22 882.15		借	22 882.15
03	31	070	结转管理费用		22 882.15	平	0
03	31		本月合计	22 882.15	22 882.15	平	0
03	31		本年累计	68 646.45	68 646.45	平	0
04	30	035	计提本月折旧	22 882.15		借	22 882.15
04	30	070	结转管理费用		22 882.15	平	0
04	30		本月合计	22 882.15	22 882.15	平	0
04	30		本年累计	91 528.60	91 528.60	平	0

【注意】查询管理费用各月各明细项目的发生额,并填列工作底稿(表 4-37);计算本年度各明细项目金额的合计数,并与上年度合计数作比较;计算变动金额及变动比率,分析管理费用的波动性。未见明显异常。

2. 管理费用审定表

管理费用审定表如表 4-40 所示。

表 4-40　　　　　　　　　　管理费用审定表

被审计单位：北京信诚电子有限公司　　编制：黎云景　　日期：2022/02/18　　索引号：4405-1
会计期间：2021.01.01～2021.12.31　　复核：李天一　　日期：2022/02/25　　页次：1

项目	本期未审数	账项调整		本期审定数	上期审定数	索引号
		借方	贷方			
一、报表数						
其中：管理费用						
研发费用						
二、总账数						
三、明细账数						
其中：折旧费						
工资、奖金、津贴、补贴						
社会保险费						
住房公积金						
工会经费						
办公费						
水电费						
业务招待费						
低值易耗品						
差旅费						
审计说明						
审计结论						

【工作底稿填写要求】

根据企业信息资料提示，列示本期审定数和本期未审数，对本期未审数作账项调整和重分类调整，得出本期审定数，并将其同上期期末审定数作对比。经审计调整后，发生额可以确认。

延伸阅读 4-2

费用报销中的"风险"和"收益"

一家市政工程的驾驶员，月薪 3 000 元，为何能在 7 年内更换 3 部轿车？原来犯罪嫌疑人姚某利用公司老板对他的信任，擅自篡改发票、虚报假账，侵占公司 500 万元。2022 年 9 月 8 日，姚某被青浦区检察院以职务侵占罪批准逮捕。2014 年，姚某到青浦区一家市政工程建筑公司上班。因为头脑灵活、工作勤快，老板对他非常信任。老板除了让姚某当驾驶员，还让他做些私事，比如购买礼品、烟酒，置办劳防用品等。2014 年的一天，老板让姚某买几瓶白酒，共计 900 元。姚某拿填写好的报销单去找老板，老板在上面签字盖章后，姚某悄悄悄折回办公室,拿笔在"900"前小心翼翼地加了一个"4",金额变成了"4 900",合计大写上也加了一个"肆仟"。姚某将平时开好备用的发票凑够 4 900 元后,交到财务室报销,领取了 4 900 元现金。自 2014 年到 2022 年的 8 年间,姚某通过篡改发票的方式共侵占公司近 500 万元。翻看篡改发票的清单,2014 年犯罪数额维持在几千元一笔,到了 2022 年每笔都在几万元。

姚某的舞弊手段是在审批过的报销单上篡改报销金额,并且补齐虚报金额的发票,然后直接在财务室领取现金。虽然手段简单,但是 8 年来却从未败露,碰巧是会计"顺便"向老板提到姚某报销的 9 万多元发票,老板才发现问题。案例中最关键的问题就是篡改报销单金额,这反映了该公司费用报销环节的内控薄弱、费用报销流程不够合理、制度规定不明确等问题。姚某正是钻到了管理漏洞,才能如此简单进行篡改,并且难以被发现,该公司只有建立完善的内控措施,才能避免这种舞弊现象的发生。

二维码 4-9:
参考答案——
管理费用

第五章　生产与存货循环审计

知识框架

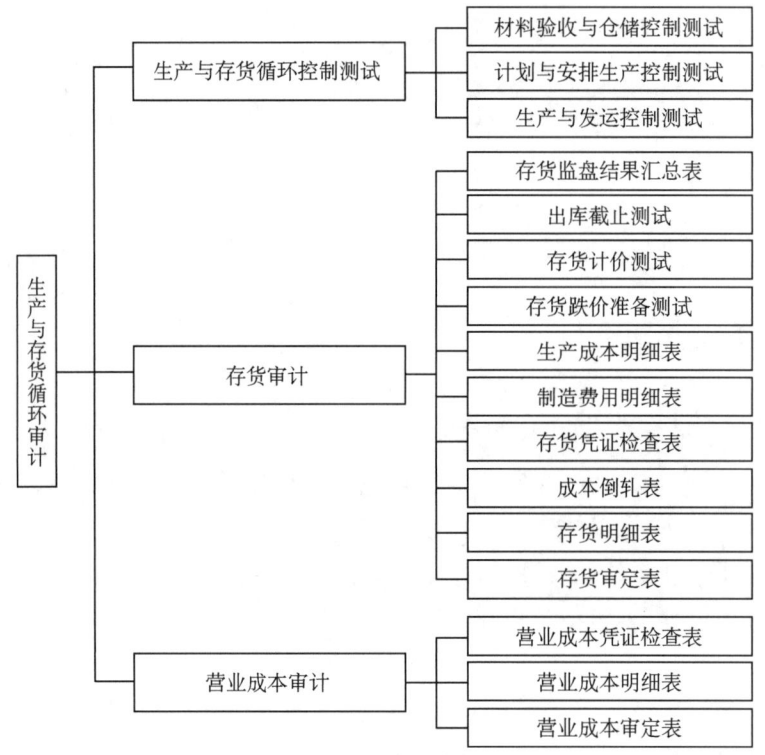

实验目标

1. 了解被审计单位生产与存货循环的内部控制及控制测试的实施。
2. 掌握实施存货审计、营业成本审计的实质性程序，并编制相关工作底稿。

思政育人

獐子岛"扇贝跑了"

2014年10月30日晚间，位于大连长海县的上市公司獐子岛发布公告称，因北黄海遭到

几十年一遇的异常冷水团,公司在2011年和部分2012年播撒的100多万亩①即将进入收获期的虾夷扇贝绝收。受此影响,獐子岛前三季业绩"大变脸",由预报盈利变为亏损约8亿元,全年预计更是大幅亏损。

2014年7月20日,长海县政府官网刊文称,小长山乡虾夷扇贝的养殖进入收获期,没有听到有养殖户因冷水团受灾的信息。面对铺天盖地的质疑,深交所责令獐子岛"进行自查"。公司拟对107.16万亩海域、成本约5.78亿元的底播虾夷扇贝存货进行核销处理,对24.3万亩海域、成本约1.26亿元的底播虾夷扇贝存货计提跌价准备5 110.04万元,上述两项合计约影响净利润6.29亿元,全部计入2017年度损益。这是獐子岛第二次发生因公布扇贝死亡导致公司亏损的情况,4年前,獐子岛也曾突然宣布扇贝大面积死亡。2017年上半年獐子岛的扇贝确实分享了不到历史平均值一半的食物,但这种状况在2016年上半年就已经出现了。而在水温方面,2017年相比于2016年,8月、9月、10月、11月水温高1度左右,并没有出现特别大的异常。2018年1月31日,獐子岛发布公告称,公司正在进行底播虾夷扇贝的年末存量盘点,发现部分海域的底播虾夷扇贝存货异常,公司预计2017年净利润将亏损5.3亿元~7.2亿元。经过4天的重新盘点,獐子岛公司最终将亏损金额确定在6.29亿元,相当于獐子岛2016年净利润的近8倍,这与2017年三季报中预告全年1个亿左右的盈利差别很大。

2020年6月24日。证监会依法对獐子岛公司信息披露违法违规案作出行政处罚及市场禁入决定,对獐子岛公司给予警告,并处以60万元罚款,对15名责任人员处以3万元至30万元不等罚款,对4名主要责任人采取5年至终身市场禁入的处罚措施。獐子岛公司在2014年、2015年已连续两年亏损的情况下,客观上利用海底库存及采捕情况难发现、难调查、难核实的特点,不以实际采捕海域为依据进行成本结转,导致财务报告严重失真,2016年通过少记录成本、营业外支出的方法将利润由亏损披露为盈利,2017年将以前年度已采捕海域列入核销海域或减值海域,夸大亏损幅度,此外,公司还涉及《年终盘点报告》和《核销公告》披露不真实、秋测披露不真实、不及时披露业绩变化情况等多项违法事实,违法情节特别严重,严重扰乱证券市场秩序、严重损害投资者利益,社会影响极其恶劣。

獐子岛公司案的查证涉及对深海养殖水产品底播、捕捞、运输和销售记录的全过程追溯。证监会统筹执法力量,走访渔政监督、水产科研等部门寻求专业支持,依托科技执法手段开展全面深入调查。獐子岛公司每月虾夷扇贝成本结转的依据为当月捕捞区域,在无逐日采捕区域记录可以核验的情况下,证监会借助卫星定位数据,对公司27条采捕船只的数百余万条海上航行定位数据进行分析,委托两家第三方专业机构运用计算机技术还原了采捕船只的真实航行轨迹,复原了公司最近两年真实的采捕海域,进而确定实际采捕面积,并据此认定獐子岛公司存货成本、营业外支出、利润等存在造假。

资料来源:百度百科.獐子岛"绝收"事件[EB/OL].(2014-10-30)[2023-03-01].https://baike.baidu.com/item/%E7%8D%90%E5%AD%90%E5%B2%9B%E2%80%9C%E7%BB%9D%E6%94%B6%E2%80%9D%E4%BA%8B%E4%BB%B6/16022220?fr=aladdin.

---

① 1亩=666.67平方米。

第一节 生产与存货循环控制测试

二维码5-1：北京晶东方光电有限公司资料

实验目的

通过本节课的学习,学生能够了解生产与存货业务内部控制制度,掌握实施生产与存货循环控制测试的程序。

理论知识点

一、生产与存货循环涉及的主要业务活动、主要单据及会计记录

在审计工作的计划阶段,注册会计师应当对生产与存货循环中的业务活动进行充分了解和记录,通过分析业务流程中可能发生重大错报的环节,进而识别和了解被审计单位为应对这些可能的错报而设计的相关控制,并通过诸如穿行测试等方法对这些流程和相关控制加以证实。

以制造型企业为例,生产与存货循环通常涉及的主要业务活动及相关内部控制主要包括以下几个方面。

1. 计划和安排生产

生产计划部门的职责是根据客户订购单或者销售部门对销售预测和产品需求的分析来决定生产授权。如果决定授权生产,即签发预先按顺序编号的生产通知单。该部门应将发出的所有生产通知单按顺序编号,并加以记录控制。此外,通常该部门还需编制一份材料需求报告,列示需要的材料、零件及其库存。

2. 发出原材料

仓储部门的责任是根据从生产部门收到的领料单发出原材料。领料单上必须列示所需的材料数量和种类,以及领料部门的名称。领料单可以一料一单,也可以多料一单,通常需一式三联。仓库管理人员发料并签署后,将其中一联连同材料交给领料部门(生产部门存根联),一联留在仓库登记材料明细账(仓库联),一联交会计部门进行材料收发核算和成本核算(财务联)。

3. 生产产品

生产部门在收到生产通知单及领取原材料后,便将生产任务分解到每一个生产工人,并将领取的原材料交给生产工人,据以执行生产任务。生产工人在完成生产任务后,先将完成的产品交生产部门统计人员查点,再转交检验员验收,并办理入库手续;或将完成的半成品移交下一个环节,作进一步加工。

4. 核算产品成本

为了正确核算并有效控制产品成本,必须建立健全成本会计制度,将生产控制和成本核算有机结合在一起。一方面,生产过程中的各种记录、生产通知单、领料单、计工单、产量统计记录表、生产统计报告、入库单等文件资料都要汇集到会计部门,由会计部门对其进行检查和核对,了解和控制生产过程中存货的实物流转。另一方面,会计部门要设置相应的会计账户,连同有关部门对生产过程中的成本进行核算和控制。完善的成本会计制度应该提供

原材料转为在产品,在产品转为产成品,以及按成本中心、分批次生产任务通知单或生产周期所消耗的材料、人工和间接费用的分配与归集的详细资料。

5. 产成品入库及储存

产成品入库,必须由仓储部门先行点验和检查再签收。签收后,仓储部门将实际入库数量通知会计部门。据此,仓储部门确认了本身应承担的保管责任,并对验收部门的工作进行验证。除此之外,仓储部门还应根据产成品的品质特征分类存放,并填制标签。

6. 发出产成品

产成品的发出必须由独立的发运部门进行。装运产成品时,必须持有经有关部门核准的发运通知单,并据此编制出库单。出库单一般为一式四联,一联交仓储部门;一联由发运部门留存;一联送交客户;一联作为开具发票的依据。

7. 存货盘点

管理人员编制盘点指令,安排适当人员对存货实物(包括原材料、在产品和产成品等所有存货类别)进行定期盘点,将盘点结果与存货账面数量进行核对,调查差异并作适当调整。

8. 计提存货跌价准备

财务部门根据存货货龄分析表的信息或相关部门提供的有关存货状况的其他信息,结合存货盘点过程中对存货状况的检查结果,对出现损毁、滞销、跌价等降低存货价值的情况进行分析计算,计提存货跌价准备。

生产与存货循环的主要业务活动、主要单据及会计记录如表 5-1 所示。

表 5-1　　　　　　生产与存货循环的主要业务活动、主要单据及会计分录

交易类别	相关财务报表项目	主要业务活动	主要单据及会计记录
生产	存货	① 计划和安排生产 ② 发出原材料 ③ 生产产品 ④ 核算产品成本	① 生产通知单 ② 原材料领用通知单 ③ 领料单 ④ 产量统计记录表 ⑤ 生产统计报告 ⑥ 入库单 ⑦ 材料费用分配表 ⑧ 工时统计记录表 ⑨ 人工费用分配汇总表 ⑩ 制造费用分配汇总表
存货管理	存货 营业成本 资产减值损失 管理费用/营业外支出	① 产成品入库及储存 ② 发出产成品 ③ 存货盘点 ④ 计提存货跌价准备	① 验收单 ② 入库单 ③ 存货台账 ④ 盘点计划 ⑤ 盘点明细表 ⑥ 出库单 ⑦ 营业成本明细表 ⑧ 存货货龄分析表 ⑨ 可变现净值计算表

二、生产与存货循环的内部控制

1. 对于计划和安排生产这项主要业务活动,被审计单位的内部控制要求根据经审批的月度生产计划书,生产计划经理签发预先按顺序编号的生产通知单。

2. 对于发出原材料这项主要业务活动,被审计单位的内部控制要求

(1) 领料单应当经生产主管批准,仓库管理员凭经批准的领料单发料;领料单一式三联,分别作为生产部门存根联、仓库联和财务联。

(2) 仓库管理员应把领料单编号、领用数量、规格等信息输入计算机系统,经仓储经理复核并以电子签名方式确认后,系统自动更新材料至明细台账。

3. 对于生产产品和核算产品成本这两项主要业务活动,被审计单位的内部控制要求

(1) 生产成本记账员应根据原材料领料单财务联,编制原材料领用日报表,与计算机系统自动生成的生产记录日报表核对,检查材料耗用和流转信息;会计主管审核无误后,生成记账凭证并过账至生产成本及原材料明细账和总分类账。

(2) 生产部门应记录生产各环节所耗用工时数,包括人工时数和机器工时数,并将工时信息输入生产记录日报表。

(3) 每月末,由生产车间与仓库核对原材料和产成品的转出和转入记录,如有差异,仓库管理员应编制差异分析报告,经仓储经理和生产经理签字确认后交会计部门进行调整。

(4) 每月末,由计算机系统对生产成本中各项的组成部分进行归集,按照预设的分摊公式和方法,自动将当月发生的生产成本在完工产品和在产品之间按比例分配;同时,将完工产品成本在各不同产品类别之间分配,由此生成产品成本计算表和生产成本分配表;由生产成本记账员编制成生产成本结转凭证,经会计主管审核批准后进行账务处理。

4. 对于产成品入库及储存这项主要业务活动,被审计单位的内部控制要求

(1) 产成品入库时,质量检验员应检查并签发预先按顺序编号的产成品验收单,由生产小组将产成品送交仓库,仓库管理员应检查产成品验收单,并清点产成品数量,填写预先按顺序编号的产成品入库单,经质检经理、生产经理和仓储经理签字确认后,由仓库管理员将产成品入库单信息输入计算机系统,由计算机系统自动更新产成品明细台账。

(2) 存货应存放在安全的环境(如上锁、使用监控设备)中,只有经过授权的工作人员可以接触及处理存货。

5. 对于发出产成品这项主要业务活动,被审计单位的内部控制要求

(1) 产成品出库时,由仓库管理员填写预先按顺序编号的出库单,并将产成品出库单信息输入计算机系统,经仓储经理复核并以电子签名方式确认后,计算机系统自动更新产成品明细台账,并与发运通知单编号核对。

(2) 产成品装运发出前,由运输经理独立检查出库单、销售订购单和发运通知单,确定从仓库提取的商品附有经批准的销售订购单,并确保提取商品的内容与销售订购单一致。

(3) 每月末,生产成本记账员根据计算机系统内状态为"已处理"的订购单数量,编制销售成本结转凭证,结转相应的销售成本,经会计主管审核批准后进行账务处理。

6. 对于存货盘点这项业务活动,被审计单位的内部控制要求

(1) 生产部门和仓储部门在盘点日前对所有存货进行清理和归整,便于盘点顺利进行。

(2) 每一组盘点人员中应包括仓储部门以外的其他部门人员,即不能由负责保管存货的人员单独负责盘点存货;安排不同的工作人员分别负责初盘和复盘。

(3) 盘点表和盘点标签应事先连续编号,发放给盘点人员时登记领用人员;盘点结束后回收并清点所有已使用和未使用的盘点表和盘点标签。

(4) 为防止存货被遗漏或重复盘点,所有盘点过的存货应贴盘点标签,并注明存货品名、数量和盘点人员;在完成盘点前,应检查现场并确认所有存货均已贴上盘点标签。

(5) 将不属于本单位的代其他方保管的存货单独堆放并作标识;将盘点期间需要用的原材料或出库的产成品分开堆放并作标识。

(6) 将盘点结果与存货账面数量进行比较,调查分析差异原因,并对认定的盘盈和盘亏提出账务调整建议,经仓储经理、生产经理、财务经理和总经理复核批准入账。

7. 对于计提存货跌价准备这项业务活动,被审计单位的内部控制要求

(1) 定期编制存货货龄分析表,由管理人员复核该分析表,确定是否有必要对滞销存货计提存货跌价准备,并计算存货可变现净值,据此计提存货跌价准备。

(2) 生产部门和仓储部门应每月上报残冷背次存货明细,采购部门和销售部门应每月上报原材料和产成品最新价格信息,财务部门据此分析存货跌价风险并计提跌价准备,由财务经理和总经理复核批准并入账。

实验资料及操作

一、材料验收与仓储控制测试

【工作底稿填写要求】

生产与存货循环控制测试是在了解和评价被审计单位内部控制,以及进行穿行测试的基础上,设计出合理的生产与存货循环流程控制且执行,进而实施后续审计程序。

根据背景资料提示,被审计单位质量检验员比较所收材料与采购合同的要求是否相符,并检查其质量等级。验收无误后,质量检验员签发预先编号的验收单,作为检验商品材料的依据。对于单价在人民币50元以上的材料,还需质检经理验收签字。根据控制描述内容,结合企业信息与背景单据,填制生产与存货循环-控制测试程序和过程记录表,进行材料验收与仓储控制测试。材料验收与仓储控制测试如表5-2所示。

表5-2　　　　　　　　材料验收与仓储控制测试

| 被审计单位: | 北京晶东方光电有限公司 | 编制: | 黎云景 | 日期: | 2022/02/12 | 索引号: | SCC-01 |
| 会计期间: | 2021.01.01~2021.12.31 | 复核: | 李天一 | 日期: | 2022/02/18 | 页　次: | 1 |

控制编号:				
SCKZ-1				
控制的性质:				
控制编号	自动控制	依赖信息系统的人工控制	人工控制	
SCKZ-1		√		

二维码5-2:
风险评估——
了解和评价
生产与存货
循环内控

二维码5-3:
计划实施的
进一步审计
程序

(续表)

控制测试的时间安排：			
上述控制属于依赖信息系统的人工控制，计划在审计现场抽取样本进行测试。			

控制测试的类型：			
询问	观察	检查	重新执行

拟实施的测试程序：

(1) 检查质量检验员是否在验收单上签字；
(2) 检查仓储管理人员是否在验收单上签字；
(3) 检查单价在人民币50元以上的材料，是否经质检经理验收签字。

对总体进行定义：

2021年验收单。

总体的来源：

2021年原材料明细账。

控制执行的频率：

控制编号	频率
SCKZ-1	不定期

与控制相关的风险：

低

总体中项目的总数：

12

对偏差进行定义：

控制编号	偏差的定义
SCKZ-1	原材料验收单未经适当审批。

确定所测试项目的数量并选取项目：

测试项目的数量2，选取数量2。

测试过程记录：

序号	验收单号	材料入库日期	对应的采购合同编号	拟实施的测试程序					
				1	2	3	……	……	……
1	CLYS003								
2	CLYS009								

识别出的偏差：

考虑扩大测试范围：（如适用）

不适用

控制缺陷：（如适用，偏差是否被视为控制缺陷）

无

对获取的有关控制在期中运行有效性的审计证据的考虑：

不适用

剩余期间的测试过程记录：

序号	识别特征	测试程序1	测试程序2	测试程序3	注释
不适用					

结论：

注册会计师采取随意选样的方式在本年度所有材料入库验收单的总体中选取两个样本进行测试,检查相关文件资料,验证被审计单位的内部控制是否得到一贯有效执行。在系统中根据随意抽样得到两个材料入库验收单,检查该材料入库验收单的审批情况。材料入库验收单如表 5-3 和表 5-4 所示。

表 5-3　　　　　　　　　　　材料入库验收单 CLYS003

单位：　北京晶东方光电有限公司　　　　　　　　　　　　编号：　CLYS003

序号	品名	规格型号	单位	数量	备注
1	芯片	457.5-460NM	件	1 200.00	

供货单位：　北京洋溢化工有限公司　　　仓管员：　方连　　　质检员：　黄飞
　　　　　　　　　　　　　　　　　　　　　　　　　　　　　　　质检经理：王力康
　　　　　　　　　　　　　　　　　　　　　　　　　　　　　　　日期：　　2021-03-12

表 5-4　　　　　　　　　　　材料验收验收单 CLYS009

单位：　北京晶东方光电有限公司　　　　　　　　　　　　编号：　CLYS009

序号	品名	规格型号	单位	数量	备注
1	芯片	457.5-460NM	件	1 200.00	

供货单位：北京洋溢化工有限公司　　　　仓管员：　方连　　　质检员：　黄飞
　　　　　　　　　　　　　　　　　　　　　　　　　　　　　　　质检经理：王力康
　　　　　　　　　　　　　　　　　　　　　　　　　　　　　　　日期：　　2021-09-12

注册会计师检查的内容包括：

(1) 质量检验员是否在验收单上签字。(是)

(2) 仓储管理人员是否在验收单上签字。(是)

(3) 单价在人民币 50 元以上的材料,是否经质检经理验收签字。(是)

【注意】根据背景资料提示,运用检查审计程序,通过材料入库验收单上的时间、品名、数量等信息查询至原材料明细账,以及通过原材料明细账查询至记账凭证及相关附件。根据销售合同可知,材料单价为 52 元,高于 50 元,故需要质检经理验收签字。以抽取的样本材料入库验收单 CLYS003 为例,相关附件如表 5-5、图 5-1 和图 5-2 所示。

表 5-5　　　　　　　　　　　原材料明细账(部分)

科目	140301 原材料 —— 芯片											
2021年		凭证号数	摘要	借方			贷方			方向	余额		
月	日			数量	单价	金额	数量	单价	金额		数量	单价	金额
01	01		上年结转							借	12 000	52.7041	632 449.33
01	31	004	原材料采购	1 500	54.0000	81 000.00				借	13 500	52.8481	713 449.33
01	31	005	领用原材料				3 200	52.8481	169 113.92	借	10 300	52.8481	544 335.41
01	31		本月合计	1 500		81 000.00	3 200		169 113.92	借	10 300	52.8481	544 335.41
01	31		本年累计	1 500		81 000.00	3 200		169 113.92	借	10 300	52.8481	544 335.41
02	28	004	原材料采购	1 000	52.4400	52 440.00				借	11 300	52.8120	596 775.41
02	28	005	领用原材料				2 500	52.8120	132 029.96	借	8 800	52.8120	464 745.45
02	28		本月合计	1 000		52 440.00	2 500		132 029.96	借	8 800	52.8120	464 745.45
02	28		本年累计	2 500		133 440.00	5 700		301 143.88	借	8 800	52.8120	464 745.45
03	31	004	原材料采购	1 200	52.0000	62 400.00				借	10 000	52.7145	527 145.45
03	31	005	领用原材料				3 000	52.7145	158 143.64	借	7 000	52.7145	369 001.81
03	31		本月合计	1 200		62 400.00	3 000		158 143.64	借	7 000	52.7145	369 001.81
03	31		本年累计	3 700		195 840.00	8 700		459 287.52	借	7 000	52.7145	369 001.81

根据测试内容结果可知,被审计单位在生产与存货流程中的材料验收与仓储环节控制测试不属于偏差,不视为控制缺陷,因此,不考虑扩大测试范围及增加样本规模。测试结论为控制测试有效,未见异常。

记 账 凭 证

记字004号　　　　　　　　　　　日期: 2021-03-31　　　　　　　　　　附单据　3　张

摘要	科目名称	借方金额	贷方金额
原材料采购	原材料——芯片	62 400.00	
原材料采购	应交税费——应交增值税（进项税额）	8 112.00	
原材料采购	应付账款——北京洋溢化工有限公司		70 512.00
合计		70 512.00	7 0512.00

记账　刘丹　　　　　审核　林若兰　　　　　出纳　　　　　　　制单　刘丹

图 5-1　记账凭证 3-004 号

购销合同

购方: **北京晶东方光电有限公司**　　　合同编号: <u>202103021</u>

销方: **北京洋溢化工有限公司**　　　　签订时间: <u>**2021年03月05日**</u>

供需双方本着互利互惠、长期合作的原则,根据《中华人民共和国民法典》及双方的实际情况,就需方向供方采购事宜,订立本合同,以使双方在合同履行中共同遵守。

一、产品名称、数量、单价、金额:

产品名称	规格型号	计量单位	数量	单价	金额	备注
芯片	457.5-460NM	件	**1 200**	52.00	62 400.00	**不含税价**
合计					￥62 400.00	

合计人民币（大写）: **陆万贰仟肆佰元整**

二、**质量要求技术标准**: 供方按合同企业标准。

三、**交（提）货地点、方式**: **销货方送货至购货方仓库**。

四、**付款时间与付款方式**: **交货后一年内支付货款**。

五、**运输方式及到站、港和费用负担**: 由第三方物流公司提供配送服务,相关配送服务费用由销售方承担。

六、**合理损耗及计算方法**: 以实际数量验收。

七、**包装标准、包装物的供应与回收**: 普通包装,不回收包装物。

八、**验收标准、方法及提出异议期限**: 货到需方7天内提出质量异议,不包括运输过程中造成的质量问题。

九、违约责任：按照《中华人民共和国民法典》。

十、解决合同纠纷的方式：双方协商解决。

十一、其他约定事项：本合同一式两份，供需双方各一份，经双方盖章后即生效。

购方（盖章）：	北京晶东方光电有限公司	销方（盖章）：	北京洋溢化工有限公司
单位地址：	北京市东城区高家街北吴路37号	单位地址：	北京市东城区曹平街吉镇路6号
电话：	010-75623350	电话：	010-58819130
签订日期：	2021年03月05日	签订日期：	2021年03月05日
开户银行：	交通银行北京东城支行	开户银行：	交通银行北京东城支行
账号：	4193682294909538200000	账号：	4192059457701298680000

图 5-2　购销合同

二、计划与安排生产控制测试

【工作底稿填写要求】

根据背景资料提示，被审计单位根据经审批的月度生产计划书，由生产计划经理签发预先编号的生产通知单。根据控制描述内容，结合企业信息与背景单据，填制生产与存货循环-控制测试程序和过程记录表，进行计划与安排生产控制测试。计划与安排生产控制测试如表 5-6 所示。

表 5-6　　　　　计划与安排生产控制测试

被审计单位：	北京晶东方光电有限公司	编制：	黎云景	日期：	2022/02/12	索引号：	SCC-02
会计期间：	2021.01.01~2021.12.31	复核：	李天一	日期：	2022/02/18	页次：	1

二维码 5-4：审计程序

控制编号：
SCKZ-2

控制的性质：

控制编号	自动控制	依赖信息系统的人工控制	人工控制
SCKZ-2		√	

控制测试的时间安排：
上述控制属于依赖信息系统的人工控制，计划在审计现场抽取样本进行测试。

控制测试的类型：

询问	观察	检查	重新执行

拟实施的测试程序：
(1) 检查月度是否编制生产计划书；
(2) 检查月度生产计划书是否得到适当审批；
(3) 检查生产通知单所载内容是否包含在月度生产计划书内。

对总体进行定义：
2021年生产计划书。

总体的来源：
2021年生产计划书。

控制执行的频率：

控制编号	频率
SCKZ-2	不定期

与控制相关的风险：
低

(续表)

总体中项目的总数:							
12							
对偏差进行定义:							
控制编号			偏差的定义				
SCKZ-2			生产计划未经适当审批。				
确定所测试项目的数量并选取项目:							
测试项目的数量2,选取数量2。							
测试过程记录:							
序号	验收单号	材料入库日期	对应的采购合同编号	拟实施的测试程序			
				1	2	3	…… …… ……
1	SCTZ009	2021/09/03	SCJH-09				
2	SCTZ012	2021/12/03	SCJH-12				
识别出的偏差:							
考虑扩大测试范围:（如适用)							
不适用							
控制缺陷:（如适用，偏差是否被视为控制缺陷)							
无							
对获取的有关控制在期中运行有效性的审计证据的考虑:							
不适用							
剩余期间的测试过程记录:							
序号	识别特征		测试程序1	测试程序2		测试程序3	注释
不适用							
结论:							

注册会计师采取随意选样的方式在本年度所有生产通知单的总体中选取两个样本进行测试。运用询问、检查审计程序，询问情况、检查相关文件资料，验证被审计单位的内部控制是否得到一贯有效执行。抽取生产通知单，通过生产通知单上的时间、产品名称、数量等信息查询到对应的生产计划书，根据测试内容进行核对分析。以抽取的样本生产通知单SCTZ009为例，相关附件如表5-7和图5-3所示。

表5-7　　　　　　　　　　　生产通知单 SCTZ009

编号:SCTZ009　　　　　　　　　　　　　　　　　　　　　　日期:2021-09-03

序号	产品名称	数量	单位	完成日期
1	LED射灯	1 625	件	2021-9-30
2	通用型大棱镜	2 400	件	2021-9-30

生产部:廖凡　　　　　　　　　　　　　　　　　　　　　　销售部:李烨

注册会计师检查的内容包括:
(1) 月度是否编制生产计划书。（是）

生产计划书

编号：SCJH-09

通过对公司设备能力、公司产品的市场竞争力、公司客户及订单情况、公司存货情况，对2021年9月的生产作如下计划：
LED射灯预计完工入库1625件，销售出库1500件。
通用型大棱镜预计完工入库2400件；销售出库2300件。
计划领用2600件芯片；领用12000㎡光学玻璃001投入到车间生产。

销售部审批：李烨
生产部审批：廖凡
总经理审批：张凤

北京晶东方光电有限公司
2021-9-3

图 5-3　生产计划书

（2）月度生产计划书是否得到适当审批。（是）
（3）生产通知单所载内容是否包含在月度生产计划书内。（是）

根据测试内容结果可知，被审计单位在生产与存货流程中的计划与安排生产控制测试不属于偏差，不视为控制缺陷，因此，不考虑扩大测试范围及增加样本规模。测试结论为控制测试有效，未见异常。

三、生产与发运控制测试

【工作底稿填写要求】

根据背景资料提示，被审计单位的仓库管理员将原材料领用申请单编号、领用数量、规格等信息输入仓储的ERP系统，经仓储经理复核并以电子签名的方式确认后存货，仓储的ERP系统将自动更新材料明细台账。根据控制描述内容，结合企业信息与背景单据，填制生产与存货循环-控制测试程序和过程记录表，进行生产与发运控制测试。生产与发运控制测试如表5-8所示。

表 5-8　　　　　　　　生产与发运控制测试

被审计单位：北京晶东方光电有限公司	编制：黎云景	日期：2022/02/12	索引号：SCC-03
会计期间：2021.01.01~2021.12.31	复核：李天一	日期：2022/02/18	页　次：1

控制编号：

SCKZ-3

控制的性质：

控制编号	自动控制	依赖信息系统的人工控制	人工控制
SCKZ-3		√	

控制测试的时间安排：

上述控制属于依赖信息系统的人工控制，计划在审计现场抽取样本进行测试。

控制测试的类型：

询问	观察	检查	重新执行

(续表)

拟实施的测试程序：

(1) 检查原材料领用是否经仓储经理审批；
(2) 检查原材料领用是否与生产计划相符；
(3) 检查记账凭证是否经会计主管复核；
(4) 检查是否正确记入相关明细账。

对总体进行定义：

2021年原材料领用单。

总体的来源：

2021年原材料明细账。

控制执行的频率：

控制编号	频率
SCKZ-3	不定期

与控制相关的风险：

低

总体中项目的总数：

12

对偏差进行定义：

控制编号	偏差的定义
SCKZ-3	原材料领用单未经适当审批，及原材料领用业务未恰当准确记录。

确定所测试项目的数量并选取项目：

测试项目的数量2，选取数量2。

测试过程记录：

序号	凭证号	领料单日期	领料单号	拟实施的测试程序				
				1	2	3	4	……
1	10-记005#							
2	12-记005#							

识别出的偏差：

考虑扩大测试范围：（如适用）

不适用

控制缺陷：（如适用，偏差是否被视为控制缺陷）

无

对获取的有关控制在期中运行有效性的审计证据的考虑：

不适用

剩余期间的测试过程记录：

序号	识别特征	测试程序1	测试程序2	测试程序3	注释
不适用					

结论：

注册会计师采取随意选样的方式在本年度所有领料记账凭证中选取两个样本进行测试。运用检查审计程序，通过检查相关文件资料，验证被审计单位的内部控制是否得到一贯有效执行。抽取原材料领用记账凭证，检查记账凭证、领料单、生产计划书及原材料明细账，根据测试内容进行核对分析。以2021年12月记字005号凭证为例，相关附件如图5-4至图5-6、表5-9、表5-10所示。

记账凭证

记字005号	日期: 2021-12-31		附单据 2 张
摘要	科目名称	借方金额	贷方金额
领用原材料	生产成本——LED射灯——直接材料	185 764.68	
领用原材料	生产成本——通用型大棱镜——直接材料	221 780.90	
领用原材料	原材料——芯片		185 764.68
领用原材料	原材料——光学玻璃001		221 780.90
合计		407 545.58	407 545.58

记账 刘丹　　审核 林若兰　　出纳　　制单 刘丹

图 5-4　记账凭证-005 号

领料单

领料部门：生产部
用途：生产LED射灯及通用型大棱镜　　2021 年 12 月 15 日　　第 012 号

材料			单位	数量		成本	
编号	名称	规格		请领	实发	单价	总价
1	芯片	457.5-460NM	件	3 500	3 500		
2	光学玻璃001	0.15-3mm	m²	7 800	7 800		
合计							

会计联

部门经理：廖凡　　会计：林若兰　　仓库：方连　　经办人：段秀蓉

图 5-5　领料单

生产计划书

编号：SCJH-12

通过对公司设备能力、公司产品的市场竞争力、公司客户及订单情况、公司存货情况，对 2021 年 12 月的生产作如下计划：
LED 射灯预计完工入库 2 190 件，销售出库 2 500 件。
通用型大棱镜预计完工入库 1 580 件；销售出库 1 600 件。
计划领用 3 500 件芯片；领用 7 800 m² 光学玻璃001 投入到车间生产。

销售部审批：李烨
生产部审批：廖凡
总经理审批：张凤

北京晶东方光电有限公司
2021-12-3

图 5-6　生产计划书

表 5-9　　　　　　　　　　　　　　　　原材料明细账

科目：140301 原材料——芯片

2021年		凭证号数	摘要	借方			贷方			方向	余额		
月	日			数量	单价	金额	数量	单价	金额		数量	单价	金额
01	01		上年结转							借	12 000	52.7041	632 449.33
01	31	004	原材料采购	1 500	54.0000	81 000.00				借	13 500	52.8481	713 449.33
01	31	005	领用原材料				3 200	52.8481	169 113.92	借	10 300	52.8481	544 335.41
01	31		本月合计	1 500		81 000.00	3 200		169 113.92	借	10 300	52.8481	544 335.41
01	31		本年累计	1 500		81 000.00	3 200		169 113.92	借	10 300	52.8481	544 335.41
02	28	004	原材料采购	1 000	52.4400	52 440.00				借	11 300	52.8120	596 775.41
02	28	005	领用原材料				2 500	52.8120	132 029.96	借	8 800	52.8120	464 745.45
02	28		本月合计	1 000		52 440.00	2 500		132 029.96	借	8 800	52.8120	464 745.45
02	28		本年累计	2 500		133 440.00	5 700		301 143.88	借	8 800	52.8120	464 745.45
03	31	004	原材料采购	1 200	52.0000	62 400.00				借	10 000	52.7145	527 145.45
03	31	005	领用原材料				3 000	52.7145	158 143.64	借	7 000	52.7145	369 001.81
03	31		本月合计	1 200		62 400.00	3 000		158 143.64	借	7 000	52.7145	369 001.81
03	31		本年累计	3 700		195 840.00	8 700		459 287.52	借	7 000	52.7145	369 001.81
04	30	004	原材料采购	2 500	53.2700	133 175.00				借	9 500	52.8607	502 176.81
04	30	005	领用原材料				2 800	52.8607	148 010.01	借	6 700	52.8607	354 166.80
04	30		本月合计	2 500		133 175.00	2 800		148 010.01	借	6 700	52.8607	354 166.80
04	30		本年累计	6 200		329 015.00	11 500		607 297.53	借	6 700	52.8607	354 166.80
05	31	004	原材料采购	1 700	54.1000	91 970.00				借	8 400	53.1115	446 136.80
05	31	005	领用原材料				1 700	53.1115	90 289.59	借	6 700	53.1115	355 847.21
05	31		本月合计	1 700		91 970.00	1 700		90 289.59	借	6 700	53.1115	355 847.21
05	31		本年累计	7 900		420 985.00	13 200		697 587.12	借	6 700	53.1115	355 847.21
06	30	004	原材料采购	5 400	53.2000	287 280.00				借	12 100	53.1510	643 127.21
06	30	005	领用原材料				3 200	53.1510	170 083.23	借	8 900	53.1510	473 043.98
06	30		本月合计	5 400		287 280.00	3 200		170 083.23	借	8 900	53.1510	473 043.98
06	30		本年累计	13 300		708 265.00	16 400		867 670.35	借	8 900	53.1510	473 043.98
07	31	004	原材料采购	4 000	52.3500	209 400.00				借	12 900	52.9026	682 443.98
07	31	005	领用原材料				2 100	52.9026	111 095.53	借	10 800	52.9026	571 348.45
07	31		本月合计	4 000		209 400.00	2 100		111 095.53	借	10 800	52.9026	571 348.45
07	31		本年累计	17 300		917 665.00	18 500		978 765.88	借	10 800	52.9026	571 348.45
08	31	004	原材料采购	2 190	51.9900	113 858.10				借	12 990	52.7488	685 206.55
08	31	005	领用原材料				1 490	52.7488	78 595.67	借	11 500	52.7488	606 610.88
08	31		本月合计	2 190		113 858.10	1 490		78 595.67	借	11 500	52.7488	606 610.88
08	31		本年累计	19 490		1 031 523.10	19 990		1 057 361.55	借	11 500	52.7488	606 610.88
09	30	004	原材料采购	1 200	53.3300	63 996.00				借	12 700	52.8037	670 606.88
09	30	005	领用原材料				2 600	52.8037	137 289.60	借	10 100	52.8037	533 317.28
09	30		本月合计	1 200		63 996.00	2 600		137 289.60	借	10 100	52.8037	533 317.28
09	30		本年累计	20 690		1 095 519.10	22 590		1 194 651.15	借	10 100	52.8037	533 317.28
10	31	004	原材料采购	2 000	52.8700	105 740.00				借	12 100	52.8147	639 057.28
10	31	005	领用原材料				3 100	52.8147	163 725.42	借	9 000	52.8147	475 331.86
10	31		本月合计	2 000		105 740.00	3 100		163 725.42	借	9 000	52.8147	475 331.86
10	31		本年累计	22 690		1 201 259.10	25 690		1 358 376.57	借	9 000	52.8147	475 331.86
11	30	004	原材料采购	1 200	52.6500	63 180.00				借	10 200	52.7953	538 511.86
11	30	005	领用原材料				3 300	52.7953	174 224.43	借	6 900	52.7953	364 287.43
11	30		本月合计	1 200		63 180.00	3 300		174 224.43	借	6 900	52.7953	364 287.43
11	30		本年累计	23 890		1 264 439.10	28 990		1 532 601.00	借	6 900	52.7953	364 287.43
12	31	004	原材料采购	1 000	55.0100	55 010.00				借	7 900	53.0756	419 297.43
12	31	005	领用原材料				3 500	53.0756	185 764.68	借	4 400	53.0756	233 532.75
12	31		本月合计	1 000		55 010.00	3 500		185 764.68	借	4 400	53.0756	233 532.75
12	31		本年累计	24 890		1 319 449.10	32 490		1 718 365.68	借	4 400	53.0756	233 532.75
			结转下年							借	4 400	53.0756	233 532.75

表 5-10　　　　　　　　　　　　　　原材料明细账

科目：140302 原材料——光学玻璃001

2021年		凭证号数	摘要	借方			贷方			方向	余额		
月	日			数量	单价	金额	数量	单价	金额		数量	单价	金额
01	01		上年结转							借	23 000	29.2866	673 591.24
01	31	004	原材料采购	8 000	28.7900	230 320.00				借	31 000	29.1584	903 911.24
01	31	005	领用原材料				7 200	29.1584	209 940.68	借	23 800	29.1584	693 970.56
01	31		本月合计	8 000		230 320.00	7 200		209 940.68	借	23 800	29.1584	693 970.56
01	31		本年累计	8 000		230 320.00	7 200		209 940.68	借	2 3800	29.1584	693 970.56
02	28	004	原材料采购	9 200	29.3200	269 744.00				借	3 3000	29.2035	963 714.56
02	28	005	领用原材料				8 900	29.2035	259 910.90	借	24 100	29.2035	703 803.66
02	28		本月合计	9 200		269 744.00	8 900		259 910.90	借	24 100	29.2035	703 803.66
02	28		本年累计	17 200		500 064.00	16 100		469 851.58	借	24 100	29.2035	703 803.66
03	31	005	领用原材料				6 600	29.2035	192 742.91	借	17 500	29.2035	511 060.75
03	31		本月合计				6 600		192 742.91	借	17 500	29.2035	511 060.75
03	31		本年累计	17 200		500 064.00	22 700		662 594.49	借	17 500	29.2035	511 060.75
04	30	004	原材料采购	7 000	29.0200	203 140.00				借	24 500	29.1511	714 200.75
04	30	005	领用原材料				5 600	29.1511	163 245.89	借	18 900	29.1511	550 954.86
04	30		本月合计	7 000		203 140.00	5 600		163 245.89	借	18 900	29.1511	550 954.86
04	30		本年累计	24 200		703 204.00	28 300		825 840.38	借	18 900	29.1511	550 954.86
05	31	005	领用原材料				7 100	29.1511	206 972.46	借	11 800	29.1511	343 982.40
05	31		本月合计				7 100		206 972.46	借	11 800	29.1511	343 982.40
05	31		本年累计	24 200		703 204.00	35 400		1 032 812.84	借	11 800	29.1511	343 982.40
06	30	004	原材料采购	10 000	28.0200	280 200.00				借	21 800	28.6322	624 182.40
06	30	005	领用原材料				6 900	28.6322	197 562.32	借	14 900	28.6322	426 620.08
06	30		本月合计	10 000		280 200.00	6 900		197 562.32	借	14 900	28.6322	426 620.08
06	30		本年累计	34 200		983 404.00	42 300		1 230 375.16	借	14 900	28.6322	426 620.08
07	31	004	原材料采购	20 000	27.9200	558 400.00				借	3 4900	28.2241	985 020.08
07	31	005	领用原材料				9 000	28.2241	254 016.64	借	25 900	28.2241	731 003.44
07	31		本月合计	20 000		558 400.00	9 000		254 016.64	借	25 900	28.2241	731 003.44
07	31		本年累计	54 200		1 541 804.00	51 300		1 484 391.80	借	25 900	28.2241	731 003.44
08	31	004	原材料采购	7 000	27.8800	195 160.00				借	32 900	28.1509	926 163.44
08	31	005	领用原材料				8 000	28.1509	225 206.92	借	24 900	28.1509	700 956.52
08	31		本月合计	7 000		195 160.00	8 000		225 206.92	借	24 900	28.1509	700 956.52
08	31		本年累计	61 200		1 736 964.00	59 300		1 709 598.72	借	24 900	28.1509	700 956.52
09	30	005	领用原材料				12 000	28.1509	337 810.37	借	1 2900	28.1509	363 146.15
09	30		本月合计				12 000		337 810.37	借	12 900	28.1509	363 146.15
09	30		本年累计	61 200		1 736 964.00	71 300		2 047 409.09	借	12 900	28.1509	363 146.15
10	31	004	原材料采购	8 000	28.3200	226 560.00				借	20 900	28.2156	589 706.15
10	31	005	领用原材料				10 000	28.2156	282 156.05	借	10 900	28.2156	307 550.10
10	31		本月合计	8 000		226 560.00	10 000		282 156.05	借	10 900	28.2156	307 550.10
10	31		本年累计	69 200		1 963 524.00	81 300		2 329 565.14	借	10 900	28.2156	307 550.10
11	30	004	原材料采购	9 000	28.3200	254 880.00				借	19 900	28.2628	562 430.10
11	30	005	领用原材料				11 000	28.2628	310 891.01	借	8 900	28.2628	251 539.09
11	30		本月合计	9 000		254 880.00	11 000		310 891.01	借	8 900	28.2628	251 539.09
11	30		本年累计	78 200		2 218 404.00	92 300		2 640 456.15	借	8 900	28.2628	251 539.09
12	31	004	原材料采购	12 000	28.5600	342 720.00				借	20 900	28.4334	594 259.09
12	31	005	领用原材料				7 800	28.4334	221 780.90	借	13 100	28.4334	372 478.19
12	31		本月合计	12 000		342 720.00	7 800		221 780.90	借	13 100	28.4334	372 478.19
12	31		本年累计	90 200		2 561 124.00	100 100		2 862 237.05	借	13 100	28.4334	372 478.19
			结转下年							借	13 100	28.4334	372 478.19

二维码 5-5：
参考答案
——控制测试

注册会计师检查的内容包括：
(1) 原材料领用是否经仓储经理审批。（是）
(2) 原材料领用是否与生产计划相符。（是）
(3) 记账凭证是否经会计主管复核。（是）
(4) 是否正确记入相关明细账。（是）

根据测试内容结果可知，被审计单位在生产与存货流程中的生产与发运控制测试不属于偏差，不视为控制缺陷，因此，不考虑扩大测试范围及增加样本规模。测试结论为控制测试有效，未见异常。

第二节 存 货 审 计

实验目的

通过本节课的学习，学生能够了解存货审计的要点，掌握实施存货实质性程序的方法。

理论知识点

一、审计目标

存货审计的目标如表 5-11 所示。

表 5-11　　　　　　　　　　　　存货审计的目标

事项	财务报表的认定
1. 账面存货余额对应的实物是真实存在的	存在
2. 属于被审计单位的存货均已入账	完整性
3. 存货属于被审计单位	权利和义务
4. 存货单位成本的计量准确	准确性、计价和分摊
5. 存货的账面价值可以实现	准确性、计价和分摊

二、计划实施的实质性程序

1. 检查总账及明细账

获取存货明细表，复核加计是否正确，并核对其与总账、明细账合计数是否相符。检查存货明细表中是否存在异常或负余额（包括数量为负或金额为负）的项目。

2. 实施实质性分析程序

(1) 考虑可获取信息的来源、可比性、性质和相关性以及与信息编制相关的控制，评价在对记录的金额或比率作出预期时使用数据的可靠性。

(2) 对已记录的金额作出预期，评价预期值是否足够精确以识别重大错报。

(3) 确定已记录金额与预期值之间的差额是可接受的、无须作进一步调查的。

(4) 将已记录金额与期望值进行比较,识别需要进一步调查的差异。

(5) 调查差异:询问管理层,针对管理层的答复获取适当的审计证据;根据具体情况在必要时实施其他审计程序。

3. 实施存货监盘程序,编制存货监盘报告

内容将在后文展开,此处不再赘述。

4. 处理不可预见情况

如果出现不可预见的情况,无法在存货盘点现场实施监盘。存货盘点应在财务报表日以外的其他日期进行;除了实施存货监盘程序,还应实施其他审计程序,以获取审计证据,确定存货盘点日与财务报表日之间的存货变动是否已得到恰当的记录。

5. 应用替代程序

如果在存货盘点现场实施存货监盘不可行,应实施下列替代审计程序,以获取有关存货存在和状况的充分、适当的审计证据。如果不能实施替代审计程序,应考虑对审计意见的影响:

(1) 检查进货交易凭证或生产记录以及其他相关资料。

(2) 检查资产负债表日后发生的销货交易凭证。

(3) 向顾客或供应商函证。

6. 检查由第三方保管或控制的存货

如果由第三方保管或控制的存货对财务报表是重要的,应实施下列一项或两项审计程序,以获取有关该存货存在和状况的充分、适当的审计证据。

(1) 向持有被审计单位存货的第三方函证存货的数量和状况。

(2) 实施检查或其他适合具体情况的审计程序。

7. 对存货明细表实施审计程序

注册会计师应对存货明细表实施下列审计程序,以确定其是否准确反映了实际的存货盘点结果:

(1) 从存货明细表中选取具有代表性的样本,与盘点记录的数量核对。

(2) 从盘点记录中抽取有代表性的样本,与存货明细表的数量核对。

(3) 若在上述第(1)、第(2)项中发现不相符的情况,应检查相关的支持性文件,复核调账分录的正确性,并考虑扩大样本量。

8. 测试期末存货计价

1) 以被审计单位采用先进先出法并以实际成本计价为例

实施下列程序:

(1) 自存货明细表中选取样本,包括:一是原材料等外购存货,检查其与期末存货数量相同的最近期的采购发票,核实单位成本,并重新计算存货成本。二是产成品和在产品,获取资产负债表日前最近的成本计算单,检查成本计算单的正确性,将直接材料与材料耗用汇总表、直接工资总额与工资分配表、制造费用总额与制造费用明细表及相关账项核对一致,作交叉索引,并执行下列测试程序:①对于原材料和其他直接费用,检查至支持性文件和相关账项,确定其是否与生产成本计算表中的数量、金额一致。②对于人工和间接费,获取被

审计单位人工和间接费用的分配方法,评估分配方法和假设的合理性。③检查成本计算表中各项间接费用的总额与相关的支持性文件和账项记录是否一致。④重新计算人工和间接费用分配,确认生产成本计算表中人工与间接费用的正确性。

(2) 检查生产成本的分配,包括:一是获取完工产品与在产品的生产成本分配标准和计算方法,检查生产成本在完工产品与在产品之间,以及完工产品之间的分配是否正确、分配标准和方法是否适当。二是重新计算生产成本在产成品与在产品之间的分配,确认成本计算表的正确性。

2) 以被审计单位采用标准成本计价为例

实施下列程序:

(1) 评价标准成本的合理性,检查标准成本在本期有无重大变动。

(2) 自存货明细表中选取样本,检查其单位成本是否与标准成本相符。

(3) 对原材料等外购存货,结合采购测试,检查采购价格与标准成本的差异是否已经得到正确的归集。

(4) 对产成品和在产品,检查成本差异计算表,确定实际成本与标准成本的差异是否已正确归集到成本差异账户。

(5) 测试成本差异的分摊是否正确:①对原材料和其他直接费用,检查至支持性文件和相关账项,确定是否与生产成本计算表中的数量、金额一致。②对人工和间接费用,获取被审计单位人工和间接费用的分配方法,评估分配方法和假设的合理性。③检查成本计算表中各项间接费用的总额与相关的支持性文件和账项记录是否一致。④重新计算人工和间接费用分配,确认生产成本计算表中人工与间接费用的正确性。

(6) 检查生产成本的分配:①获取完工产品与在产品的生产成本分配标准和计算方法,检查生产成本在完工产品与在产品之间,以及完工产品之间的分配是否正确,分配标准和方法是否适当。②重新计算生产成本在产成品与在产品之间的分配,确认成本计算表的正确性。

9. 检查借款费用资本化的金额及处理

对应计入生产成本的借款费用,结合对长短期借款、应付债券或长期应付款的审计,检查借款费用资本化的计算方法、资本化金额以及会计处理是否正确。

10. 截止测试

(1) 存货入库截止测试:根据采购合同中与存货所有权转移有关的主要条款,确定存货确认的关键条件,据此进一步执行以下程序:①在存货明细账的借方发生额中,选取资产负债表日前后若干张一定金额以上的凭证,并与入库记录(如入库单,或购货发票,或运输单据)或其他表明所有权转移的单据核对,以确定原材料入库被记录在正确的会计期间。②在入库记录(如入库单或购货发票或运输单据)或其他表明存货所有权转移的单据中,选取资产负债表日前后若干张一定金额以上的凭据,与存货明细账的借方发生额核对,以确定存货入库被记录在正确的会计期间。③检查入库记录编号是否与执行存货监盘程序中获取的截止性资料编号存在序列冲突。

(2) 存货出库截止测试:①在存货明细账的贷方发生额中选取资产负债表日前后若干张一定金额以上的凭证,并与出库记录(如原材料领用单)核对,以确定存货出库被记录在正确的会计期间。②在出库记录(如原材料领用单)中选取资产负债表日前后若干张一定金额以上的凭证,与存货明细账的贷方发生额进行核对,以确定存货出库被记录在正确的会计期间。③检查出库记录编号是否与执行存货监盘程序中获取的截止性资料编号存在序列冲突。

11. 检查存货增减变动

对于本期发生的存货增减变动,检查其支持性文件,确定会计处理是否正确、是否存在存货异常变动的情况。

12. 关联方交易

如本期发生关联方交易,应进行以下工作:

(1) 了解交易的商业理由。

(2) 检查证实交易的支持性文件(如发票、合同、协议及入库和运输单据等相关文件)。

(3) 如果可获取与关联方交易相关的审计证据有限,应考虑实施下列审计程序:①向关联方函证交易的条件和金额,包括担保和其他重要信息。②检查关联方拥有的信息。③向与交易相关的人员和机构(如银行、律师)函证或与其讨论有关信息。

(4) 完成"关联方"审计工作底稿。

13. 检查长期挂账存货

审核是否存在长期挂账的存货,如果存在,应查明长期挂账的原因,必要时应作审计调整。

14. 检查用于债务担保的存货

结合银行借款等科目,了解是否存在用于债务担保的存货,如果存在,应取证并作相应的记录,同时核查被审计单位财务报表是否已作恰当披露。

15. 评价计提的存货跌价准备

如果识别出与存货跌价准备相关的重大错报风险,执行"审计会计估计(包括公允价值会计估计)和相关披露"中"应对评估的重大错报风险"所述的程序,并在本账项工作底稿中记录测试过程。

16. 舞弊

根据评估的与生产和存货相关的舞弊风险等因素增加审计程序。

17. 列报和披露

检查存货是否按照《企业会计准则》的规定在财务报表中恰当地列报和披露。

三、存货监盘程序

在存货盘点现场实施监盘程序时,注册会计师应当实施下列审计程序。

1. 评价管理层用以记录和控制存货盘点的指令和程序

注册会计师应当检查指令和程序是否包含下列方面:

(1) 适当控制活动的运用,例如,收集已使用的存货盘点记录,清点未使用的存货盘点表单,实施盘点和复盘程序。

(2) 能够准确认定在产品的完工程度,流动缓慢(呆滞)、过时或毁损的存货项目,以及第三方拥有的存货(如寄存物)。

二维码5-6:
存货监盘程序视频

(3) 在适用的情况下用于估计存货数量的方法,如可能需要估计煤堆的重量。

(4) 对存货在不同存放地点之间的移动以及截止日前后出入库的控制。

一般而言,被审计单位在盘点过程中停止生产并关闭存货存放地点以确保停止存货的移动,有利于保证盘点的准确性。但特定情况下,被审计单位可能由于实际原因无法停止生产或收发货物。这种情况下,注册会计师可以根据被审计单位的具体情况,考虑其无法停止存货移动的原因及其合理性。

同时,注册会计师可以通过询问管理层以及阅读被审计单位的盘点计划等方式,了解被审计单位对存货移动采取的控制程序,以及对存货收发截止影响的考虑。例如,如果被审计单位在盘点过程中无法停止生产,可以考虑在仓库内划分出独立的过渡区域,将预计在盘点期间领用的存货移至过渡区域、将盘点期间办理入库手续的存货暂时存放在过渡区域,以确保相关存货只被盘点一次。

在实施存货监盘程序时,注册会计师需要观察被审计单位有关存货移动的控制程序是否得到执行。同时,注册会计师可以向管理层索取盘点期间存货移动相关的书面记录以及出、入库资料,作为执行截止测试的资料,为监盘结束的后续工作提供证据。

2. 观察管理层盘点程序的执行情况

观察管理层盘点程序的执行情况,有助于注册会计师获取有关管理层指令和程序是否得到适当设计和执行的审计证据。虽然盘点存货时最好能保持存货不发生移动,但在某些情况下,存货的移动是难以避免的。如果在盘点过程中,被审计单位的生产经营仍将持续进行,注册会计师应实施必要的检查程序,确定被审计单位是否已经对此设置了相应的控制程序,确保被审计单位在适当的期间内对存货作出准确记录。

此外,注册会计师应获取有关截止性信息(如存货移动的具体情况)的复印件,有助于日后对存货移动的会计处理实施审计程序。具体来说,注册会计师一般应当获取盘点日前后存货收发及移动的凭证,检查库存记录与会计记录期末截止是否正确。

注册会计师应确认所有在盘点日以前入库的存货项目是否均已包括在盘点范围内、所有已确认为销售但尚未装运出库的商品是否均未包括在盘点范围内、在途存货和被审计单位直接向顾客发运的存货是否均已得到了适当的会计处理。

注册会计师通常可以通过观察存货的验收入库地点和装运出库地点来执行截止测试。对于在存货入库和装运过程中采用连续编号的凭证,注册会计师应当关注盘点日前的最后编号。如果被审计单位没有使用连续编号的凭证,注册会计师应当列出盘点日以前的最后几笔装运和入库记录。如果被审计单位使用运货车厢或拖车进行存储、运输或验收入库,注册会计师应当详细列出存货场地上满载和空载的车厢或拖车,并记录各自的存货状况。

3. 检查存货

注册会计师应在存货监盘过程中检查存货,虽然不一定能确定存货的所有权,但有助于确定存货的存在,以及识别过时、毁损或陈旧的存货。注册会计师应当把所有过时、毁损或陈旧存货的详细情况记录下来,以便进一步追查这些存货的处置情况,为测试被审计单位存货跌价准备计提的准确性提供证据。

4. 执行抽盘

在对存货盘点结果进行测试时,注册会计师可以从存货盘点记录中选取项目追查至存货实物,以及从存货实物中选取项目追查至盘点记录,以获取有关盘点记录准确性和完整性的审计证据。需要说明的是,注册会计师应尽可能避免让被审计单位事先了解将被抽盘的存货项目。除了记录注册会计师对存货盘点结果进行的测试情况,获取管理层完成的存货盘点记录的复印件也有助于注册会计师日后实施审计程序,以确定被审计单位的期末存货记录是否准确地反映了存货的实际盘点结果。

注册会计师在实施抽盘程序时发现差异,很可能表明被审计单位的存货盘点在准确性或完整性方面存在错误。由于检查的内容通常只是已盘点存货中的一部分,在检查中发现的错误很可能意味着被审计单位的存货盘点还存在着其他错误。一方面,注册会计师应当查明原因,并及时提请被审计单位更正;另一方面,注册会计师应当考虑错误的潜在范围和重大程度,尽可能扩大检查范围,以减少错误的发生。注册会计师还可要求被审计单位重新盘点。重新盘点的范围可限于某一特殊领域的存货或特定盘点小组。

5. 存货监盘结束时的工作

在被审计单位存货盘点结束前,注册会计师应当再次观察盘点现场,以确定所有应纳入盘点范围的存货是否均已盘点。取得并检查已填用、作废及未使用盘点表单的号码记录,确定其是否连续编号,查明已发放的表单是否均已收回,并与存货盘点的汇总记录核对。注册会计师应当根据自己在存货监盘过程中获取的信息,对被审计单位最终的存货盘点结果汇总记录进行复核,并评估其是否正确地反映了实际盘点结果。

如果存货盘点日不是资产负债表日,注册会计师应当实施适当的审计程序,确定盘点日与资产负债表日之间存货的变动是否已得到恰当的记录。

在实务中,注册会计师可以结合盘点日至财务报表日之间间隔期的长短、相关内部控制的有效性等因素进行风险评估,设计和执行适当的审计程序。注册会计师可以实施的实质性程序示例包括:

(1) 比较盘点日和财务报表日之间的存货信息,以识别异常项目,并对其执行适当的审计程序(如实地查看等)。

(2) 对存货周转率或存货销售周转天数等实施实质性分析程序。

(3) 对盘点日至财务报表日之间的存货采购和存货销售分别实施双向检查(例如,对存货采购从入库单查至其相应的永续盘存记录及从永续盘存记录查至其相应的入库单等支持性文件;对存货销售从货运单据查至其相应的永续盘存记录及从永续盘存记录查至其相应的货运单据等支持性文件)。

(4) 测试存货销售和采购在盘点日和财务报表日的截止是否正确。

实验资料及操作

一、存货监盘结果汇总表

【工作底稿填写要求】

根据企业信息资料提示,获取经过注册会计师确认的存货监盘结果汇总表,如表5-13所示,并据此填写工作底稿中的存货监盘结果汇总表,如表5-12所示。

表 5-12 存货监盘结果汇总表(工作底稿)

被审计单位：北京晶东方光电有限公司　　编制：黎云景　　日期：2022/02/20　　索引号：1110-3
会计期间：2021.01.01～2021.12.31　　　　复核：李天一　　日期：2022/02/27　　页　次：　1
盘点日期：2022.01.10

序号	品名	编码	单位	类别	账面余额	账面数量	盘点日至报表日入库数量	盘点日至报表日发出数量	调整后盘点日账面实存数量	监盘数量	监盘结果			备注
											差异数量（账面实存数－监盘数）	其中：盘盈/亏	其中：出借	其中：其他	
1	芯片	A01	件	原材料										
2	光学玻璃001	A02	m²	原材料										
3	LED射灯	B01	件	库存商品										
4	通用型大棱镜	B02	件	库存商品										
	合计													
	审计说明													

表 5-13　　　　　　　　　　存货监盘结果汇总表

索引号：CHP-01

存货类别	存货名称	单位	监盘数量	未经确认盘点报告数量	差异数量	差异原因	索引号	审计确认盘点报告数量
原材料	芯片	件	3 800.00	4 400.00	−600.00	2021年12月管理不善造成丢失	YCLPD-01	3 800.00
原材料	光学玻璃001	m²	12 152.00	13 100.00	−948.00	2021年12月管理不善造成丢失	YCLPD-02	12 152.00
库存商品	LED射灯	件	129.00	129.00	—		KCSPPD-01	129.00
库存商品	通用型大棱镜	件	292.00	292.00	—		KCSPPD-02	292.00

监盘人员签名	张扬
监盘人员签名	林城
监盘人员签名	程宇
监盘人员签名	李媛
盘点时间	2022-01-10

仓库管理人员：　　　方连
财务经理：　　　　　黄美娜
事务所审计人员：　　李天一

【注意】 原材料、库存商品的单价可通过查询相关科目明细账的期末单价情况得知。如表 5-9 和表 5-10 所示，根据盘亏数量乘以单价，得出盘亏原材料的价值。原材料盘亏后，对应部分进项税额需转出，进而影响增值税税额，因此，应调整相应附加税费的金额。

审计说明：

从存货盘点记录中选取项目追查至存货实物，以测试盘点记录的准确性；从存货实物中选取项目追查至存货盘点记录，以测试存货盘点的完整性。

经查验，原材料(芯片和光学玻璃001)盘亏是管理不善造成的，应作如下审计调整：

调整存货：

借：管理费用——存货盘亏　　　　　　　　　　　　　　　　　　　66 444.25
　　贷：原材料——芯片(53.0756×600)　　　　　　　　　　　　　 31 845.36
　　　　原材料——光学玻璃001(28.4334×948)　　　　　　　　　　 26 954.86
　　　　应交税费——应交增值税(进项税额转出)　　　　　　　　　　7 644.03

调整税金及附加：

借：税金及附加——城市维护建设税　　　　　　　　　　535.08
　　　　　　——教育费附加　　　　　　　　　　　　　229.32
　　　　　　——地方教育附加　　　　　　　　　　　　152.88
　贷：应交税费——应交城市维护建设税　　　　　　　　535.08
　　　　　　　——应交教育费附加　　　　　　　　　　229.32
　　　　　　　——应交地方教育附加　　　　　　　　　152.88

二、出库截止测试

出库截止测试如表5-14所示。

表5-14　　　　　　　　　　　　出库截止测试

被审计单位：北京晶东方光电有限公司　　编制：黎云景　　日期：2022/02/20　　索引号：1110-4
会计期间：2021.01.01～2021.12.31　　　复核：李天一　　日期：2022/02/27　　页　次：1

一、从存货明细账的贷方发生额中抽取样本与出库记录核对，以确定存货出库被记录在正确的会计期间

序号	明细账				出库单			是否跨期(是/否)	备注
	记账日期	凭证号	客户名称	产品名称	数量	出库单号	出库日期	数量		
1	2021-12-31	记-043	河北皇家实业有限公司	LFD射灯						
2	2021-12-31	记-043	河北皇家实业有限公司	通用型大棱镜						
	截止日前									
	截止日期：2021年12月31日									
	截止日后									
1	2022-01-31	记-043	蓝宇(中国)有限公司	LED射灯	1 800.00					
2	2022-01-31	记-043	蓝宇(中国)有限公司	通用型大棱镜	1 120.00					

二、从存货出库记录中抽取样本与明细账的贷方发生额核对，以确定存货出库被记录在正确的会计期间

序号	出库单					明细账			是否跨期(是/否)	备注
	出库单号	出库日期	客户名称	产品名称	数量	记账日期	凭证号	数量		
1						2021-12-31	记-043	0		
2						2021-12-31	记-043	0		
	截止日前									
	截止日期：2021年12月31日									
	截止日后									
1						2022-01-31	记-043	1 800.00		
2						2022 01 31	记-043	1 120.00		

三、审计说明

【工作底稿填写要求】

1）根据企业信息资料提示，从存货明细账的贷方发生额中抽取样本与出库记录核对，以确定存货出库被记录在正确的会计期间

（1）资产负债表日前的截止测试：根据抽取的2021年12月记字043号凭证样本（图5-7）及后附的出库单（图5-8），判断是否跨期。

记 账 凭 证

记字043号　　　　　　　　　　日期：2021-12-31　　　　　　　　附单据　2　张

摘要	科目名称	借方金额	贷方金额
销售结转成本	主营业务成本——LED射灯	389 248.95	
销售结转成本	主营业务成本——通用型大棱镜	360 814.73	
销售结转成本	库存商品——LED射灯		389 248.95
销售结转成本	库存商品——通用型大棱镜		360 814.73
合计		750 063.68	750 063.68

记账　刘丹　　　　审核　林若兰　　　　出纳　　　　　　制单　刘丹

图5-7　记账凭证12-043号

出库单

出货单位：北京晶东方光电有限公司　　2021年12月31日　　单号：21012

提货单位或领货部门	河北皇家实业有限公司		销售单号		发出仓库	成品库	出库日期	2021年12月31日
编号	名称及规格		单位	数量		单价	金额	
				应发	实发			
1	LED射灯 110-260W005K-001		件	2 500	2 500			
2	通用型大棱镜 110-260d005t-011		件	1 600	1 600			
	合　　计			—	—			

部门经理：李烨　　会计：林若兰　　仓库：方连　　经办人：张凯

图 5-8　出库单 21012

(2) 资产负债表日后的截止测试：根据抽取的 2022 年 1 月记字 043 号凭证样本(图 5-9)及后附的出库单(图 5-10)，判断是否跨期。

记账凭证

记字043号　　　　　　　　　　日期：2022-01-31　　　　　　　附单据　2　张

摘要	科目名称	借方金额	贷方金额
销售结转成本	主营业务成本——LED射灯	351 210.42	
销售结转成本	主营业务成本——通用型大棱镜	256 357.36	
销售结转成本	库存商品——LED射灯		351 210.42
销售结转成本	库存商品——通用型大棱镜		256 357.36
	合计	607 567.78	607 567.78

记账 刘丹　　审核 林若兰　　出纳　　制单 刘丹

图 5-9　记账凭证 1-043 号(2022 年)

出　库　单

出货单位：北京晶东方光电有限公司　　2022年01月31日　　单号：22001

提货单位或领货部门	蓝宇（中国）有限公司		销售单号		发出仓库	成品库	出库日期	2022年01月31日
编号	名称及规格		单位	数量		单价	金额	
				应发	实发			
1	LED射灯 110-260W005K-001		件	1 800	1 800			
2	通用型大棱镜 110-260d005t-011		件	1 120	1 120			
	合　　计			—	—			

部门经理：李烨　　会计：林若兰　　仓库：方连　　经办人：张凯

图 5-10　出库单 22001

2) 根据企业信息资料提示,从存货出库记录抽取样本与明细账的贷方发生额核对,以确定存货出库被记录在正确的会计期间

(1) 资产负债表日前的截止测试:根据抽样出库单日期、编号查找到对应的 2021 年 12 月记字 043 号凭证(图 5-7),判断是否跨期。

(2) 资产负债表日后的截止测试:根据抽样出库单日期、编号查找到对应的 2022 年 1 月记字 043 号凭证(图 5-9),判断是否跨期。

审计说明:进行截止测试,未发现跨期现象。

三、存货计价测试

1. 存货计价测试表(芯片)

芯片的存货计价测试表如表 5-15 所示。

表 5-15　　　　　　　　　芯片的存货计价测试表

被审计单位:北京晶东方光电有限公司　　编制:黎云景　　日期:2022/02/20　　索引号:1110-5-1
会计期间:2021.01.01~2021.12.31　　复核:李天一　　日期:2022/02/27　　页　次:　1
原材料名称:芯片

月份	计量单位	本期增加			本期发出			期末结存			本期应结转成本			成本结转差异
		数量	单价	金额	数量	单价	金额	数量	单价	金额	数量	单价	金额	
期初	件													
1月	件													
2月	件													
3月	件													
4月	件													
5月	件													
6月	件													
7月	件													
8月	件													
9月	件													
10月	件													
11月	件													
12月	件													
合计														

审计说明

【工作底稿填写要求】

根据企业信息资料提示,查询 2021 年原材料收发存明细表(表 5-16),进而填写存货计价测试表(表 5-15)。

表 5-16　2021 年原材料收发存明细表

期间	仓库	存货编码	存货名称	期初			收入			发出			结存		
				数量	单价	金额	数量	单价	金额	数量	单价	金额	数量	单价	金额
01	原材料库	330-260W005K-001	芯片	12 000.00	52.7041	632 449.33	1 500.00	54.0000	81 000.00	3 200.00	52.8481	169 113.92	10 300.00	52.8481	544 335.41
02	原材料库	330-260W005K-001	芯片	10 300.00	52.8481	544 335.41	1 000.00	52.4400	52 440.00	2 500.00	52.8120	132 029.96	8 800.00	52.8120	464 745.45
03	原材料库	330-260W005K-001	芯片	8 800.00	52.8120	464 745.45	1 200.00	52.0000	62 400.00	3 000.00	52.7145	158 143.64	7 000.00	52.7145	369 001.81
04	原材料库	330-260W005K-001	芯片	7 000.00	52.7145	369 001.81	2 500.00	53.2700	133 175.00	2 800.00	52.8607	148 010.01	6 700.00	52.8607	354 166.80
05	原材料库	330-260W005K-001	芯片	6 700.00	52.8607	354 166.80	1 700.00	54.1000	91 970.00	1 700.00	53.1115	90 289.59	6 700.00	53.1115	355 847.21
06	原材料库	330-260W005K-001	芯片	6 700.00	53.1115	355 847.21	5 400.00	53.2000	287 280.00	3 200.00	53.1510	170 083.23	8 900.00	53.1510	473 043.98
07	原材料库	330-260W005K-001	芯片	8 900.00	53.1510	473 043.98	4 000.00	52.3500	209 400.00	2 100.00	52.9026	111 095.53	10 800.00	52.9026	571 348.45
08	原材料库	330-260W005K-001	芯片	10 800.00	52.9026	571 348.45	2 190.00	51.9900	113 858.10	1 490.00	52.7488	78 595.67	11 500.00	52.7488	606 610.88
09	原材料库	330-260W005K-001	芯片	11 500.00	52.7488	606 610.88	1 200.00	53.3300	63 996.00	2 600.00	52.8037	137 289.60	10 100.00	52.8037	533 317.28
10	原材料库	330-260W005K-001	芯片	10 100.00	52.8037	533 317.28	2 000.00	52.8700	105 740.00	3 100.00	52.8147	163 725.42	9 000.00	52.8147	475 331.86
11	原材料库	330-260W005K-001	芯片	9 000.00	52.8147	475 331.86	1 200.00	52.6500	63 180.00	3 300.00	52.7953	174 224.43	6 900.00	52.7953	364 287.43
12	原材料库	330-260W005K-001	芯片	6 900.00	52.7953	364 287.43	1 000.00	55.0100	55 010.00	3 500.00	53.0756	185 764.68	4 400.00	53.0756	233 532.75
01	原材料库	330-260d005t-011	光学玻璃 001	23 000.00	29.2866	673 591.24	8 000.00	28.7900	230 320.00	7 200.00	29.1584	209 940.68	23 800.00	29.1584	693 970.56
02	原材料库	330-260d005t-011	光学玻璃 001	23 800.00	29.1584	693 970.56	9 200.00	29.3200	269 744.00	8 900.00	29.2035	259 910.90	24 100.00	29.2035	703 803.66
03	原材料库	330-260d005t-011	光学玻璃 001	24 100.00	29.2035	703 803.66	20 000.00			6 600.00	29.2035	192 742.91	17 500.00	29.2035	511 060.75
04	原材料库	330-260d005t-011	光学玻璃 001	17 500.00	29.1511	511 060.75	7 000.00	29.0200	203 140.00	5 600.00	29.1511	163 245.89	18 900.00	29.1511	550 954.86
05	原材料库	330-260d005t-011	光学玻璃 001	18 900.00	29.1511	550 954.86			—	7 100.00	29.1511	206 972.46	11 800.00	29.1511	343 982.40
06	原材料库	330-260d005t-011	光学玻璃 001	11 800.00	29.1511	343 982.40	10 000.00	28.0200	280 200.00	6 900.00	28.6322	197 562.32	14 900.00	28.6322	426 620.08
07	原材料库	330-260d005t-011	光学玻璃 001	14 900.00	28.6322	426 620.08	20 000.00	27.9200	558 400.00	9 000.00	28.2241	254 016.64	25 900.00	28.2241	731 003.44
08	原材料库	330-260d005t-011	光学玻璃 001	25 900.00	28.2241	731 003.44	7 000.00	27.8800	195 160.00	8 000.00	28.1509	225 206.92	24 900.00	28.1509	700 956.52
09	原材料库	330-260d005t-011	光学玻璃 001	24 900.00	28.1509	700 956.52			—	12 000.00	28.1509	337 810.37	12 900.00	28.1509	363 146.15
10	原材料库	330-260d005t-011	光学玻璃 001	12 900.00	28.1509	363 146.15	8 000.00	28.3200	226 560.00	10 000.00	28.2156	282 156.05	10 900.00	28.2156	307 550.10
11	原材料库	330-260d005t-011	光学玻璃 001	10 900.00	28.2156	307 550.10	9 000.00	28.3200	254 880.00	11 000.00	28.2628	310 891.01	8 900.00	28.2628	251 539.09
12	原材料库	330-260d005t-011	光学玻璃 001	8 900.00	28.2628	251 539.09	12 000.00	28.5600	342 720.00	7 800.00	28.4334	221 780.90	13 100.00	28.4334	372 478.19

(1) 根据2021年原材料收发存明细表(表5-16),填写存货的增加、减少、期末结存数。

(2) 执行重新计算程序进行测试,根据2021年原材料收发存明细表(表5-16),利用月末加权平均法,重新计算原材料发出单价。

【注意】使用月末加权平均法重新计算发出单价,四舍五入保留四位小数。

(3) 根据"应结转金额=发出单价×发出数量",测试被审计单位实际账面结转金额和应结转金额是否有差异。

审计说明:经测试,存在单价保留小数位产生的尾数差异,存货计价准确。

2. 存货计价测试表(通用型大棱镜)

通用型大棱镜的存货计价测试表如表5-17所示。

表5-17　　　　　　　　　通用型大棱镜的存货计价测试表

被审计单位:北京晶东方光电有限公司　　编制:黎云景　　日期:2022/02/20　　索引号:1110-5-2
会计期间:2021.01.01～2021.12.31　　　　复核:李天一　　日期:2022/02/27　　页　次:___1___
库存商品名称:通用型大棱镜

月份	计量单位	本期增加			本期发出			期末结存			本期应结转成本			成本结转差异
		数量	单价	金额	数量	单价	金额	数量	单价	金额	数量	单价	金额	
期初	件													
1月	件													
2月	件													
3月	件													
4月	件													
5月	件													
6月	件													
7月	件													
8月	件													
9月	件													
10月	件													
11月	件													
12月	件													
合计														

审计说明

【工作底稿填写要求】

根据企业信息资料提示,查询2021年库存商品收发存明细(表5-18),进而填写存货计价测试表(表5-17)。

(1) 根据2021年库存商品收发存明细表(表5-18),填写存货的增加、减少、期末结存数。

(2) 执行重新计算程序进行测试,根据2021年库存商品收发存明细表(表5-18),利用月末加权平均法,重新计算原材料发出单价。

【注意】使用月末加权平均法重新计算发出单价,四舍五入保留四位小数。

表5-18　2021年库存商品收发存明细

期间	仓库	存货编码	存货名称	期初			收入			发出			结存		
				数量	单价	金额	数量	单价	金额	数量	单价	金额	数量	单价	金额
01	成品库	110-260W005K-001	LED射灯	200.00	145.1785	29 035.70	2 000.00	145.1785	290 356.97	1 800.00	145.1785	261 321.27	200.00	145.1785	29 035.70
02	成品库	110-260W005K-001	LED射灯	261.00	178.5197	46 593.64	1 561.00	182.7915	285 337.50	1 500.00	178.5197	267 779.56	261.00	178.5197	46 593.64
03	成品库	110-260W005K-001	LED射灯	131.00	156.9815	20 564.58	1 870.00	153.9754	287 933.96	2 000.00	156.9815	313 963.02	131.00	156.9815	20 564.58
04	成品库	110-260W005K-001	LED射灯	281.00	183.8278	51 655.62	1 750.00	185.8375	325 215.57	1 600.00	183.8278	294 124.53	281.00	183.8278	51 655.62
05	成品库	110-260W005K-001	LED射灯	149.00	196.3003	29 248.75	1 068.00	199.5819	213 153.50	1 200.00	196.3003	235 560.37	149.00	196.3003	29 248.75
06	成品库	110-260W005K-001	LED射灯	161.00	155.1316	24 976.18	2 012.00	152.0828	305 990.58	2 000.00	155.1316	310 263.15	161.00	155.1316	24 976.18
07	成品库	110-260W005K-001	LED射灯	175.00	186.5879	32 652.89	1 314.00	190.4422	250 241.02	1 300.00	186.5879	242 564.31	175.00	186.5879	32 652.89
08	成品库	110-260W005K-001	LED射灯	105.00	220.1079	23 111.33	930.00	226.4154	210 566.33	1 000.00	220.1079	220 107.89	105.00	220.1079	23 111.33
09	成品库	110-260W005K-001	LED射灯	230.00	173.8314	39 981.23	1 625.00	170.8413	277 617.06	1 500.00	173.8314	260 747.16	230.00	173.8314	39 981.23
10	成品库	110-260W005K-001	LED射灯	368.00	161.5428	59 447.74	1 938.00	160.0844	310 243.51	1 800.00	161.5428	290 777.00	368.00	161.5428	59 447.74
11	成品库	110-260W005K-001	LED射灯	430.00	151.8201	65 282.64	2 062.00	150.0849	309 475.08	2 000.00	151.8201	303 640.18	430.00	151.8201	65 282.64
12	成品库	110-260W005K-001	LED射灯				2 199.00	156.4582	344 051.56	2 500.00	155.6996	389 248.95	129.00	155.6996	20 085.25
01	成品库	110-260d005t-011	通用型大棱镜	250.00	197.6593	49 414.83	1 500.00	197.6593	296 488.97	1 250.00	197.6593	247 074.14	250.00	197.6593	49 414.83
02	成品库	110-260d005t-011	通用型大棱镜	107.00	207.4009	22 191.90	1 857.00	208.7124	387 578.87	2 000.00	207.4009	414 801.80	107.00	207.4009	22 191.90
03	成品库	110-260d005t-011	通用型大棱镜	284.00	234.8246	66 690.18	1 377.00	236.9555	326 287.76	1 200.00	234.8246	281 789.48	284.00	234.8246	66 690.18
04	成品库	110-260d005t-011	通用型大棱镜	50.00	239.7660	11 988.30	1 166.00	240.9695	280 970.48	1 400.00	239.7660	335 672.36	50.00	239.7660	11 988.30
05	成品库	110-260d005t-011	通用型大棱镜	178.00	236.4207	42 082.88	1 478.00	236.3075	349 262.48	1 350.00	236.4207	319 167.90	178.00	236.4207	42 082.88
06	成品库	110-260d005t-011	通用型大棱镜	189.00	223.5768	42 256.01	1 411.00	221.9565	313 180.57	1 400.00	223.5767	313 007.44	189.00	223.5768	42 256.01
07	成品库	110-260d005t-011	通用型大棱镜	103.00	216.6585	22 315.83	1 814.00	215.9378	391 711.15	1 900.00	216.6586	411 651.33	103.00	216.6585	22 315.83
08	成品库	110-260d005t-011	通用型大棱镜	261.00	229.9473	60 016.24	1 608.00	230.7985	371 123.98	1 450.00	229.9473	333 423.57	261.00	229.9473	60 016.24
09	成品库	110-260d005t-011	通用型大棱镜	373.00	202.0068	75 348.54	2 412.00	198.9834	479 947.93	2 300.00	202.0068	464 615.63	373.00	202.0068	75 348.54
10	成品库	110-260d005t-011	通用型大棱镜	188.00	214.4610	40 318.67	2 015.00	216.7664	436 784.32	2 200.00	214.4610	471 814.19	188.00	214.4610	40 318.67
11	成品库	110-260d005t-011	通用型大棱镜	308.00	203.8881	62 797.55	2 220.00	202.9928	450 644.02	2 100.00	203.8882	428 165.14	308.00	203.8881	62 797.55
12	成品库	110-260d005t-011	通用型大棱镜				1 584.00	229.7133	363 865.87	1 600.00	225.5092	360 814.73	292.00	225.5092	65 848.69

审计说明:经测试,存在单价保留小数位产生的尾数差异,存货计价准确。

3. 存货发出计价测试汇总表

存货发出计价测试汇总表如表5-19所示。

表5-19　　　　　　　　　　　存货发出计价测试汇总表

被审计单位:北京晶东方光电有限公司　　编制:黎云景　　日期:2022/02/20　　索引号:1110-5
会计期间:2021.01.01~2021.12.31　　　　复核:李天一　　日期:2022/02/27　　页　次:1

明细项目	品种	计量单位	期末数量	期末单价	期末余额	备注
芯片	原材料	件			—	
通用型大棱镜	库存商品	件				
合计			—	—	—	—

年末原材料及产成品余额合计:
计价测试金额:
测试比例:　　　　　　　　　　　　　　0%
审计说明:

【工作底稿填写要求】

根据企业信息资料提示,查询2021年原材料明细账(表5-9)及库存商品明细账(表5-23),进而填写存货发出计价测试汇总表(表5-19)。

(1)期末数量和期末单价:存货发出计价测试后,表5-10和表5-23中的期末数量和期末单价填写。

(2)期末余额:期末余额=期末数量×期末单价。

(3)年末原材料及产成品余额合计:年末原材料及产成品余额合计=原材料总账期末余额+库存商品总账期末余额。

(4)测试金额:依据存货发出计价测试表填写。

审计说明:①库存商品发出采用加权平均法结转符合相关规定且较为合理。②库存商品发出的计价方法与上期保持一致。③经测试,未发现异常情形。

四、存货跌价准备测试

存货跌价准备测试表如表5-20所示。

表5-20　　　　　　　　　　　存货跌价准备测试表

被审计单位:北京晶东方光电有限公司　　编制:黎云景　　日期:2022/02/20　　索引号:1110-6
会计期间:2021.01.01~2021.12.31　　　　复核:李天一　　日期:2022/02/27　　页　次:6

序号	存货明细项目	期末余额①	盘盈盘亏金额(盘亏用负值)②	盘点差异调整后余额(③=①+②)	期末可变现净值	期末应计提跌价准备	期末已计提跌价准备	本期应补提跌价准备
1	原材料——芯片							
2	原材料——光学玻璃001							
3	库存商品——LED射灯							
4	库存商品——通用型大棱镜							

(续表)

序号	存货明细项目	期末余额①	盘盈盘亏金额(盘亏用负值)②	盘点差异调整后余额(③=①+②)	期末可变现净值	期末应计提跌价准备	期末已计提跌价准备	本期应补提跌价准备
合计								
审计说明:								

【工作底稿填写要求】

根据企业信息资料提示,查询存货减值测试相关信息(表 5-21),进而填写存货跌价准备测试表(表 5-20)。

表 5-21　　　　　　　　　　　存货减值测试相关信息

序号	内容
1	原材料芯片加工生产成产成品 LED 射灯的数量比为 1:1
2	原材料光学玻璃 001 加工生产生产成品通用型大棱镜的数量比为 4:1
3	原材料加工生产至产成品需要追加的生产成本以 2021 年 12 月 31 日账面价值计算(单位产成品价格−原材料单价×所需原材料数量)

(1) 根据原材料明细账(表 5-9、表 5-10)、库存商品明细账期末数(表 5-22、表 5-23)填写期末余额。

表 5-22　　　　　　　　　　　库存商品明细账(部分)

科目　140501 库存商品——LED 射灯

2021年		凭证号数	摘要	借方			贷方			方向	余额		
月	日			数量	单价	金额	数量	单价	金额		数量	单价	金额
01	01		上年结转							借			0
01	31	042	产成品入库	2 000	145.1785	290 356.97				借	2 000	145.1785	290 356.97
01	31	043	销售结转成本				1 800	145.1785	261 321.27	借	200	145.1785	29 035.70
01	31		本月合计	2 000		290 356.97	1 800		261 321.27	借	200	145.1785	29 035.70
01	31		本年累计	2 000		290 356.97	1 800		261 321.27	借	200	145.1785	29 035.70
12	31	042	产成品入库	2 199	156.4582	344 051.56				借	2 629	155.6996	409 334.20
12	31	043	销售结转成本				2 500	155.6996	389 248.95	借	129	155.6996	20 085.25
12	31		本月合计	2 199		344 051.56	2 500		389 248.95	借	129	155.6996	20 085.25
12	31		本年累计	20 329		3 410 182.64	20 200		3 390 097.39	借	129	155.6996	20 085.25
			结转下年							借	129	155.6996	20 085.25

表 5-23　　　　　　　　　　　库存商品明细账(部分)

科目　140502 库存商品——通用型大棱镜

2021年		凭证号数	摘要	借方			贷方			方向	余额		
月	日			数量	单价	金额	数量	单价	金额		数量	单价	金额
01	01		上年结转							借			0
01	31	042	产成品入库	1 500	197.6593	296 488.97				借	1 500	197.6593	296 488.97
01	31	043	销售结转成本				1 250	197.6593	247 074.14	借	250	197.6593	49 414.83
01	31		本月合计	1 500		296 488.97	1 250		247 074.14	借	250	197.6593	49 414.83
01	31		本年累计	1 500		296 488.97	1 250		247 074.14	借	250	197.6593	49 414.83
12	31	042	产成品入库	1 584	229.7135	363 865.87				借	1 892	225.5092	426 663.42
12	31	043	销售结转成本				1 600	225.5092	360 814.73	借	292	225.5092	65 848.69
12	31		本月合计	1 584		363 865.87	1 600		360 814.73	借	292	225.5092	65 848.69
12	31		本年累计	20 442		4 447 846.40	20 150		4 381 997.71	借	292	225.5092	65 848.69
			结转下年							借	292	225.5092	65 848.69

(2) 根据存货监盘结果汇总表(表 5-12)的调整分录填写盘盈盘亏金额(盘亏用负值)。

(3) 存货可变现净值的计算方法：

当产成品、商品和用于出售的原材料等直接用于出售的存货时，存货可变现净值的计算公式如下：

$$存货可变现净值 = 估计售价 - 估计的销售费用和相关税金$$

当产成品、商品和用于出售的原材料等用于生产的材料、在产品或自制半成品，存货可变现净值的计算公式如下：

$$存货可变现净值 = 估计售价 - 至完工估计将要发生的成本 - 估计的销售费用和相关税金$$

根据销售部门及采购部门 2021 年 12 月 31 日报价单(表 5-24)，计算原材料与库存商品的可变现净值。存货可变现净值计算表如表 5-25 所示。

表 5-24　　　　　　　销售部门及采购部门 2021 年 12 月 31 日报价单

数量单位：件

金额单位：元/平方米

项目	金额(不含税)	每单位销售费用
芯片	54.00	3.0
光学玻璃 001	32.00	2.5
LED 射灯	178.62	25.0
通用型大棱镜	251.58	25.0

表 5-25　　　　　　　存货可变现净值计算表

数量单位：个

金额单位：元

项目	金额(不含税)	每单位销售费用	期末存货数量	可变现净值
芯片	54	3	3 800	$[178.62-25-(155.6996-53.0756×1)]×3\,800 = 193\,784.80$
光学玻璃 001	32	2.5	12 152	$[251.58-25-(225.5092-28.4334×4)]×12\,152÷4 = 348\,775.77$
LED 射灯	178.62	25	129	$129×178.62-25×129=19\,816.98$
通用型大棱镜	251.58	25	292	$292×251.58-292×25=66\,161.36$

【注意】本案例中，原材料、库存商品的单价用 2021 年 12 月 31 日的单价，如表 5-9、表 5-10、表 5-22、表 5-23 所示；期末存货数量为存货监盘结果汇总表(表 5-12)中审计确认盘点报告数量。

(4) 期末应计提跌价准备是盘点差异调整后余额与期末可变现净值孰低，两者之差。

(5) 本期应补提跌价准备 = 期末应计提跌价准备 - 期末已计提跌价准备。

审计说明：经测试，本期存货存在减值情况，应补提本期跌价准备，调整分录：

借：资产减值损失　　　　　　　　　　　　　　　8 170.86
　　贷：存货跌价准备——原材料　　　　　　　　　7 902.59
　　　　　　　　　　——库存商品　　　　　　　　　268.27

延伸阅读 5-1

确定存货可变现净值时应考虑的因素

企业在确定存货的可变现净值时，应当以取得的确凿证据为基础，并且考虑持有存货的目的、资产负债表日后事项的影响等因素。

1. 确定存货的可变现净值应当以取得确凿证据为基础

确定存货的可变现净值必须建立在取得确凿证据的基础上。这里所讲的"确凿证据"是指对确定存货的可变现净值和成本有直接影响的客观证明。

(1) 存货成本的确凿证据。存货的采购成本、加工成本和其他成本及以其他方式取得存货的成本，应当以取得外来原始凭证、生产成本账簿记录等作为确凿证据。

(2) 存货可变现净值的确凿证据。存货可变现净值的确凿证据，是指对确定存货的可变现净值有直接影响的确凿证明，如产成品或商品的市场销售价格、与产成品或商品相同或类商品的市场销售价格、销货方提供的有关资料和生产成本资料等。

2. 确定存货的可变现净值应当考虑持有存货的目的

由于企业持有存货的目的不同，确定存货可变现净值的计算方法也不同。例如，用于出售的存货和用于继续加工的存货，其可变现净值的计算就不相同。因此，企业在确定存货的可变现净值时，应考虑持有存货的目的。企业持有存货的目的，通常可以分为以下两种。

(1) 持有以备出售的存货，如商品、产成品，其中又分为有合同约定的存货和没有合同约定的存货。

(2) 将在生产过程或提供劳务过程中耗用的存货，如材料等。

3. 确定存货的可变现净值应当考虑资产负债表日后事项等的影响

确定存货可变现净值时，应当以资产负债表日取得最可靠的证据估计的售价为基础并考虑持有存货的目的，资产负债表日至财务报告批准报出日之间存货售价发生波动的，如有确凿证据表明其对资产负债表日存货已经存在的情况提供了新的或进一步的证据，则在确定存货可变现净值时应当予以考虑，否则，不应予以考虑。

相关思考 5-1

存货跌价准备转回

【思考题】 什么时候存货跌价准备可以转回，该如何转回？

(1) 企业应当在资产负债表日确定存货的可变现净值。企业确定存货的可变现净值，应当以资产负债表日的状况为基础确定，既不能提前确定存货的可变现净值，又不能延后确定存货的可变现净值，并且在每一个资产负债表日都应当重新确定存货的可变现净值。

（2）企业的存货在符合条件的情况下，可以转回计提的存货跌价准备。存货跌价准备转回的条件是以前减记存货价值的影响因素已经消失，而不是在当期造成存货可变现净值高于成本的其他影响因素。

（3）当符合存货跌价准备转回的条件时，应在原已计提的存货跌价准备的金额内转回。即在对该项存货、该类存货或该合并存货已计提的存货跌价准备的金额内转回。转回的存货跌价准备与计提该准备的存货项目或类别应当存在直接对应关系，但转回的金额以将存货跌价准备余额冲减至零为限。

五、生产成本明细表

生产成本明细表如表5-26所示。

表 5-26　　　　　　　　　　生产成本明细表

被审单位：北京晶东方光电有限公司　　编制：黎云景　　日期：2022/02/20　　索引号：1110-7
会计期间：2021.01.01～2021.12.31　　复核：李天一　　日期：2022/02/27　　页　次：1

月份	本期增加				本期减少				期末数			
	直接材料	直接人工	制造费用	合计	直接材料	直接人工	制造费用	合计	直接材料	直接人工	制造费用	合计
期初数												
1												
2												
3												
4												
5												
6												
7												
8												
9												
10												
11												
12												
合计												

审计说明：

【工作底稿填写要求】

根据企业信息资料提示，查询生产成本明细账——LED射灯（表5-27）、生产成本明细账——通用型大棱镜(表 5-28)、生产成本总账(表 5-29),进而填写生产成本明细表(表 5-26)。

表 5-27　　　　　　　　　生产成本明细账(部分)

科目		500101 生产成本——LED射灯						成本项目		
2021年		凭证号数	摘要	借方	贷方	方向	余额	直接材料	直接人工	制造费用
月	日									
01	01		上年结转			借	0	0	0	0
01	31	5	领用原材料	169 113.92		借	169 113.92	169 113.92		
01	31	33	工资分配	33 543.45		借	202 657.37		33 543.45	
01	31	35	折旧分配	65 345.30		借	268 002.67			65 345.30
01	31	36	交电费	6 074.52		借	274 077.19			6 074.52
01	31	37	交水费	660.00		借	274 737.19			660.00
01	31	40	间接费用分配	51 914.41		借	326 651.60			51 914.41
01	31	42	产成品入库		290 356.97	借	36 294.63	-150 323.48	-29 816.40	-110 217.09
01	31		本月合计	326 651.60	290 356.97	借	36 294.63	18 790.44	3 727.05	13 777.14
01	31		本年累计	326 651.60	290 356.97	借	36 294.63	18 790.44	3 727.05	13 777.14

表 5-28　　　　　　　　　生产成本明细账(部分)

科目		500102 生产成本——通用型大棱镜						成本项目		
2021年		凭证号数	摘要	借方	贷方	方向	余额	直接材料	直接人工	制造费用
月	日									
01	01		上年结转			借	0	0	0	0
01	31	5	领用原材料	209 940.68		借	209 940.68	209 940.68		
01	31	33	工资分配	29 044.36		借	238 985.04		29 044.36	
01	31	35	折旧分配	53 535.32		借	292 520.36			53 535.32
01	31	36	交电费	5 231.24		借	297 751.60			5 231.24
01	31	37	交水费	600.00		借	298 351.60			600.00
01	31	40	间接费用分配	36 680.94		借	335 032.54			36 680.94
01	31	42	产成品入库		296 488.97	借	38 543.57	-185 788.21	-25 702.97	-84 997.79
01	31		本月合计	335 032.54	296 488.97	借	38 543.57	24 152.47	3 341.39	11 049.71
01	31		本年累计	335 032.54	296 488.97	借	38 543.57	24 152.47	3 341.39	11 049.71

表 5-29　　　　　　　　　生产成本总账(部分)

科目		5001 生产成本				
2021年		凭证号数	摘要	借方	贷方	方向	余额
月	日						
01			上年结转			借	0
01			本月合计	661 684.14	586 845.94	借	74 838.20
01			本年累计	661 684.14	586 845.94	借	74 838.20

(1) 本月增加:根据生产成本总账及明细账中列示的成本项目填写(如生产成本——LED射灯直接材料、直接人工、制造费用+生产成本-通用型大棱镜直接材料、直接人工、制造费用)。

例如:

1 月份直接材料=169 113.92+209 940.68=379 054.60(元)

1 月份直接人工=33 543.45+29 044.36=62 587.81(元)

1 月份制造费用=(65 345.30+6 074.52+660+51 914.41)+(53 535.32+5 231.24+600+36 680.94)=220 041.73(元)

其他月份同上,核对生产成本明细表合计与总账是否相符。

(2) 本月减少:根据库存商品明细账,查询至某月产成品的入库凭证,进而根据凭证附件中的某月成本计算表数据填列。

例如,根据库存商品明细账(表 5-22、表 5-23),查询至 1 月产成品入库记账凭证记字

042号,查找到凭证后附的1月成本计算表(表5-30),进而计算出成本还原数据。

1月份直接材料＝150 323.48＋185 788.21＝336 111.66(元)

1月份直接人工＝29 186.40＋25 702.97＝55 519.37(元)

1月份制造费用＝110 217.09＋84 997.97＝195 214.88(元)

表5-30　　　　　　　　　　　　1月成本计算表　　　　　　　　　　　金额单位:元

	项目	LED射灯	通用型大棱镜
成本汇总	直接材料	169 113.92	209 940.68
	工资分配	33 543.45	29 044.36
	累计折旧分配	65 345.30	53 535.32
	水电费分配	6 734.52	5 831.24
	制造费用分配	51 914.41	36 680.94
	当月总成本	326 651.60	335 032.54
成本分配	月初在产品成本	—	—
	本期分配总成本	326 651.60	335 032.54
	月底在产品完工进度	50%	65%
	月底完工成品量	2 000.00	1 500.00
	在产品量	500.00	300.00
	产成品成本	290 356.97	296 488.97
	在产品成本	36 294.63	38 543.57
	合计	326 651.60	335 032.54
成本还原	还原率	0.89	0.88
	直接材料	150 323.48	185 788.21
	直接人工	29 816.40	25 702.97
	制造费用	110 217.09	84 997.79
	合计	290 356.97	296 488.97

注:月初无在产品,原材料分步投入;

成本计算方法

　　　　　　　产品成本计算　　　　　逐步结转分步法

　　　　　　　辅助生产成本分配　　　直接分配江湖骗子

　　　　　　　在产品和产成本分配　　约当产量法

(3)根据"期末数＝本期增加－本期减少"计算出期末数,与明细账核对无误,期末余额可以确认。

六、制造费用明细表

制造费用明细表如表5-31所示。

表 5-31　　　　　　　　　　　　制造费用明细表

被审计单位:北京晶东方光电有限公司　　编制:黎云景　　日期:2022/02/20　　索引号:1110-8
会计期间:2021.01.01～2021.12.31　　　　复核:李天一　　日期:2022/02/27　　页　次:　1

项目	1月	2月	3月	4月	5月	6月	7月	8月	9月	10月	11月	12月	累计
水电费													
折旧费													
工资													
合计(1)													
比平均数波动													
分配至生产成本－制造费用本年发生额(2)													
差异(1)－(2)													
审计说明													

【工作底稿填写要求】

根据企业信息资料提示,查询制造费用总账及明细账,相关资料如表5-32至表5-35所示,进而填写制造费用明细表(表5-31)。

表 5-32　　　　　　　　　　　　制造费用明细账

科目	510101 制造费用——水电费						
2021年		凭证号数	摘要	借方	贷方	方向	余额
月	日						
01	01		上年结转			平	0
01	31	036	交电费	3 876.00		借	3 876.00
01	31	037	交水费	480.00		借	4 356.00
01	31	040	间接费用分配		4 356.00	平	0
01	31		本月合计	4 356.00	4 356.00	平	0

表 5-33　　　　　　　　　　　　制造费用明细账

科目	510102 制造费用——折旧						
2021年		凭证号数	摘要	借方	贷方	方向	余额
月	日						
01	01		上年结转			平	0
01	31	035	折旧分配	40 215.08		借	40 215.08
01	31	040	间接费用分配		40 215.08	平	0
01	31		本月合计	40 215.08	40 215.08	平	0

表 5-34　　　　　　　　　　　　制造费用明细账

科目	5101043 制造费用——工资					
2021年		凭证号数	摘要	借方	贷方	方向	余额
月	日						
01	01		上年结转			平	0
01	31	033	工资分配	44 024.27		借	44 024.27
01	31	040	间接费用分配		44 024.27	平	0
01	31		本月合计	44 024.27	44 024.27	平	0

表 5-35　　　　　　　　　　　　制造费用总账

科目	5101 制造费用					
2021年		凭证号数	摘要	借方	贷方	方向	余额
月	日						
01			上年结转			平	0
01			本月合计	88 595.35	88 595.35	平	0

（1）根据制造费用总账及明细账中的成本项目（水电费、折旧、工资）填写制造费用明细表中对应的项目。例如，1月份水电费为 4 356.00 元（3 876＋480）；1月份折旧费为 40 215.08 元；1月份工资为 44 024.27 元。

（2）其他月份同上，计算并核对制造费用明细表合计数，核对其与总账是否相符。

（3）比平均数波动 $=\left(\text{月合计}-\dfrac{\text{制造费用累计}}{12}\right)\div\left(\dfrac{\text{制造费用累计}}{12}\right)\times 100\%$

审计说明：总账与明细账核对一致，经检查未见异常情况。

七、存货凭证检查表

存货凭证检查表如表 5-36 所示。

表 5-36　　　　　　　　　　　　存货凭证检查表

被审计单位：北京晶东方光电有限公司　　编制：黎云景　　日期：2022/02/20　　索引号：1110-9
会计期间：2021.01.01～2021.12.31　　复核：李天一　　日期：2022/02/27　　页　次：　1

序号	记账日期	凭证号	业务摘要	对方科目		金额	核对内容（用"√""×"表示）						备注
				方向	一级科目名称		1	2	3	4	5	6	
1	2021/01/31	042											
2	2021/02/28	043											
3	2021/08/31	004											

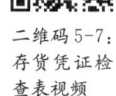

二维码 5-7：
存货凭证检查表视频

(续表)

序号	记账日期	凭证号	业务摘要	对方科目		金额	核对内容(用"√""×"表示)						备注
				方向	一级科目名称		1	2	3	4	5	6	
4	2021/09/30	005											
5	2021/12/31	005											
核对内容说明:(1)原始凭证内容完整;(2)授权批准完整;(3)账务处理正确;(4)金额核对相符;(5)……													
审计说明													

【工作底稿填写要求】

根据企业信息资料提示,依据记账日期和凭证编号查询至记账凭证,根据记账凭证及附件核对以下内容:

(1) 原始凭证内容是否完整。

(2) 授权批准是否完整。

(3) 账务处理是否正确。

(4) 金额核对是否相符。

审计说明:采用随机抽样方法,经查验,未发现异常业务。

八、成本倒轧表

成本倒轧表如表 5-37 所示。

表 5-37　　　　　　　　　　　　成本倒轧表

被审计单位:北京晶东方光电有限公司　　编制:黎云景　　日期:2022/02/20　　索引号:1110-10
会计期间:2021.01.01～2021.12.31　　复核:李天一　　日期:2022/02/27　　页　次:　1

项目	未审数	审计调整	审定数	查验索引
原材料期初余额				
加:本期购进				
减:原材料期末余额				
减:其他原材料发出额				
……	—	—	—	
等于:生产成本——直接材料成本				
加:直接人工成本				
加:制造费用				
……	—	—	—	
等于:生产成本本期发生额小计				
加:生产成本期初余额				

(续表)

项目	未审数	审计调整	审定数	查验索引
减：生产成本期末余额				
……		—	—	
加：半成品期初余额				
减：半成品期末余额				
……		—	—	
等于：产成品增加额				
加：产成品期初余额				
减：产成品期末余额				
……		—	—	
应结转产品销售成本(1)				
报表列示产品销售成本(2)				
差异(1)－(2)				

根据企业信息资料提示，查询原材料总账、生产成本总账、库存商品总账及利润表，相关资料如表5-38至表5-41所示，进而填写成本倒轧表(表5-37)。

表5-38　　　　　　　　　　　　原材料总账(部分)

科目	1403	原材料					
2021年		凭证号数	摘要	借方	贷方	方向	余额
月	日						
01			上年结转			借	1 306 040.57
01			本月合计	311 320.00	379 054.60	借	1 238 305.97
01			本年累计	311 320.00	379 054.60	借	1 238 305.97
12			本月合计	397 730.00	407 545.58	借	606 010.94
12			本年累计	3 880 573.10	4 580 602.73	借	606 010.94
			结转下年			借	606 010.94

(1) 原材料期初余额＝原材料总账上年结转金额。

加：本期购进＝原材料总账借方发生额累计数，

减：原材料期末余额＝原材料总账年末余额，

减：其他原材料发出额＝非生产领用原材料。

(2) 等于：生产成本——直接材料成本＝期初原材料余额＋本期购进－期末原材料余额－其他原材料发出额。

加：直接人工成本＝生产成本明细表中本期增加直接人工合计数(表5-26)，

加：制造费用＝生产成本明细表中本期增加制造费用合计数(表5-26)。

(3) 等于：生产成本本期发生额小计＝本期增加直接材料成本＋本期增加直接人工成本＋本期增加制造费用。

表 5-39　　　　　　　　　　　　　　生产成本总账(部分)

科目	5001		生产成本				
2021年		凭证号数	摘要	借方	贷方	方向	余额
月	日						
01			上年结转			借	0
01			本月合计	661 684.14	586 845.94	借	74 838.20
01			本年累计	661 684.14	586 845.94	借	74 838.20
12			本月合计	696 499.59	707 917.43	借	93 999.39
12			本年累计	7 952 028.43	7 858 029.04	借	93 999.39
			结转下年			借	93 999.39

加:生产成本期初余额=生产成本总账期初余额,

减:生产成本期末余额=生产成本总账期末余额,

加:半成品期初余额,

减:半成品期末余额。

(4)等于:产成品增加额=生产成本本期发生额小计+生产成本期初余额-生产成本期末余额+半成品期初余额-半成品期末余额。

加:产成品期初余额=库存商品总账期初余额,

减:产成品期末余额=库存商品总账期末余额。

(5)应结转产品销售成本=产成品增加额+产成品期初余额-产成品期末余额。

(6)报表列示产品销售成本=利润表(2021)中营业成本本期金额。

表 5-40　　　　　　　　　　　　　　库存商品总账(部分)

科目	1405		库存商品				
2021年		凭证号数	摘要	借方	贷方	方向	余额
月	日						
01			上年结转			借	0
01			本月合计	586 845.94	508 395.41	借	78 450.53
01			本年累计	586 845.94	508 395.41	借	78 450.53
12			本月合计	707 917.43	750 063.68	借	85 933.94
12			本年累计	7 858 029.04	7 772 095.10	借	85 933.94
			结转下年			借	85 933.94

表 5-41　　　　　　　　　　　　　　利润表 2021(部分)

编制单位:北京晶东方光电有限公司　　　2021年12月　　　　　　　　　　　　　　单位:元

项　目	本期金额	上期金额
一、营业收入	10 726 307.65	
减:营业成本	7 772 095.10	

单位负责人:张凤　　　　　　主管会计工作负责人:张凤　　　　　　会计机构负责人:林若兰

(7) 差异(应结转产品销售成本－报表列示产品销售成本)。

(8) 审计调整:见存货监盘结果汇总表(表5-12)。

九、存货明细表

存货明细表如表5-42所示。

表5-42　　　　　　　　　　存货明细表

被审计单位:北京晶东方光电有限公司　　编制:黎云景　　日期:2022/02/20　　索引号:1110-2
会计期间:2021.01.01～2021.12.31　　复核:李天一　　日期:2022/02/27　　页　次:　1

项　目	未审数				账项调整		重分类调整		调整索引	期末审定数	备注
	期初数	本期增加	本期减少	期末数	借方	贷方	借方	贷方			
一、存货账面余额											
其中:原材料											
半成品											
库存商品											
生产成本											
制造费用											
二、存货跌价准备											
其中:原材料											
半成品											
库存商品											
生产成本											
制造费用											
三、存货账面价值											
其中:原材料											
半成品											
库存商品											
生产成本											
制造费用											
审计说明											

【工作底稿填写要求】

根据企业信息资料提示,查询原材料总账(表5-43)、库存商品总账(表5-44)、生产成本总账(表5-45)、制造费用总账(表5-46)及报表相关数据。

表 5-43　　　　　　　　　　　原材料总账

科目		1403 原材料					
2021年		凭证号数	摘要	借方	贷方	方向	余额
月	日						
01			上年结转			借	1 306 040.57
01			本月合计	311 320.00	379 054.60	借	1 238 305.97
01			本年累计	311 320.00	379 054.60	借	1 238 305.97
02			本月合计	322 184.00	391 940.86	借	1 168 549.11
02			本年累计	633 504.00	770 995.46	借	1 168 549.11
03			本月合计	62 400.00	350 886.55	借	880 062.56
03			本年累计	695 904.00	1 121 882.01	借	880 062.56
04			本月合计	336 315.00	311 255.90	借	905 121.66
04			本年累计	1 032 219.00	1 433 137.91	借	905 121.66
05			本月合计	91 970.00	297 262.05	借	699 829.61
05			本年累计	1 124 189.00	1 730 399.96	借	699 829.61
06			本月合计	567 480.00	367 645.55	借	899 664.06
06			本年累计	1 691 669.00	2 098 045.51	借	899 664.06
07			本月合计	767 800.00	365 112.17	借	1 302 351.89
07			本年累计	2 459 469.00	2 463 157.68	借	1 302 351.89
08			本月合计	309 018.10	303 802.59	借	1 307 567.40
08			本年累计	2 768 487.10	2 766 960.27	借	1 307 567.40
09			本月合计	63 996.00	475 099.97	借	896 463.43
09			本年累计	2 832 483.10	3 242 060.24	借	896 463.43
10			本月合计	332 300.00	445 881.47	借	782 881.96
10			本年累计	3 164 783.10	3 687 941.71	借	782 881.96
11			本月合计	318 060.00	485 115.44	借	615 826.52
11			本年累计	3 482 843.10	4 173 057.15	借	615 826.52
12			本月合计	397 730.00	407 545.58	借	606 010.94
12			本年累计	3 880 573.10	4 580 602.73	借	606 010.94
			结转下年			借	606 010.94

表 5-44　　　　　　　　　　　库存商品总账

科目		1405 库存商品					
2021年		凭证号数	摘要	借方	贷方	方向	余额
月	日						
01			上年结转			借	0
01			本月合计	586 845.94	508 395.41	借	78 450.53
01			本年累计	586 845.94	508 395.41	借	78 450.53
02			本月合计	672 916.37	682 581.36	借	68 785.54
02			本年累计	1 259 762.31	1 190 976.77	借	68 785.54
03			本月合计	614 221.72	595 752.50	借	87 254.76
03			本年累计	1 873 984.03	1 786 729.27	借	87 254.76
04			本月合计	606 186.05	629 796.89	借	63 643.92
04			本年累计	2 480 170.08	2 416 526.16	借	63 643.92
05			本月合计	562 415.98	554 728.27	借	71 331.63
05			本年累计	3 042 586.06	2 971 254.43	借	71 331.63
06			本月合计	619 171.15	623 270.59	借	67 232.19
06			本年累计	3 661 757.21	3 594 525.02	借	67 232.19
07			本月合计	641 952.17	654 215.64	借	54 968.72
07			本年累计	4 303 709.38	4 248 740.66	借	54 968.72
08			本月合计	581 690.31	553 531.46	借	83 127.57
08			本年累计	4 885 399.69	4 802 272.12	借	83 127.57
09			本月合计	757 564.99	725 362.79	借	115 329.77
09			本年累计	5 642 964.68	5 527 634.91	借	115 329.77
10			本月合计	747 027.83	762 591.19	借	99 766.41
10			本年累计	6 389 992.51	6 290 226.10	借	99 766.41
11			本月合计	760 119.20	731 805.32	借	128 080.19
11			本年累计	7 150 111.61	7 022 031.42	借	128 080.19
12			本月合计	707 917.43	750 063.68	借	85 933.94
12			本年累计	7 858 029.04	7 772 095.10	借	85 933.94
			结转下年			借	85 933.94

表 5-45　　　　　　　　　　　　　　　生产成本总账

科目	5001 生产成本						
2021年		凭证号数	摘要	借方	贷方	方向	余额
月	日						
01			上年结转			借	0
01			本月合计	661 684.14	586 845.94	借	74 838.20
01			本年累计	661 684.14	586 845.94	借	74 838.20
02			本月合计	673 667.39	672 916.37	借	75 589.22
02			本年累计	1 335 351.53	1 259 762.31	借	75 589.22
03			本月合计	627 727.54	614 221.72	借	89 095.04
03			本年累计	1 963 079.07	1 873 984.03	借	89 095.04
04			本月合计	580 756.45	606 186.05	借	63 665.44
04			本年累计	2 543 835.52	2 480 170.08	借	63 665.44
05			本月合计	560 250.10	562 415.98	借	61 499.56
05			本年累计	3 104 085.62	3 042 586.06	借	61 499.56
06			本月合计	648 079.70	619 171.15	借	90 408.11
06			本年累计	3 752 165.32	3 661 757.21	借	90 408.11
07			本月合计	640 869.09	641 952.17	借	89 325.03
07			本年累计	4 393 034.41	4 303 709.38	借	89 325.03
08			本月合计	567 048.81	581 690.31	借	74 683.53
08			本年累计	4 960 083.22	4 885 399.69	借	74 683.53
09			本月合计	771 017.47	757 564.99	借	88 136.01
09			本年累计	5 731 100.69	5 642 964.68	借	88 136.01
10			本月合计	738 966.06	747 027.83	借	80 074.24
10			本年累计	6 470 066.75	6 389 992.51	借	80 074.24
11			本月合计	785 462.09	760 119.10	借	105 417.23
11			本年累计	7 255 528.84	7 150 111.61	借	105 417.23
12			本月合计	696 499.59	707 917.43	借	93 999.39
12			本年累计	7 952 028.43	7 858 029.04	借	93 999.39
			结转下年			借	93 999.39

表 5-46　　　　　　　　　　　　　　　制造费用总账

科目	5101 制造费用						
2021年		凭证号数	摘要	借方	贷方	方向	余额
月	日						
01			上年结转			平	0
01			本月合计	88 595.35	88 595.35	平	0
01			本年累计	88 595.35	88 595.35	平	0
02			本月合计	88 223.95	88 223.95	平	0
02			本年累计	176 819.30	176 819.30	平	0
03			本月合计	88 277.02	88 277.02	平	0
03			本年累计	265 096.32	265 096.32	平	0
04			本月合计	88 250.16	88 250.16	平	0
04			本年累计	353 346.48	353 346.48	平	0
05			本月合计	88 220.87	88 220.87	平	0
05			本年累计	441 567.35	441 567.35	平	0
06			本月合计	88 225.94	88 225.94	平	0
06			本年累计	529 793.29	529 793.29	平	0
07			本月合计	88 219.39	88 219.39	平	0
07			本年累计	618 012.68	618 012.68	平	0
08			本月合计	88 235.00	88 235.00	平	0
08			本年累计	706 247.68	706 247.68	平	0
09			本月合计	88 221.46	88 221.46	平	0
09			本年累计	794 469.14	794 469.14	平	0
10			本月合计	88 337.77	88 337.77	平	0
10			本年累计	882 806.91	882 806.91	平	0
11			本月合计	88 325.82	88 325.82	平	0
11			本年累计	971 132.73	971 132.73	平	0
12			本月合计	88 987.76	88 987.76	平	0
12			本年累计	1 060 120.49	1 060 120.49	平	0
			结转下年			平	0

获取存货明细表,复核加计是否正确;检查存货明细表中是否有异常或负余额(包括数量为负或金额为负)的项目;"存货的账面价值＝存货账面余额－存货跌价准备";经过账项调整,如表 5-12、表 5-20 所示,得出期末审定数。

审计说明:明细账、总账核对一致。

十、存货审定表

存货审定表如表 5-47 所示。

表 5-47　　　　　　　　　　存货审定表

被审计单位:北京晶东方光电有限公司　　编制:黎云景　　日期:2022/02/20　　索引号:1110-1
会计期间:2021.01.01～2021.12.31　　　　复核:李天一　　日期:2022/02/27　　页　次:　1

项目	期末未审数	账项调整		重分类调整		期末审定数	期初审定数	索引号
		借方	贷方	借方	贷方			
一、报表数								
二、总账数								
三、明细账数								
其中:存货账面余额								
存货跌价准备								
存货账面价值								
审计说明								
审计结论								

【工作底稿填写要求】

根据企业信息资料提示,以及资产负债表(2021)中存货期末余额填写报表数;"总账数＝库存商品总账期末余额＋原材料总账期末余额＋生产成本总账期末余额";根据"存货账面余额－存货跌价准备＝存货账面价值",得出明细账数。根据相关工作底稿(表 5-13、表 5-21)进行账项调整,计算期末审定数。

审计说明:报表与总账合计数核对一致;明细账与总账核对及查验见科目底稿。

审计结论:经审计,调整后的期末余额予以确认。

二维码5-8:
参考答案——
存货

第三节　营业成本审计

实验目的

通过本节课的学习,学生能够了解营业成本审计的要点,掌握实施营业成本实质性程序的方法。

理论知识点

一、审计目标

营业成本审计的目标如表 5-48 所示。

表 5-48　　　　　　　　　　　营业成本审计的目标

事项	财务报表的认定
1. 营业成本已发生,且与被审计单位有关	发生
2. 所有应记录的营业成本均已记录	完整性
3. 与营业成本有关的金额已恰当记录	准确性
4. 营业成本已记录于正确的会计期间	截止
5. 营业成本已记录于恰当的账户	分类
6. 营业成本已按照《企业会计准则》的规定在财务报表中恰当地列报和披露	列报

二、计划实施的实质性程序

1. 主营业务成本

（1）获取或编制主营业务成本明细表,复核加计是否正确,并核对其与总账数和明细账合计数是否相符,结合其他业务成本科目与营业成本报表数核对是否相符。

（2）实施实质性分析程序：①考虑可获取信息的来源、可比性、性质和相关性以及与信息编制相关的控制,评价在对记录的金额或比率作出预期时使用数据的可靠性。②对已记录的金额作出预期,评价预期值是否足够精确以识别重大错报。③确定已记录金额与预期值之间可接受的、无需作进一步调查的可接受的差异额。④将已记录金额与预期值进行比较,识别需要进一步调查的差异。⑤调查差异：询问管理层,针对管理层的答复获取适当的审计证据；根据具体情况在必要时实施其他审计程序。

（3）对主营业务成本进行分析：将本期和上期主营业务成本按月度进行比较分析。将本期和上期的主要产品单位成本进行比较分析。对有异常情况的项目作进一步调查。

（4）抽查月主营业务成本结转明细清单,比较计入主营业务成本的品种、规格、数量和计入主营业务收入的口径是否一致,是否符合配比原则。

（5）对本期发生的主营业务成本,选取样本,检查其支持性文件,确定原始凭证是否齐全、记账凭证与原始凭证是否相符以及账务处理是否正确。

（6）编制生产成本与主营业务成本倒轧表,并与相关科目交叉索引。

（7）针对主营业务成本中重大调整事项(如销售退回),检查相关原始凭证,评价其真实性和合理性,检查其会计处理是否正确。

（8）在采用计划成本、定额成本、标准成本或售价核算存货的条件下,应检查产品成本差异或商品进销差价的计算、分配和会计处理是否正确。

（9）根据评估的舞弊风险等因素增加的审计程序。

2. 其他业务成本

（1）获取或编制其他业务成本明细表,复核加计是否正确,并核对其与总账数和明细账合计数是否相符,结合主营业务成本科目与营业成本报表数核对相符。

（2）与上期其他业务收入、成本比较,检查是否有重大波动,如有,应查明原因。

（3）对本期发生的其他业务成本,选取样本,检查其支持性文件,确定原始凭证是否齐全、记账凭证与原始凭证是否相符以及账务处理是否正确。

(4) 根据评估的舞弊风险等因素增加的审计程序。

3. 列报和披露

检查营业成本是否已按照《企业会计准则》的规定在财务报表中恰当地列报和披露。

 ## 实验资料及操作

一、营业成本凭证检查表

营业成本凭证检查表如表 5-49 所示。

表 5-49　　　　　　　　　　　营业成本凭证检查表

被审计单位:北京晶东方光电有限公司　　编制:黎云景　　　日期:2022/02/20　　索引号:4402-3
会计期间:2021.01.01～2021.12.31　　　　复核:李天一　　　日期:2022/02/27　　页　次:　1

序号	记账日期	凭证号	业务摘要	对方科目		金额	核对内容(用"√""×"表示)						备注
				方向	一级科目名称		1	2	3	4	5	6	
1	2021/02/28	记-043											
2	2021/06/30	记-043											
3	2021/09/30	记-043											
4	2021/12/31	记-043											
核对内容说明:(1)原始凭证内容完整;(2)授权批准完整;(3)账务处理正确;(4)金额核对相符;(5)所属期间正确;(6)……													
审计说明													

【工作底稿填写要求】

根据企业信息资料提示,依据记账日期和凭证编号查询至记账凭证,根据记账凭证及附件核对以下内容:

(1) 原始凭证是否齐全。
(2) 记账凭证与原始凭证是否相符。
(3) 账务处理是否正确。
(4) 是否记录于恰当的会计期间。

审计说明:采用随机抽样方法,经检查,未发现异常业务。

二、营业成本明细表

营业成本明细表如表 5-50 所示。

表 5-50　　　　　　　　　　　营业成本明细表

被审计单位：北京晶东方光电有限公司　　编制：黎云景　　日期：2022/02/20　　索引号：4402-2

会计期间：2021.01.01～2021.12.31　　复核：李天一　　日期：2022/02/27　　页　次：　1

项目	1月	2月	3月	4月	5月	6月	7月	8月	9月	10月	11月	12月	本期未审数	上期审定数	备注
一、主营业务成本															
其中：LED射灯															
通用型大棱镜															
二、其他业务成本															
营业成本合计															
月发生额占本期合计数比重													0%	—	—
审计说明															

【工作底稿填写要求】

根据企业信息资料提示，查询主营业务成本总账及明细账，根据明细账的本期发生额填制营业成本明细表（表 5-50）。相关资料如表 5-51 至表 5-53 所示。

表 5-51　　　　　　　　　　　主营业务成本明细账

科目	640101 主营业务成本——LED射灯						
2021年		凭证号数	摘要	借方	贷方	方向	余额
月	日						
01	31	043	销售结转成本	261 321.27		借	261 321.27
01	31	050	月末结转		261 321.27	平	0
01	31		本月合计	261 321.27	261 321.27	平	0
01	31		本年累计	261 321.27	261 321.27	平	0
02	28	043	销售结转成本	267 779.56		借	267 779.56
02	28	050	月末结转		267 779.56	平	0
02	28		本月合计	267 779.56	267 779.56	平	0
02	28		本年累计	529 100.83	529 100.83	平	0
03	31	043	销售结转成本	313 963.02		借	313 963.02
03	31	050	月末结转		313 963.02	平	0
03	31		本月合计	313 963.02	313 963.02	平	0
03	31		本年累计	843 063.85	843 063.85	平	0
04	30	043	销售结转成本	294 124.53		借	294 124.53
04	30	050	月末结转		294 124.53	平	0
04	30		本月合计	294 124.53	294 124.53	平	0
04	30		本年累计	1 137 188.38	1 137 188.38	平	0
05	31	043	销售结转成本	235 560.37		借	235 560.37
05	31	050	月末结转		235 560.37	平	0
05	31		本月合计	235 560.37	235 560.37	平	0
05	31		本年累计	1 372 748.75	1 372 748.75	平	0
06	30	043	销售结转成本	310 263.15		借	310 263.15
06	30	050	月末结转		310 263.15	平	0
06	30		本月合计	310 263.15	310 263.15	平	0
06	30		本年累计	1 683 011.90	1 683 011.90	平	0
07	31	043	销售结转成本	242 564.31		借	242 564.31
07	31	050	月末结转		242 564.31	平	0
07	31		本月合计	242 564.31	242 564.31	平	0
07	31		本年累计	1 925 576.21	1 925 576.21	平	0
08	31	043	销售结转成本	220 107.89		借	220 107.89

（续表）

2021年		凭证号数	摘要	借方	贷方	方向	余额
月	日						
08	31	050	月末结转		220 107.89	平	0
08	31		本月合计	220 107.89	220 107.89	平	0
08	31		本年累计	2 145 684.10	2 145 684.10	平	0
09	30	043	销售结转成本	260 747.16		借	260 747.16
09	30	050	月末结转		260 747.16	平	0
09	30		本月合计	260 747.16	260 747.16	平	0
09	30		本年累计	2 406 431.26	2 406 431.26	平	0
10	31	043	销售结转成本	290 777.00		借	290 777.00
10	31	050	月末结转		290 777.00	平	0
10	31		本月合计	290 777.00	290 777.00	平	0
10	31		本年累计	2 697 208.26	2 697 208.26	平	0
11	30	043	销售结转成本	303 640.18		借	303 640.18
11	30	050	月末结转		303 640.18	平	0
11	30		本月合计	303 640.18	303 640.18	平	0
11	30		本年累计	3 000 848.44	3 000 848.44	平	0
12	31	043	销售结转成本	389 248.95		借	389 248.95
12	31	050	月末结转		389 248.95	平	0
12	31		本月合计	389 248.95	389 248.95	平	0
12	31		本年累计	3 390 097.39	3 390 097.39	平	0

表 5-52　　主营业成本明细账

科目　640102 主营业务成本——通用型大棱镜

2021年		凭证号数	摘要	借方	贷方	方向	余额
月	日						
01	31	043	销售结转成本	247 074.14		借	247 074.14
01	31	050	月末结转		247 074.14	平	0
01	31		本月合计	247 074.14	247 074.14	平	0
01	31		本年累计	247 074.14	247 074.14	平	0
02	28	043	销售结转成本	414 801.80		借	414 801.80
02	28	050	月末结转		414 801.80	平	0
02	28		本月合计	414 801.80	414 801.80	平	0
02	28		本年累计	661 875.94	661 875.94	平	0
03	31	043	销售结转成本	281 789.48		借	281 789.48
03	31	050	月末结转		281 789.48	平	0
03	31		本月合计	281 789.48	281 789.48	平	0
03	31		本年累计	943 665.42	943 665.42	平	0
04	30	043	销售结转成本	335 672.36		借	335 672.36
04	30	050	月末结转		335 672.36	平	0
04	30		本月合计	335 672.36	335 672.36	平	0
04	30		本年累计	1 279 337.78	1 279 337.78	平	0
05	31	043	销售结转成本	319 167.90		借	319 167.90
05	31	050	月末结转		319 167.90	平	0
05	31		本月合计	319 167.90	319 167.90	平	0
05	31		本年累计	1 598 505.68	1 598 505.68	平	0
06	30	043	销售结转成本	313 007.44		借	313 007.44
06	30	050	月末结转		313 007.44	平	0
06	30		本月合计	313 007.44	313 007.44	平	0
06	30		本年累计	1 911 513.12	1 911 513.12	平	0
07	31	043	销售结转成本	411 651.33		借	411 651.33
07	31	050	月末结转		411 651.33	平	0
07	31		本月合计	411 651.33	411 651.33	平	0
07	31		本年累计	2 323 164.45	2 323 164.45	平	0
08	31	043	销售结转成本	333 423.57		借	333 423.57
08	31	050	月末结转		333 423.57	平	0
08	31		本月合计	333 423.57	333 423.57	平	0
08	31		本年累计	2 656 588.02	2 656 588.02	平	0

(续表)

2021年		凭证号数	摘要	借方	贷方	方向	余额
月	日						
09	30	043	销售结转成本	464 615.63		借	464 615.63
09	30	050	月末结转		464 615.63	平	0
09	30		本月合计	464 615.63	464 615.63	平	0
09	30		本年累计	3 121 203.65	3 121 203.65	平	0
10	31	043	销售结转成本	471 814.19		借	471 814.19
10	31	050	月末结转		471 814.19	平	0
10	31		本月合计	471 814.19	471 814.19	平	0
10	31		本年累计	3 593 017.84	3 593 017.84	平	0
11	30	043	销售结转成本	428 165.14		借	428 165.14
11	30	050	月末结转		428 165.14	平	0
11	30		本月合计	428 165.14	428 165.14	平	0
11	30		本年累计	4 021 182.98	4 021 182.98	平	0
12	31	043	销售结转成本	360 814.73		借	360 814.73
12	31	050	月末结转		360 814.73	平	0
12	31		本月合计	360 814.73	360 814.73	平	0
12	31		本年累计	4 381 997.71	4 381 997.71	平	0

表 5-53　　　　　　　　　　　　　　主营业务成本总账

科目：6401 主营业务成本　　　　2021.01.01～2021.12.31　　　　　　　　　单位：元

2021年		凭证号		摘要	借方	贷方	方向	余额
月	日	种类	号数					
1	31			本月合计	373 329.80	373 329.80	平	—
				本年累计	373 329.80	373 329.80	平	—
2	28			本月合计	734 703.38	734 703.38	平	—
				本年累计	1 108 033.18	1 108 033.18	平	—
3	31			本月合计	1 698 621.31	1 698 621.31	平	—
				本年累计	2 806 654.49	2 806 654.49	平	—
4	30			本月合计	958 013.11	9 580 13.11	平	—
				本年累计	3 764 667.60	3 764 667.60	平	—
5	31			本月合计	409 978.04	409 978.04	平	—
				本年累计	4 174 645.64	4 174 645.64	平	—
6	30			本月合计	267 749.85	267 749.85	平	—
				本年累计	44 42 395.49	4 442 395.49	平	—
7	31			本月合计	1 200 000.00	1 200 000.00	平	—
				本年累计	5 642 395.49	5 642 395.49	平	—
8	31			本月合计	3 774 741.45	3 774 741.45	平	—
				本年累计	9 417 136.94	9 417 136.94	平	—
9	30			本月合计	549 648.15	549 648.15	平	—
				本年累计	9 966 785.09	9 966 785.09	平	—
10	31			本月合计	2 213 628.02	2 213 628.02	平	—
				本年累计	12 180 413.11	12 180 413.11	平	—
11	30			本月合计	2 040 000.00	2 040 000.00	平	—
				本年累计	14 220 413.11	14 220 413.11	平	—
12	31			本月合计	1 200 000.00	1 200 000.00	平	—
				本年累计	15 420 413.11	15 420 413.11	平	—

审计说明:总账与明细账核对一致。

三、营业成本审定表

营业成本审定表如表5-54所示。

表5-54　　　　　　　　　营业成本审定表

| 被审计单位:北京晶东方光电有限公司 | 编制:黎云景 | 日期:2022/02/20 | 索引号:4402-1 |
| 会计期间:2021.01.01～2021.12.31 | 复核:李天一 | 日期:2022/02/27 | 页　次:　1　 |

项目	本期未审数	账项调整		本期审定数	上期审定数	索引号
		借方	贷方			
一、报表数						
二、总账数						
三、明细账数						
(1) 主营业务成本						
其中:LED射灯						
通用型大棱镜						
(2) 其他业务成本						
审计说明						
审计结论						

根据企业信息资料提示,填写营业成本审定表(表5-54)中的报表数、总账数和明细账数。根据"本期审定数=本期未审数+账项调整借方－账项调整贷方",计算出本期审定数。根据利润表(2021)中营业成本项目的上期报表数金额,填写上期审定数。对比本年度与上年度营业成本变化情况。

审计说明:报表数与总账合计数核对一致;明细账与总账核对及查验见科目底稿。

审计结论:经审计,发生额可予以确认。

二维码5-9:
参考答案——
营业成本

第六章　销售与收款循环审计

知识框架

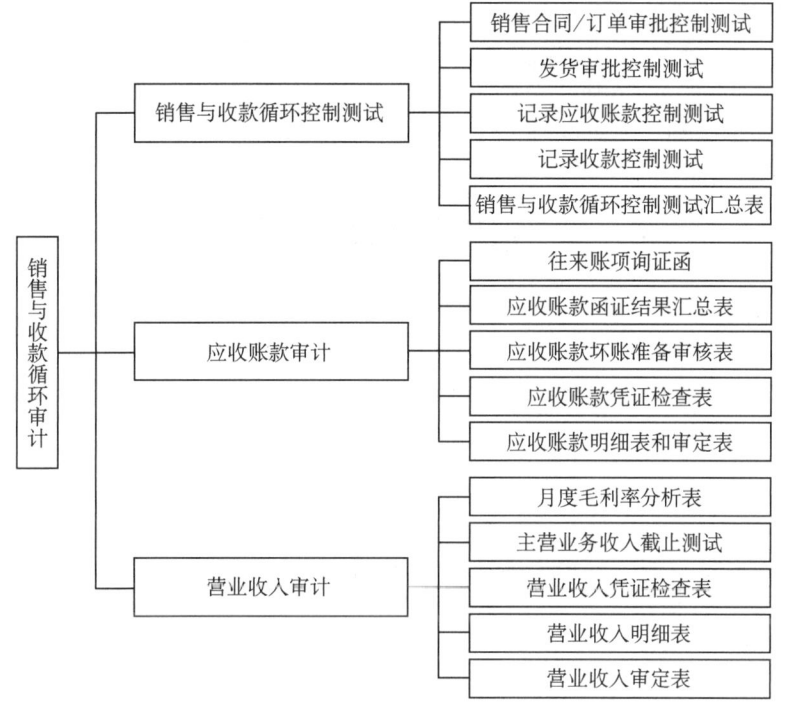

实验目标

1. 了解被审计单位销售与收款循环的内部控制及控制测试的实施。
2. 掌握实施应收账款审计、营业收入审计的实质性程序,并编制相关工作底稿。

思政育人

警惕应收账款造假套路

应收账款是现代企业经营中一个非常重要的科目。应收账款是指企业在正常的经营过程中因销售商品、产品、提供劳务等业务,应向购买单位收取的款项,包括应由购买单位或接受劳务单位负担的税金、代购买方垫付的包装费各种运杂费等。此外,在有销售折扣的情况下,应收账款还应考虑商业折扣和现金折扣等因素。

应收账款是伴随企业的销售行为发生而形成的一项债权。因此,应收账款的确认与收入的确认密切相关。通常在确认收入的同时,确认应收账款。该账户按不同的购货或接受劳务的单位设置明细账户进行明细核算。

应收账款表示企业在销售过程中被购买单位所占用的资金。企业应及时收回应收账款以弥补企业在生产经营过程中的各种耗费,保证企业持续经营;对于被拖欠的应收账款应采取措施,组织催收;对于确实无法收回的应收账款,凡符合坏账条件的,应在取得有关证明并按规定程序报批后,作坏账损失处理。

简单来说,现在很多交易采用的是赊销、赊购的方式,也就是当一笔交易发生的时候,并不是立即钱货两讫,买方可能会在过一段时间之后再付钱,而卖方就需要在确认这笔交易带来的收入时,确认一笔应收账款,以表示自己对未来收回这笔货款的债权。但是对于未来能否收回这笔货款,其实是具有不确定性的。因此,在应收账款的账龄很长,导致收不回货款的风险增大时,卖方需要作计提坏账准备。

资料来源:泽稷教育ACCA培训.干货——警惕应收账款造假[EB/OL].(2021-10-12)[2023-03-01].https://weibo.com/ttarticle/p/show?id=2309404691513668927871.

第一节 销售与收款循环控制测试

二维码6-1:
北京中时电子有限公司资料

实验目的

通过本节课的学习,学生能够了解销售与收款业务内部控制制度,掌握实施销售与收款循环控制测试的程序。

理论知识点

一、销售与收款循环涉及的主要业务活动、主要单据及会计记录

1. 接受客户订购单

客户提出订货要求是整个销售与收款循环的起点,是购买某种商品或服务的一项申请。

客户订购单只有在符合企业管理层的授权标准时才能被接受。例如,管理层一般设有已批准销售的客户名单。销售部门在决定同意接受某客户的订购单时,需要检查该客户在已批准销售的客户名单内。如果该客户未被列入名单,则通常需要由销售部门的主管来决定是否同意销售。

企业接受客户订购单之后,会编制一式多联的销售单。销售单是证明销售交易的"发生"认定的凭据之一,也是此笔销售交易轨迹的起点之一。此外,由于客户订购单是来自外部的引发销售交易的文件之一,有时其也能够为销售交易的"发生"认定提供补充证据。

2. 批准赊销信用

对于赊销业务的批准,是由信用管理部门根据管理层的赊销政策在每个客户的已授权的信用额度内进行的。信用管理部门的员工在收到销售部门的销售单后,应将销售单与该客户已被授权的赊销信用额度以及至今尚欠的账款余额加以比较。执行人工赊销信用检查时,企业还应合理划分员工的工作职责,以避免销售人员为扩大销售而使企业承受信用风险。

企业的信用管理部门通常应对每个新客户进行信用调查,包括获取信用评审机构对客

户信用等级的评定报告。无论是否批准赊销,都要求被授权的信用管理部门人员在销售单上签署意见,然后将已签署意见的销售单送回销售部门。

设计信用批准控制的目的是降低信用损失风险。因此,这些控制与应收票据、应收款项融资、应收账款、合同资产账面余额的"准确性、计价和分摊"认定有关。

使用信息系统实现自动控制的企业,其订购单涉及的客户是否已被列入经批准的客户名单,以及赊销金额是否仍在信用额度内这类控制往往通过系统设置得以实现。对于不满足条件的情形则要求管理层特别批准。

3. 根据销售单编制发运凭证并发货

企业管理层通常要求仓库管理人员只有在收到经过批准的销售单时才能编制发运凭证并发货。设立这项控制程序的目的是防止仓库员工在未经授权的情况下擅自发货。因此,已批准销售单的一联通常应送达仓库,作为仓库按销售单供货和发货给装运部门的授权依据。

信息系统在销售单得到发货批准后生成连续编号的发运凭证,并按照设定的要求核对发运凭证与销售单之间相关内容的一致性。

4. 按销售单装运货物

将按经批准的销售单供货与按销售单装运货物职责相分离,有助于避免负责装运货物的员工在未经授权的情况下装运货物。装运部门员工在装运货物之前,通常会进行独立验证,以确定从仓库提取的货物都附有经批准的销售单,且所提取货物的内容与销售单及发运凭证一致。

5. 向客户开具发票

开具发票是指开具并向客户寄送事先连续编号的销售发票。与这项活动相关的问题有:
(1) 是否对所有装运的货物都开具了发票("完整性"认定)。
(2) 是否只对实际装运的货物开具发票,有无重复开具发票或虚开发票("发生"认定)。
(3) 是否按已授权批准的商品价目表所列价格计价开具发票("准确性"认定)。

为了降低开具发票过程中出现遗漏、重复、错误计价或其他差错的风险,企业通常需要设立以下控制:
(1) 负责开发票的员工在开具每张销售发票之前,检查是否存在发运凭证和相应的经批准的销售单。
(2) 依据已授权批准的商品价目表开具销售发票。
(3) 将发运凭证上的商品总数与相对应的销售发票上的商品总数进行比较。

上述控制与销售交易(即营业收入)的"发生""完整性"以及"准确性"认定有关。企业通常保留销售发票的存根联。

信息系统也可以协助企业实现上述内部控制,在单证核对一致的情况下生成连续编号的销售发票,并对例外事项进行汇总,以供企业相关人员作进一步处理。

6. 记录销售

在手工会计系统中,记录销售的过程包括区分赊销、现销,按销售发票编制转账凭证或现金、银行存款收款凭证,据以登记营业收入明细账和应收票据、应收款项融资、应收账款、合同资产明细账或现金、银行存款日记账。

记录销售的控制程序包括但不限于:
(1) 依据有效的发运凭证和销售单记录销售。这些发运凭证和销售单能证明销售交易的发生及其发生的日期。

(2) 使用事先连续编号的销售发票并对其使用情况进行监控。

(3) 独立检查已销售发票上的销售金额与会计记录金额的一致性。

(4) 记录销售的职责应与处理销售交易的其他功能相分离。

(5) 对记录销售过程中所涉及的有关记录的接触权限予以限制,以减少未经授权批准的记录发生。

(6) 定期独立检查应收票据、应收款项融资、应收账款、合同资产的明细账与总账的一致性。

(7) 由不负责现金出纳和销售及应收票据、应收款项融资、应收账款、合同资产记账的人员定期向客户寄发对账单,并且对不符事项进行调查,必要时调整会计记录,编制对账情况汇总报告并交管理层审核。

7. 办理和记录现金、银行存款收入

办理和记录现金、银行存款收入涉及货款收回。这项活动导致现金、银行存款增加以及应收账款/合同资产等项目的减少。在办理和记录现金、银行存款收入时,企业最关心的是货币资金的安全。货币资金的失窃或被侵占可能发生在货币资金收入入账之前或入账之后。处理货币资金收入时要保证全部货币资金如数、及时地记入现金日记账、银行存款日记账或应收票据、应收款项融资、应收账款、合同资产明细账,并如数、及时地将现金存入银行。企业通过出纳与现金记账的职责分离、现金盘点、编制银行余额调节表、定期向客户发送对账单等控制来实现前述目的。

8. 确认和记录可变对价的估计和结算情况

如果合同中存在可变对价,企业需要对计入交易价格的可变对价进行估计,并在每一资产负债表日重新估计应计入交易价格的可变对价金额,以如实反映报告期末存在的情况及报告期内发生的情况变化。

9. 计提坏账准备

企业一般定期对应收票据、应收款项融资、应收账款的预期信用损失进行估计,根据估计结果确认信用减值损失并计提坏账准备。管理层对相关估计进行复核和批准。

10. 核销坏账

不管赊销部门的工作如何主动,客户因经营不善、宣告破产、死亡等原因而无法支付货款的事仍可能发生。如有证据表明某项货款已无法收回,企业应通过适当的审批程序注销该笔应收账款、应收款项融资。

销售与收款循环的主要业务活动、主要单据及会计分录如表 6-1 所示。

表 6-1　　销售与收款循环的主要业务活动、主要单据及会计分录

交易类别	相关财务报表项目	主要业务活动	主要单据及会计记录
销售	营业收入 应收票据/应收款项融资/应收账款/合同资产	① 接受客户订购单 ② 批准赊销信用 ③ 根据销售单编制发运凭证并发货 ④ 按销售单装运货物 ⑤ 向客户开具发票 ⑥ 记录销售(赊销、现金销售等) ⑦ 确认和记录可变对价的估计和结算情况	① 客户订购单 ② 销售单 ③ 发运凭证 ④ 销售发票 ⑤ 商品价目表 ⑥ 客户月末对账单 ⑦ 营业收入明细表 ⑧ 转账凭证 ⑨ 贷项通知单 ⑩ 可变对价会计记录

(续表)

交易类别	相关财务报表项目	主要业务活动	主要单据及会计记录
收款	货币资金 应收票据/应收款项融资/应收账款/合同资产(含原值和坏账准备) 信用减值损失/资产减值损失	① 办理和记录现金、银行存款收入 ② 计提坏账准备 ③ 核销坏账	① 应收票据/应收款项融资/应收账款信用损失计算表/应收款项融资/应收账款/合同资产明细表 ② 汇款通知书 ③ 现金日记账和银行存款日记账 ④ 客户对账单 ⑤ 收款凭证 ⑥ 核销坏账审批表 ⑦ 转账凭证

二、销售与收款循环的内部控制

1. 适当的职责分离

适当的职责分离不仅是预防舞弊的必要手段,还可以防止各种有意或无意的错误出现。例如,主营业务收入账如果是由记录应收账款之外的员工独立登记的,并由另一位不负责账簿记录的员工定期调节总账和明细账,就构成了一项交互牵制;负责主营业务收入账和应收账款记账的员工不得经手货币资金,是防止舞弊的一项重要措施。另外,销售人员通常有一种追求更多销售数量的固有倾向,而不考虑是否将以巨额坏账损失为代价,赊销的审批则在一定程度上可以抑制这种倾向。因此,赊销批准职能与销售职能的分离,是一种理想的内部控制。

为确保办理销售与收款业务的不相容岗位相互分离、制约和监督,一个企业销售与收款业务相关职责适当分离的基本要求通常包括:企业应当分别设立办理销售、发货、收款三项业务的部门(或岗位);企业订立销售合同前,应当指定专门人员就销售价格、信用政策、发货及收款方式等具体事项与客户进行谈判。谈判人员至少应有两人以上,并与订立合同的人员相互分离;编制销售发票通知单的人员与开具销售发票的人员应相互分离;销售人员应当避免接触销货现款;企业应收票据的取得和贴现必须经由保管票据以外的主管人员书面批准。

2. 恰当的授权审批

对于授权审批问题,注册会计师应当关注以下四个关键点上的审批程序:其一,在销售发生之前,赊销已经正确审批。其二,非经正当审批,不得发出货物。其三,销售价格、销售条件、运费、折扣等必须经过审批。其四,审批人应当根据销售与收款授权批准制度的规定,在授权范围内进行审批,不得超越审批权限;对于超过企业既定销售政策和信用政策规定范围的特殊销售交易,需要经过适当的授权。前两项控制的目的在于防止企业因向虚构的或者无力支付货款的客户发货而蒙受损失;价格审批控制的目的在于保证销售交易按照企业定价政策规定的价格开票收款;授权审批范围设定权限的目的则在于防止因审批人决策失误而造成严重损失。

3. 充分的凭证和记录

充分的凭证和记录有助于企业执行各项控制以实现控制目标。例如,企业在收到客户订购单后，编制一份预先编号的一式多联的销售单，分别用于批准赊销、审批发货、记录发货数量以及向客户开具发票等。在这种制度下，通过定期清点销售单和销售发票，可以避免漏开发票或漏记销售的情况。又如，财务人员在记录销售交易之前，对相关的销售单、发运凭证和销售发票上的信息进行核对，以确保入账的营业收入是真实发生的、准确的。

4. 凭证的预先编号

对凭证进行预先编号，既可以防止销售以后遗漏向客户开具发票或登记入账，又可以防止重复开具发票或重复记账。需要注意的是，如果对凭证的编号不作清点，预先编号就会失去其控制意义。定期检查全部凭证的编号，并调查凭证缺号或重号的原因，是实施这项控制的关键点。在目前信息技术得以广泛运用的环境下，凭证的预先编号这一控制在很多情况下由系统执行，同时辅以人工的监控（如对系统生成的例外报告进行复核）。

5. 定期寄发对账单

由不负责现金出纳和销售及应收票据、应收款项融资、应收账款、合同资产记账的人员定期向客户寄发对账单，能促使客户在发现应付账款余额不正确后及时反馈有关信息。为了使这项控制更加有效，财务人员最好将账户余额中出现的所有核对不符的账项，指定一位既不负责货币资金，又不记录主营业务收入和应收票据、应收款项融资、应收账款、合同资产账目的主管人员处理，然后由独立人员定期编制对账情况汇总报告并交管理层审阅。

6. 内部核查程序

由内部审计人员或其他独立人员核查销售与收款交易的处理和记录，是企业实现内部控制目标不可缺少的一项控制措施。

销售与收款内部控制检查的主要内容包括：销售与收款交易相关岗位及人员的设置情况，重点检查是否存在销售与收款交易不相容、职务混岗的现象；销售与收款交易授权批准制度的执行情况，重点检查授权批准手续是否健全，是否存在越权审批行为；销售的管理情况，重点检查信用政策、销售政策的执行是否符合规定；收款的管理情况，重点检查销售收入是否及时入账，应收账款的催收是否有效，坏账核销和应收票据的管理是否符合规定；销售退回的管理情况，重点检查销售退回手续是否齐全，退回货物是否及时入库。

此外，对于收款循环的内部控制而言，由于每个企业的性质、所处行业、规模以及内部控制程度等不同，企业与收款交易相关的内部控制内容有所不同，但与以下收款交易相关的内部控制内容通常是共同遵循的：企业应当按照《现金管理暂行条例》《支付结算办法》等规定，及时办理销售收款业务。企业应将销售收入及时入账，不得账外设账，不得擅自坐支现金。销售人员应当避免接触销售现款。企业应当建立应收票据、应收款项融资、应收账款、合同资产信用风险分析制度和逾期催收制度。销售部门应当负责应收款项融资、应收账款的催收，财会部门应当督促销售部门加紧催收；对催收无效的逾期款项可通过法律程序予以解决。企业应当按客户设置应收票据、应收款项融资、应收账款、合同资产台账，及时登记每一位客户的应收票据、应收款项融资、应收账款、合同资产余额增减变动情况和信用额度使用情况；对长期往来客户应当建立起完善的客户资料，并对客户资料实施动态管理，及时更新。企业对于可能成为坏账的应收票据、应收款项融资、应收账款、合同资产应当报告有关决策机构，由其进行审查，确定是否确认为坏账。企业发生的各项坏账，应查明原因，明确责任，并在履行规定的审批程序后作出会计处理。企业注销的坏账应当进行备查登记，做到账销案存。已注销的坏账又收回时应当及时入账，防止形成账外资金。企业应收票据的取得和贴现必须经由保管票据以外的主管人员书面批准。应有专门人员保管应收票据,对于即将到期的应收票据,应及时向付款人提示付款;已贴现票据应在备查簿中登记,以便日后追踪管理;应制定逾期票据的冲销管理程序和逾期票据追踪监控制度。企业应当定期与客户核对应收票据、应收款项融资、应收账款预收款项、合同负债等往来款项。

实验资料及操作

一、销售合同/订单审批控制测试

【工作底稿填写要求】

销售与收款循环的控制测试是在了解和评价被审计单位的内部控制,以及进行穿行测试的基础上,设计出合理的销售与收款循环流程控制且执行,进而实施后续审计程序。

根据背景资料提示,被审计单位所有销售业务需签订销售合同。销售合同由销售部门经理、财务部经理、法务部负责人以及公司总经理联合审批签字,并在审批通过之后加盖公章。销售合同/订单审批控制测试如表6-2所示。

二维码6-2:风险评估——了解和评价销售和收款循环内控

表6-2 销售合同/订单审批控制测试

被审计单位: 北京中时电子有限公司		编制: 黎云景	日期: 2022/02/12	索引号: XSC-2-1
会计期间: 2021.01.01~2021.12.31		复核: 李天一	日期: 2022/02/18	页次: 1

控制编号:
XSKZ-1

控制的性质:

控制编号	自动控制	依赖信息系统的人工控制	人工控制
XSKZ-1			

控制测试的时间安排:
上述控制属于人工控制,计划在审计现场抽取样本进行测试。

控制测试的类型:

询问	观察	检查	重新执行

拟实施的测试程序:
(1) 检查销售合同或协议审批表是否经销售经理签字;
(2) 检查销售合同或协议审批表是否经财务经理签字;
(3) 检查销售合同或协议审批表是否经法务经理签字;
(4) 检查销售合同或协议审批表是否经总经理签字。

对总体进行定义:
2021年度所有销售订单或合同

总体的来源:
2021年销售收入明细账

控制执行的频率:

控制编号	频率
XSKZ-1	不定期

与控制相关的风险:
高

总体中项目的总数:
21

(续表)

对偏差进行定义：

控制编号	偏差的定义
XSKZ-1	销售合同未经销售经理、财务经理、法务经理、总经理中的一人或者多人审批，合同未盖公章。

确定所测试项目的数量并选取项目：

测试项目数量5，选取数量5。

测试过程记录：

序号	合同编号	客户名称	合同日期	测试内容 1	2	3	4	是否属于偏差
1	20210601							
2	20211201							

识别出的偏差：

考虑扩大测试范围：（如适用）

不适用

控制缺陷：（如适用，偏差是否被视为控制缺陷）

无

对获取的有关控制在期中运行有效性的审计证据的考虑：

不适用

剩余期间的测试过程记录：

序号	识别特征	测试程序1	测试程序2	注释
不适用				

结论：

注册会计师采取随意选样的方式在本年度所有销售合同的总体中选取两个样本进行测试，检查相关文件资料，验证被审计单位的内部控制是否得到一贯有效执行。系统中根据随意抽样得到的两个合同编号样本，查询其对应销售合同审批表的情况。对应销售合同审批表分别如表6-3和表6-4所示。

表6-3　北京中时电子有限公司销售合同审批表

合同编号	20210601	合同类别	购销合同
合同内容	销售扩音器3 400台		
签约单位	上海安洋制造有限公司		
合同金额（元）	345 784.67 (不含税)		
签约部门	销售部	经办人：	万伟
部门审批：	李晓	审批时间：	2021-5-28
财务审批：	王元	审批时间：	2021-5-29
法务审批：	段秀慧	审批时间：	2021-5-30
总经理审批：	程占奎	审批时间：	2021-5-31

表6-4　北京中时电子有限公司销售合同审批表

合同编号	20211201	合同类别	购销合同
合同内容	销售扩音器19 500台		
签约单位	北京中威电子有限公司		
合同金额（元）	2 000 000.00 (不含税)		
签约部门	销售部	经办人：	万伟
部门审批：	李晓	审批时间：	2021-11-27
财务审批：	赵磊	审批时间：	2021-11-28
法务审批：	段秀慧	审批时间：	2021-11-29
总经理审批：	高嘉程	审批时间：	2021-11-30

注册会计师检查的内容包括：

（1）销售合同或协议审批表是否经销售经理签字。（是）

（2）销售合同或协议审批表是否经财务经理签字。（是）

（3）销售合同或协议审批表是否经法务经理签字。（是）

（4）销售合同或协议审批表是否经总经理签字。（是）

根据测试内容结果可知，被审计单位在销售与收款流程中的销售合同/订单审批与处理环节控制测试不属于偏差，不视为控制缺陷，因此不考虑扩大测试范围及增加样本规模。测试结论为控制测试有效,未见异常。

二、发货审批控制测试

【工作底稿填写要求】

根据背景资料提示,被审计单位的销售人员与销售会计进行及时沟通,根据客户对合同的物资需求情况编制发货申请单。发货申请单经财务部、仓储部以及销售部经理审核通过后,传至各供应商发货地,安排发货。发货审批控制测试如表 6-5 所示。

表 6-5　　　　　　　　　　　　发货审批控制测试

被审计单位：北京中时电子有限公司　　编制：黎云景　　日期：2022/02/12　　索引号：XSC-2-2
会计期间：2021.01.01~2021.12.31　　复核：李天一　　日期：2022/02/18　　页次：1

控制编号：

XSKZ-2

控制的性质：

控制编号	自动控制	依赖信息系统的人工控制	人工控制
XSKZ-2			

控制测试的时间安排：

上述控制属于人工控制，计划在审计现场抽取样本进行测试。

控制测试的类型：

询问	观察	检查	重新执行

拟实施的测试程序：

(1) 检查发货申请单是否经销售经理签字；
(2) 检查发货申请单是否经财务经理签字；
(3) 检查发货申请单是否经仓储部经理签字；
(4) 检查发货申请单与出库单中的产品及数量是否一致。

对总体进行定义：

2021年度所有销售出库单

总体的来源：

2021年销售收入明细账

控制执行的频率：

控制编号	频率
XSKZ-2	不定期

与控制相关的风险：

高

总体中项目的总数：

21

对偏差进行定义：

控制编号	偏差的定义
XSKZ-1	发货申请单未经销售经理、财务经理、仓储部经理的一人或者多人签字。

确定所测试项目的数量并选取项目：

测试项目数量5，选取数量5。

测试过程记录：

序号	审批单编号	客户名称	日期	测试内容				是否属于偏差
				1	2	3	4	
1	2021010							
2	2021020							

(续表)

识别出的偏差：				
考虑扩大测试范围：（如适用）				
不适用				
控制缺陷：（如适用，偏差是否被视为控制缺陷）				
无				
对获取的有关控制在期中运行有效性的审计证据的考虑：				
不适用				
剩余期间的测试过程记录：				
序号	识别特征	测试程序1	测试程序2	注释
不适用				
结论：				

注册会计师采取随意选样的方式在本年度所有发货申请单的总体中选取两个样本进行测试，检查相关文件资料，验证被审计单位的内部控制是否得到一贯有效执行。系统中根据随意抽样得到的两个样本，检查发货申请单的情况。发货申请单分别如表6-6和表6-7所示。

表6-6　　　　　　　　北京中时电子有限公司发货申请单

审批单编号　2021010

申请人		万伟	申请时间		2021-6-5
部门		销售部	发货时间		2021-6-8
序号		产品名称	规格	单位	数量
1		扩音器	A#01	台	3 400
2					
3					
客户名称		上海安洋制造有限公司			
客户地址		上海市静安区广联街东马路39号			
客户电话		021-74386686			
部门经理审批			李晓		
财务审批			赵磊		
仓库审批			李旦		

表6-7　　　　　　　　北京中时电子有限公司发货申请单

审批单编号　2021020

申请人		万伟	申请时间		2021-12-5
部门		销售部	发货时间		2021-12-7
序号		产品名称	规格	单位	数量
1		扩音器	A#01	台	19 500
2					
3					
客户名称		北京中威电子有限公司			
客户地址		北京市大兴区长海街东梅路67号			
客户电话		010-89237765			
部门经理审批			李晓		
财务审批			赵磊		
仓库审批			李旦		

注册会计师检查的内容包括：
(1) 发货申请单是否经销售经理签字。（是）
(2) 发货申请单是否经财务经理签字。（是）
(3) 发货申请单是否经仓储部经理签字。（是）
(4) 发货申请单与出库单中的产品及数量是否一致。（是）

【注意】 注册会计师根据发货申请单上的发货时间和客户名称查询主营业务收入明细账、记账凭证和相关附件（产品装运单），以及检查发货申请单与出库单（装运单）中的产品及数量是否一致。

两个样本的记账凭证分别如图 6-1 和图 6-2 所示，产品装运单分别如图 6-3 和图 6-4 所示。

记 账 凭 证

记字036号　　　　　日期：2021-06-08　　　　　附单据　4　张

摘要	科目名称	借方金额	贷方金额
销售上海安洋公司扩音器	应收账款——上海安洋制造有限公司	390 736.68	
销售上海安洋公司扩音器	主营业务收入——扩音器		345 784.67
销售上海安洋公司扩音器	应交税费——应交增值税(销项税额)		44 952.01
合计		390 736.68	390 736.68

记账　孙志贤　　　审核　赵磊　　　出纳　　　　　制单　孙志贤

图 6-1　记账凭证 6-036 号

记 账 凭 证

记字022号　　　　　日期：2021-12-07　　　　　附单据　4　张

摘要	科目名称	借方金额	贷方金额
销售北京中威电子公司扩音器	应收账款——北京中威电子有限公司	2 260 000.00	
销售北京中威电子公司扩音器	主营业务收入——扩音器		2 000 000.00
销售北京中威电子公司扩音器	应交税费——应交增值税(销项税额)		260 000.00
合计		2 260 000.00	2 260 000.00

记账　孙志贤　　　审核　赵磊　　　出纳　　　　　制单　孙志贤

图 6-2　记账凭证 12-022 号

产品装运单

收货单位：上海安洋制造有限公司　　车　号：京N.H2015　　单　号：2014530
运输单位：北京顺达运输有限公司　　装运日期：2021-06-08　　承运人：张天

产品名称	规格	单位	数量	单价	总金额	备注
扩音器	A#01	台	3 400	101.7014	345 784.67	不含税
合计			3 400		345 784.67	

承运人：张天　　　　　　　　　　　　　　　　　　制单(发货人)：金可可

图 6-3　产品装运单 02014530

产品装运单

收货单位：北京中威电子有限公司　　车　号：京N.H2015　　单　号：02014541
运输单位：北京顺达运输有限公司　　装运日期：2021-12-07　　承运人：张天

产品名称	规格	单位	数量	单价	总金额	备注
扩音器	A#01	台	19 500	102.5641	2 000 000.00	不含税
合计			19 500		2 000 000.00	

承运人：张天　　　　　　　　　　　　　　　　　　制单(发货人)：金可可

图 6-4　产品装运单 02014541

根据测试内容结果可知，被审计单位在销售与收款流程中的发货审批环节控制测试不属于偏差，不视为控制缺陷，因此不考虑扩大测试范围及增加样本规模。测试结论为控制测试有效，未见异常。

三、记录应收账款控制测试

【工作底稿填写要求】

根据背景资料及被审计单位的内部控制描述提示，被审计单位销售出库后，业务人员跟进客户接收货物情况，客户签收无误后，业务人员及时填制结算单据，催促客户签字并盖章确认。业务人员根据经客户确认的结算单据信息填制销售开票申请，销售开票申请经销售部门经理、法务部以及财务部审核通过后，报财务部门开票。财务部门将结算单据与开票金额核对无误后，开票并确认收入。记录应收账款控制测试如表 6-8 所示。

表 6-8　　　　　　　　　　记录应收账款控制测试

被审计单位：北京中时电子有限公司　　编制：黎云景　　日期：2022/02/12　　索引号：XSC-2-3
会计期间：2021.01.01~2021.12.31　　复核：李天一　　日期：2022/02/18　　页次：1

控制编号：
XSKZ-3

控制的性质：

控制编号	自动控制	依赖信息系统的人工控制	人工控制
XSKZ-3			

(续表)

控制测试的时间安排:				
上述控制属于人工控制，计划在审计现场抽取样本进行测试。				
控制测试的类型:				
询问		观察	检查	重新执行
拟实施的测试程序:				
(1) 检查发票开具是否经销售部经理、财务部经理共同签字审批； (2) 检查记账凭证是否与发票金额一致； (3) 检查记账凭证是否与销售单一致； (4) 检查记账凭证是否与产品装运单一致。				
对总体进行定义:				
2021年度应收账款借方记账凭证				
总体的来源:				
2021年应收账款明细账				
控制执行的频率:				
控制编号		频率		
XSKZ-3		不定期		
与控制相关的风险:				
高				
总体中项目的总数:				
21				
对偏差进行定义:				
控制编号		偏差的定义		
XSKZ-3		发货申请单未经销售经理、财务经理、仓储部经理的一人或者多人签字。		
确定所测试项目的数量并选取项目:				
测试项目数量5，选取数量5。				

测试过程记录:								
序号	凭证号	客户名称	日期	测试内容				是否属于偏差
^	^	^	^	1	2	3	4	^
1	36		2021/7/20					
2	26		2021/9/12					

识别出的偏差:				
考虑扩大测试范围: (如适用)				
不适用				
控制缺陷: (如适用，偏差是否被视为控制缺陷)				
无				
对获取的有关控制在期中运行有效性的审计证据的考虑:				
不适用				

剩余期间的测试过程记录:				
序号	识别特征	测试程序1	测试程序2	注释
不适用				

结论:

注册会计师采取随意选样的方式在本年度所有销售凭证的总体中选取两个样本进行测试，检查相关文件资料，验证被审计单位的内部控制是否得到一贯有效执行。系统中根据随意抽样得到的两个凭证样本，查询相关记账凭证和相关附件的情况。以 2021 年 7 月记字

036号凭证(图6-5)为例,相关附件如图6-6至图6-9所示。

记 账 凭 证

记字036号　　　　　　　　　　　　　日期：2021-07-20　　　　　　　　　　附单据　4　张

摘要	科目名称	借方金额	贷方金额
销售上海安洋公司扩音器	应收账款——上海安洋制造有限公司	2 260 000.00	
销售上海安洋公司扩音器	主营业务收入——扩音器		2 000 000.00
销售上海安洋公司扩音器	应交税费——应交增值税(销项税额)		260 000.00
合计		2 260 000.00	2 260 000.00

记账　孙志贤　　　　　审核　赵磊　　　　　出纳　　　　　　　制单　孙志贤

图6-5　记账凭证7-036号

开具发票申请单

申请部门：	销售部	2021 年 07 月 20 日		
购货单位名称：	上海安洋制造有限公司			
纳税人识别号：	913101068306103220			
地址、电话：	上海市静安区广联街东马路39号 021-74386686			
开户行及账号：	中国工商银行上海静安支行 4177416760255041400			
申请开具发票种类：	增值税专用发票（√）　增值税普通发票（　）			
购货方性质：	一般纳税人（√）　小规模纳税人（　）　其他（　）			
是否发货：	是（√）否（　）	是否已收款：	是（　）否（√）	
货物名称	规格型号	单位	数量	单价（含税）	金额（含税）
扩音器	A#01	台		19 500.00	2 320 000.00

财务经理：赵磊　　　　　部门经理：李晓　　　　　申请人：万伟

图6-6　开具发票申请单

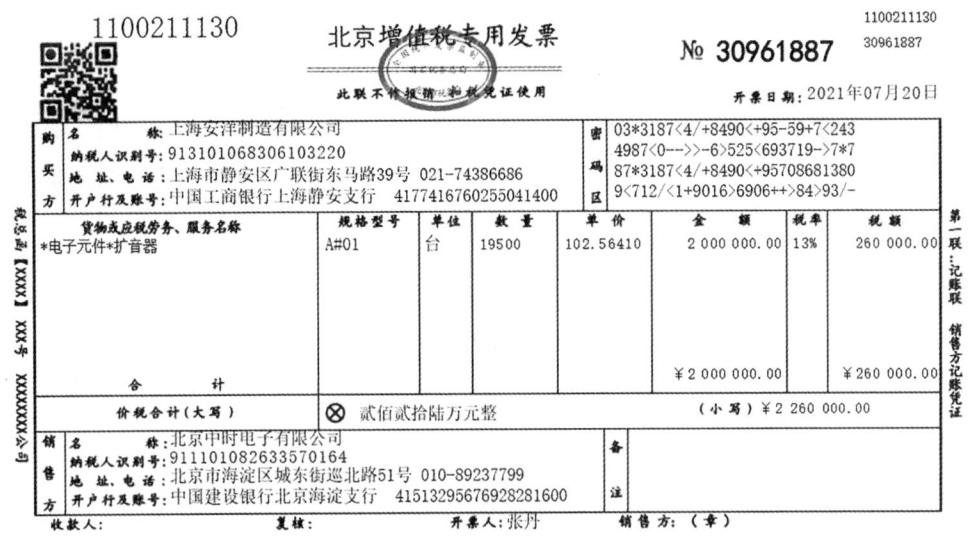

图 6-7 增值税专用发票

销售订单

产品编号	产品名称	单位	数量	单价	金额	折扣	折后金额	税率	税额	合计金额	备注
A#01	扩音器	台	9 500	102.5641	2 000 000.00	100%	2 000 000.00	13%	260 000.00	2 260 000.00	
合计	—	—	—	—	2 000 000.00	—	2 000 000.00	—	260 000.00	2 260 000.00	

图 6-8 销售订单

产品装运单

收货单位：上海安洋制造有限公司　　车　号：京 N.H2015　　单　号：02014532
运输单位：北京顺达运输有限公司　　装运日期：2021-07-20　　承运人：张天

产品名称	规格	单位	数量	单价	总金额	备注
扩音器	A#01	台	19 500	102.5641	2 000 000.00	不含税
	合计		19 500		2 000 000.00	

承运人：张天　　　　　　　　　　　　　　　　　　　　制单(发货人)：金可可

图 6-9 产品装运单 02014532

注册会计师检查的内容包括：

（1）发票开具是否经销售部经理和财务部经理共同签字审批。（是）

（2）记账凭证与增值税专用发票中的金额是否一致。（是）

（3）记账凭证是否与销售订单一致。（是）

（4）记账凭证是否与产品装运单一致。（是）

根据测试内容结果可知，被审计单位在销售与收款流程中的记录应收账款环节控制测试不属于偏差，不视为控制缺陷，因此不考虑扩大测试范围及增加样本规模。测试结论为控制测试有效,未见异常。

四、记录收款控制测试

【工作底稿填写要求】

根据背景资料及被审计单位的内部控制描述提示,被审计单位的销售人员随时与客户进行沟通,催促回款。回款后,会计人员将银行回单或应收票据复印件等附件核对一致后,编制收款凭证,并附相关单证。记录收款控制测试如表 6-9 所示。

表 6-9　　　　　　　　　　　记录收款控制测试

| 被审计单位: | 北京中时电子有限公司 | 编制: | 黎云景 | 日期: | 2022/02/12 | 索引号: | XSC-2-4 |
| 会计期间: | 2021.01.01~2021.12.31 | 复核: | 李天一 | 日期: | 2022/02/18 | 页次: | 1 |

控制编号:

XSKZ-4

控制的性质:

控制编号	自动控制	依赖信息系统的人工控制	人工控制
XSKZ-4			

控制测试的时间安排:

上述控制属于人工控制,计划在审计现场抽取样本进行测试。

控制测试的类型:

询问	观察	检查	重新执行

拟实施的测试程序:

(1) 检查记账凭证金额是否与银行回单 金额一致;
(2) 检查记账凭证客户是否与银行回单付款人一致;
(3) 检查记账凭证金额是否与电子银行承兑汇票原件(或复印件)金额一致;
(4) 检查记账凭证是否与电子银行承兑汇票原件(或复印件)的最后一手背书人一致。

对总体进行定义:

2021年度应收账款 贷方记账凭证(收款)

总体的来源:

2021年应收账款明细账

控制执行的频率:

控制编号	频率
XSKZ-4	不定期

与控制相关的风险:

高

总体中项目的总数:

21

对偏差进行定义:

控制编号	偏差的定义
XSKZ-4	回单、汇票复印件、记账凭证不一致

确定所测试项目的数量并选取项目:

测试项目数量5,选取数量5。

测试过程记录:

序号	凭证号	客户名称	日期	测试内容				是否属于偏差
				1	2	3	4	
1	13		2021/01/08					
2	12		2021/07/05					

销售与收款循环审计 第六章

(续表)

识别出的偏差：	

考虑扩大测试范围：（如适用）	
不适用	

控制缺陷：（如适用，偏差是否被视为控制缺陷）	
无	

对获取的有关控制在期中运行有效性的审计证据的考虑：	
不适用	

剩余期间的测试过程记录：

序号	识别特征	测试程序1	测试程序2	注释
不适用				

结论：	

注册会计师采取随意选样的方式在本年度所有销售记账凭证（采购相关）的总体中选取两个样本进行测试，检查相关文件资料，验证被审计单位的内部控制是否得到一贯有效执行。系统中根据随意抽样得到的两个凭证样本，查询相关记账凭证和相关附件的情况。以2021年1月记字013号凭证（图6-10）为例，相关附件如图6-11所示。

记 账 凭 证

记字013号　　　　　　　　　　　日期：2021-01-08　　　　　　　　　附单据　3　张

摘要	科目名称	借方金额	贷方金额
收到上海安洋公司汇票3张	应收票据——上海安洋制造有限公司	600 000.00	
收到上海安洋公司汇票3张	应收票据——上海安洋制造有限公司	2 000 000.00	
收到上海安洋公司汇票3张	应收票据——上海安洋制造有限公司	500 000.00	
收到上海安洋公司汇票3张	应收账款——上海安洋制造有限公司		3 100 000.00
合计		3 100 000.00	3 100 000.00

记账　孙志贤　　　审核　赵磊　　　出纳　　　　　　制单　孙志贤

图6-10　记账凭证1-013号

电子银行承兑汇票

出票日期：2021-01-08　　　　　　　　　　　票据状态：票据已签收
汇票到期日：2021-04-08　　　　　　　　　　票据号码：1 128570000540 0122332 0175021 1

出票人	全 称	上海安洋制造有限公司	收款人	全 称	北京中时电子有限公司
	账 号	4177416760255041400		账 号	4151329567 6928281600
	开户银行	中国工商银行上海静安支行		开户银行	中国建设银行北京海淀支行

出票保证信息	保证人名称：	保证人地址：	保证日期：

| 票据金额 | 人民币(大写) | 陆拾万元整 | 十亿千百十万千百十元角分 ¥ 6 0 0 0 0 0 0 0 |

承兑人信息	全 称	中国工商银行上海静安支行	开户行行号	102310013112
	账 号	0	开户行名称	中国工商银行上海静安支行

交易合同号		承兑信息	出票人承诺：本汇票请予以承兑，到期无条件付款
能否转让	可再转让		承兑人承兑：本汇已经承兑，到期无条件付款
			承兑日期：2021-04-08

承兑保证信息	保证人名称：	保证人地址：	保证日期：

评级信息（由出票人、承兑人自己记载，仅供参考）	出票人	评级主体：	信用等级：	评级到期日：
	承兑人	评级主体：	信用等级：	评级到期日：

备注	

图6-11　电子银行承兑汇票

注册会计师检查的内容包括:
(1)记账凭证金额是否与银行回单金额一致。(不适用)
(2)记账凭证客户是否与银行回单付款人一致。(不适用)
(3)记账凭证金额是否与电子银行承兑汇票复印件金额一致。(是)
(4)记账凭证是否与电子银行承兑汇票复印件的最后一手的背书人一致。(是)

【注意】主营业务使用银行承兑汇票进行结算,记账凭证附件中没有银行回单,因此涉及银行回单的测试内容不适用。电子银行承兑汇票复印件需要关注背面的最后一手的背书人。

根据测试内容结果可知,被审计单位在销售与收款流程中的记录收款环节控制测试不属于偏差,不视为控制缺陷,因此不考虑扩大测试范围及增加样本规模。测试结论为控制测试有效,未见异常。

五、销售与收款循环控制测试汇总表

销售与收款循环控制测试汇总表如表6-10所示。

表6-10　　　　　　　　　销售与收款循环控制测试汇总表

被审计单位:北京中时电子有限公司　　　编制:黎云景　　日期:2022/02/12　　索引号:XSC-1
会 计 期 间:2021.01.01~2021.12.31　　　复核:李天一　　日期:2022/02/18　　页　次:1

1. 了解内部控制的初步结论

2. 控制测试结论

控制编号	控制名称	与控制相关的风险(高/中/低)	是否拟信赖该控制(是/否)	控制测试程序	执行控制的频率	测试样本量
XSKZ-1	销售合同经过适当的审批并加盖公章	高	是	销售合同的审批是否经销售经理、财务经理、法务经理、总经理审核批准,且加盖公章		
XSKZ-2	发货申请经过适当人员审批批准	高	是	检查发货申请单是否经销售经理、财务经理、仓储部经理的签字批准		
XSKZ-3	销售单、产品装运单、销售发票及记账凭证内容记录完整一致	高	是	检查销售单、产品装运单、销售发票及记账凭证内容记录是否一致		
XSKZ-4	收款银行客户回单、电子银行承兑汇票复印件等与记账凭证内容一致	高	是	检查收款银行客户回单、电子银行承兑汇票复印件等与记账凭证内容是否一致相符		

被审计单位的内部控制的初步结论:控制测试有效。

第二节　应收账款审计

二维码6-3:
参考答案——
控制测试

实验目的

通过本节课的学习,学生能够了解应收账款审计的要点,掌握实施应收账款实质性程序的方法。

 理论知识点

一、审计目标

应收账款审计的目标如表 6-11 所示。

表 6-11　　　　　　　　　　应收账款审计的目标

事项	财务报表的认定
1. 资产负债表中记录的应收账款是存在的	存在
2. 所有应记录的应收账款均已记录	完整性
3. 记录的应收账款由被审计单位拥有或控制	权利和义务
4. 应收账款以恰当的金额包括在账务报表中,与之相关的计价调整已恰当记录	准确性、计价和分摊

二、计划实施的实质性程序

1. 取得应收账款明细表

(1) 复核加计是否正确,并核对其与总账数和明细账合计数是否相符;结合损失准备科目核对其与报表数是否相符。应收款项报表数反映企业因销售商品、提供劳务等向客户收取的各种款项,减去已计提的相应的损失准备后的净额。

(2) 检查非记账本位币应收账款的折算汇率及折算是否正确。对于用非记账本位币(通常为外币)结算的应收账款,注册会计师检查被审计单位外币应收账款的增减变动是否采用交易发生日的即期汇率将外币金额折算为记账本位币金额,或者采用按照系统合理的方法确定的、与交易发生日即期汇率近似的汇率折算,选择采用汇率的方法前后各期是否一致;期末外币应收账款余额是否采用期末即期汇率折合为记账本位币金额;折算差额的会计处理是否正确。

(3) 分析有贷方余额的项目,查明原因,必要时作重分类调整。

(4) 结合其他应收款、预收款项等往来项目的明细余额,调查有无同一客户多处挂账、异常余额或与销售无关的其他款项(如代销账户、关联方账户或员工账户)的情况,必要时提出调整建议。

2. 分析与应收账款相关的财务指标

(1) 复核应收账款借方累计发生额与主营业务收入关系是否合理,并将当期应收账款借方发生额占销售收入净额的百分比与管理层考核指标和被审计单位相关赊销政策作比较,如存在异常,应查明原因。

(2) 计算应收账款周转率、应收账款周转天数等指标,并与被审计单位相关赊销政策、以前年度指标、同行业同期相关指标作比较,分析是否存在重大异常并查明原因。

3. 对应收账款实施函证程序

函证应收账款的目的在于证实应收账款的账户余额是否真实、准确。通过第三方提供的函证回复,可以有效地证明被询证者的存在和被审计单位记录的可靠性。

注册会计师根据被审计单位的经营环境、内部控制的有效性、应收账款账户的性质、被

询证者处理询证函的习惯做法及回函的可能性等,确定应收账款函证的范围、对象、方式和时间。

(1) 函证决策。除非有充分证据表明应收账款对被审计单位的财务报表而言是不重要的,或者函证很可能是无效的,否则注册会计师应当对应收账款进行函证。如果注册会计师不对应收账款进行函证,则应当在审计工作底稿中说明理由。如果注册会计师认为函证很可能是无效的,则应当实施替代审计程序,以获取相关、可靠的审计证据。

(2) 函证的范围和对象。函证的范围是由诸多因素决定的,主要有:

第一,应收账款在全部资产中的重要程度。如果应收账款占资产总额的比重较大,则需要相应扩大函证的范围。

第二,被审计单位内部控制的有效性。如果被审计单位的内部控制有效,则可以相应减少函证范围;反之,则需要扩大函证范围。

第三,以前期间的函证结果。如果以前期间的函证中发现过重大差异,或欠款纠纷较多,则需要扩大函证的范围。

第四,注册会计师选择函证项目时,除了考虑金额较大的项目,还需要考虑风险较高的项目。例如,账龄较长的项目;与债务人发生纠纷的项目;重大关联方项目;主要客户(包括关系密切的客户)项目;新增客户项目;交易频繁但期末余额较小甚至余额为零的项目;可能产生重大错报或舞弊的非正常的项目。这种基于一定的标准选取样本的方法具有针对性,适用于应收账款余额金额和性质差异较大的情况。如果应收账款余额由大量金额较小且性质类似的项目构成,则注册会计师通常采用抽样技术选取函证样本。

(3) 函证的方式。注册会计师可采用积极的或消极的函证方式实施函证,也可将两种方式结合使用。应收账款通常存在高估风险,且假定与之相关的收入确认存在舞弊风险,因此,注册会计师在实务工作中通常对应收账款采用积极的函证方式。

(4) 函证时间的选择。注册会计师通常以资产负债表日为截止日,在资产负债表日后适当时间内实施函证。如果重大错报风险评估为低水平,则注册会计师可选择资产负债表日前适当日期为截止日实施函证,并对所函证项目自该截止日起至资产负债表日止发生的变动实施其他实质性程序。

(5) 函证的控制。注册会计师通常利用被审计单位提供的应收账款明细账户名称及客户地址等资料,编制询证函。注册会计师应当对函证全过程保持控制,并对确定需要确认或填列的信息、选择适当的被询证者、设计询证函以及发出和跟进(包括收回)询证函保持控制。注册会计师可通过函证结果汇总表的方式对询证函的收回情况加以汇总。

(6) 注册会计师对未回函项目实施替代审计程序,以获取相关、可靠的审计证据。

实验资料及操作

一、往来账项询证函

【工作底稿填写要求】

(1) 向债权人发送询证函。注册会计师应根据审计准则的规定对询证函保持控制,包括确定需要确认或填列的信息、选择适当的被询证者、设计询证函、正确填列被询证者的姓名和地址,以及被询证者直接向注册会计师回函的地址等信息,必要时再次向被询证者寄发询证函。

(2) 将询证函回函确认的余额与已记录金额作比较,如存在差异,检查支持性文件。此外,评价已记录金额是否适当。

(3) 对未回函的项目实施替代程序,如检查收款单据、销售发票,以及发货单等适当文件。

(4) 如果认为回函不可靠,评价对评估的重大错报风险以及其他审计程序的性质、时间安排和范围的影响。

【注意】往来账项询证函(表6-12)的截止日为资产负债表日,即2021年12月31日。以向客户北京中威电子有限公司发函为例,根据客户明细账查询应收账款明细账(表6-13)的余额情况,列示贵公司欠 3 457 300.95 元。应收贵公司票据:根据电子银行承兑汇票(图6-12)填写。往来账项询证函上应盖有被审计单位公章,被询证单位确认无误后,签章确认并回函至会计师事务所;若对列示金额有异议,在其他事项中如实列明后,直接回函至会计师事务所。

表6-12 往来账项询证函

索引号:ZD-3-1
编 号:001

致:_____

本公司聘请的 北京友和会计师事务所 正在对本公司 年度的财务报表进行审计,按照中国注册会计师审计准则的要求,应当询证本公司与贵公司的往来账项等事项。下列信息出自本公司账簿记录:

(1) 如与贵公司记录相符,请在本函下端"信息证明无误"处签章证明;

(2) 如有不符,请在"信息不符"处列明不符项目并签章;

(3) 如存在与本公司有关的未列入本函的其他项目,请在"信息不符"处列出这些项目的金额及详细资料并签章。

回函请寄至北京友和会计师事务所 地址及联系方式如下:
回函地址:北京市西城区城东街长逸路1号6楼
联系人:李天一   电话:010-43034489   传真:010-43034489   邮政编码:100035
电子邮箱:lity@outlook.com

1. 销售与未结算
(1) 销售与应(预)收账款

截止日期	贵公司欠	销售给贵公司(不含税)	欠贵公司	本公司科目

(续表)

(2) 应收贵公司票据

出票日期	票据编号	金额	出票人	前手

2. 采购与未结算

(1) 采购与预(应)付账款

截止日期	贵公司欠	向贵公司采购（不含税）	欠贵公司	本公司科目

(2) 应付贵公司票据

出票日期	票据编号	金额	受票人	备注

3. 其他往来账项

截止日期	贵公司欠	欠贵公司	备注(内容、性质)	本公司科目

4. 其他事项

(公司盖章)

2022 年 02 月 12 日

经办人：赵磊

(续表)

信息证明无误	信息不符及需加证明事项（详细附后）
（公司盖章） 年　月　日 经办人：	（公司盖章） 年　月　日 经办人：

表 6-13　　　　　　　　　　应收账款明细账

科目：112202 应收账款——北京中威电子有限公司

2021年		凭证号		摘要	借方	贷方	方向	余额
月	日	种类	号数					
				上年结转			平	—
4	24	记	022	销售北京中威电子公司扩音器	1 037 451.94		借	1 037 451.94
				本月合计	1 037 451.94	—	借	1 037 451.94
				本年累计	1 037 451.94	—	借	1 037 451.94
5	9	记	032	销售北京中威电子公司扩音器	512 849.01		借	1 550 300.95
				本月合计	512 849.01	—	借	1 550 300.95
				本年累计	1 550 300.95	—	借	1 550 300.95
11	25	记	032	销售北京中威电子公司扩音器	2 147 000.00		借	3 697 300.95
				本月合计	2 147 000.00	—	借	3 697 300.95
				本年累计	3 697 300.95	—	借	3 697 300.95
12	7	记	022	销售北京中威电子公司扩音器	2 260 000.00		借	5 957 300.95
12	27	记	052	收到中威电子银行汇票3张		2 500 000.00	借	3 457 300.95
				本月合计	2 260 000.00	2 500 000.00	借	3 457 300.95
				本年累计	5 957 300.95	2 500 000.00	借	3 457 300.95
				结转下年			借	3 457 300.95

电 子 银 行 承 兑 汇 票

出票日期：2021-12-08　　　　　　　　　　　　　　　　票据状态：收票已签收
汇票到期日：2022-03-08　　　　　　　　　　　　　　　票据号码：1 146300000296 0198833 01886680 1

出票人	全　称	北京中威电子有限公司	收款人	全　称	北京中时电子有限公司
	账　号	41354663718853098750		账　号	41513295676928281600
	开户银行	中国建设银行北京大兴支行		开户银行	中国建设银行北京海淀支行
出票保证信息	保证人名称：		保证人地址：		保证日期：

票据金额	人民币 （大写）	壹佰万元整	¥	十亿	千百	十万	千	百	十	元	角	分
			¥	1	0 0	0 0	0	0	0	0	0	0

承兑人信息	全　称	中国建设银行北京大兴支行	开户行行号	102310013112
	账　号	0	开户行名称	中国建设银行北京大兴支行
交易合同号			承兑信息	出票人承诺：本汇票请予以承兑，到期无条件付款
能否转让	可再转让			承兑人承兑：本汇票已经承兑，到期无条件付款
				承兑日期：2022-03-08
承兑保证信息	保证人名称：		保证人地址：	保证日期：
评级信息（由出票人、承兑人自己记载，仅供参考）	出 票 人	评级主体：	信用等级：	评级到期日：
	承 兑 人	评级主体：	信用等级：	评级到期日：
备注				

图 6-12　电子银行承兑汇票

函证所获取的审计证据的可靠性主要取决注册会计师设计询证函、实施函证程序和评价函证结果等程序的适当性。在函证过程中,注册会计师需要始终保持职业怀疑,对舞弊风险迹象如不正常的回函率,从私人电子信箱发送的回函,管理层试图拦截、篡改询证函或回函等现象,保持警觉。如果认为询证函回函不可靠,注册会计师应当评价其对评估的相关重大错报风险,以及其他审计程序的性质、时间安排和范围的影响。

二、应收账款函证结果汇总表

应收账款函证结果汇总表如表 6-14 所示。

表 6-14　　　　　　　　　　应收账款函证结果汇总表

被审计单位:北京中时电子有限公司　　　编制:黎云景　　　日期:2022/02/12　　　索引号:ZD-3
会计期间:2021.01.01~2021.12.31　　　复核:李天一　　　日期:2022/02/15　　　页　次: 1

单位名称	账面余额(1)	函证情况					回函差异调节金额	调节索引	替代程序可确认金额	查验索引	可确认金额(2)	金额差异(1)-(2)	函证索引	备注
		发函日期	发函金额	是否回函	回函日期	回函金额								
北京中威电子有限公司		2022/02/12		是	2022/02/15	3 457 300.95	0		0					
上海安洋制造有限公司		2022/02/12		是	2022/02/15	23 046 542.32	0		0					
成都诚意贸易有限公司		2022/02/12		是	2022/02/15	2 508 962.43	0		0					
合计						29 012 805.70								
审计说明														

【工作底稿填写要求】

应收账款函证结果汇总表用来汇总和分析所有函证的总体情况。注册会计师应对所有寄发的函证进行编号,以及记录函证的方式、函证日期、回函日期和回函金额。账面金额与回函后可确认金额进行对比分析,判断经调节后是否存在差异。如果第一次函证没有正常回函,注册会计师应考虑再次进行函证。

三、应收账款坏账准备审核表

应收账款坏账准备审核表如表 6-15 所示。

表 6-15　　　　　　　　　　应收账款坏账准备审核表

被审计单位:北京中时电子有限公司　　　编制:黎云景　　　日期:2022-02-12　　　索引号:ZD-4
会计期间:2021.01.01~2021.12.31　　　复核:李天一　　　日期:2022-02-15　　　页　次: 1

项目	账龄	期末审定数	减:不计提坏账准备的内部往来	计提比率	按类似信用风险特征应计提坏账准备金额(1)	坏账准备				差异(1)-(2)	备注
						年初审定数	本期计提数	本期转出(核销)数	期末余额(2)		
应收账款	1年以内			5%							
	1~2年			10%							

(续表)

| 项目 | 账龄 | 期末审定数 | 减:不计提坏账准备的内部往来 | 计提比率 | 按类似信用风险特征应计提坏账准备金额(1) | 坏账准备 | | | 差异(1)-(2) | 备注 |
						年初审定数	本期计提数	本期转出(核销)数	期末余额(2)	
应收账款	2～3年			50%						
	3年以上			100%						
合计										
审计说明										

【工作底稿填写要求】

根据企业信息资料提示,查询相应账龄区间的应收账款期末余额是否存在不计提坏账准备。根据账龄区间对应的计提比率计算应计提坏账准备金额。

根据企业信息资料提示,"应收账款年初审定数＋本期计提数－本期转出数＝期末余额",得出已计提坏账准备金额。

判断应计提坏账准备金额和被审计单位坏账准备的期末余额是否存在差异,如存在差异,则为应补提的坏账准备金额。坏账准备明细账、2021年期初账龄及坏账准备计算表、期末坏账准备计算表分别如表6-16至表6-18所示。

审计说明:经复核,应补提的坏账准备金额,调整分录为:

借:信用减值损失　　　　　　　　　　　　　　　　　　　　　　　26 100.97
　　贷:坏账准备——应收账款坏账准备　　　　　　　　　　　　　26 100.97

表6-16　　　　　　　　　　　　坏账准备明细账

科目:113101 坏账准备——应收账款

| 2021年 | | 凭证号 | | 摘要 | 借方 | 贷方 | 方向 | 余额 |
月	日	种类	号数					
				上年结转			贷	2 954 100.29
12	31	记	62	冲减应收账款坏账准备		−1 576 977.90	贷	1 377 122.39
				本月合计	—	−1 576 977.90	贷	1 377 122.39
				本年累计	—	−1 576 977.90	贷	1 377 122.39
				结转下年			贷	1 377 122.39

表6-17　　　　　　　　　　2021年期初账龄及坏账准备计算表

单位:元

名称	合计	1年以内	1年至2年	2年至3年	3年以上
一、关联方	—	—	—		
北京中威电子有限公司					
二、非关联方	32 216 904.77	5 351 803.64	26 865 101.13	—	—
上海安洋制造有限公司	29 707 942.34	2 842 841.21	26 865 101.13		
成都诚意贸易有限公司	2 508 962.43	2 508 962.43			

(续表)

名称	合计	1年以内	1年至2年	2年至3年	3年以上
合　计	32 216 904.77	5 351 803.64	26 865 101.13	—	—
坏账准备计提比例		5.00%	10.00%	50.00%	100.00%
坏账准备金额	2 954 100.29	267 590.18	2 686 510.11	—	—

表 6-18　　　　　　　　　　期末坏账准备计算表　　　　　　　　　　单位:元

账龄	应收账款			坏账准备		
	关联方	非关联方	小计	关联方	非关联方	小计
1年以内	3 457 300.95	22 524 522.92	25 981 823.87	—	1 126 226.15	1 126 226.15
1年至2年		2 508 962.43	2 508 962.43		250 896.24	250 896.24
2年至3年			—			
3年以上			—			
合计	3 457 300.95	25 033 485.35	28 490 786.30		1 377 122.39	1 377 122.39
期初坏账准备金额					2 954 100.29	2 954 100.29
本期应计提坏账准备金额					−1 576 977.90	−1 576 977.90

四、应收账款凭证检查表

应收账款凭证检查表如表 6-19 所示。

表 6-19　　　　　　　　应收账款凭证检查表

被审计单位:北京中时电子有限公司　　编制:黎云景　日期:2022/02/12　　索引号:ZD-5
会计期间:2021.01.01～2021.12.31　　　复核:李天一　日期:2022/02/15　　页　次:　1

序号	记账日期	凭证号	业务摘要	对方科目		金额	核对内容(用"√"或"×"表示)						备注
				方向	一级科目名称		1	2	3	4	5	6	
1	2021/02/05	记-36											
2	2021/04/12	记-16											
3	2021/06/08	记-36											
3	2021/07/05	记-12											
3	2021/09/12	记-26											
4	2021/12/07	记-22											
核对内容说明:(1)原始凭证内容完整;(2)授权批准完整;(3)账务处理正确;(4)金额核对相符;(5)……													
审计说明													

【工作底稿填写要求】

根据企业信息资料提示,依据记账日期和凭证编号查找记账凭证,并根据记账凭证及相关附件核对内容。以 2021 年 2 月记字 036 号凭证(图 6-13)为例,其相关附件分别如图 6-14 至图 6-17 所示。

记 账 凭 证

记字036号　　　　　　　　　　　　　日期：2021-02-20　　　　　　　　　　　附单据　　4　　张

摘要	科目名称	借方金额	贷方金额
销售上海安洋公司扩音器	应收账款——上海安洋制造有限公司	516 137.52	
销售上海安洋公司扩音器	主营业务收入——扩音器		456 758.87
销售上海安洋公司扩音器	应交税费——应交增值税(销项税额)		59 378.65
合计		516 137.52	516 137.52

记账　孙志贤　　　　　　审核　赵磊　　　　　　出纳　　　　　　　　制单　孙志贤

图 6-13　记账凭证 2-036 号

购销合同

购方：　上海安洋制造有限公司　　　　　合同编号：　20210202

销方：　北京中时电子有限公司　　　　　签订时间：　2021年02月15日

　　供需双方本着互利互惠、长期合作的原则,根据《中华人民共和国民法典》及双方的实际情况,就需方向供方采购事宜,订立本合同,以便双方在合同履行中共同遵守。

一、产品名称、数量、单价、金额：

产品名称	规格型号	计量单位	数量	单价	金额	备注
扩音器	A#01	台	4 500	101.50197	456 758.87	不含税金额
合计					￥456 758.87	

合计人民币（大写）：　肆拾伍万陆仟柒佰伍拾捌元捌角柒分

二、质量要求技术标准：供方按合同企业标准。

三、交（提）货地点、方式：　北京中时电子有限公司

四、付款时间与付款方式：　电汇转账。

五、运输方式及到站、港和费用负担：　由第三方物流公司提供配送服务,相关配送服务费用由销售方承担。

六、合理损耗及计算方法：以实际数量验收。

七、包装标准、包装物的供应与回收：普通包装,不回收包装物。

八、验收标准、方法及提出异议限期：货到需方7天内提出质量异议,不包括运输过程中造成的质量问题。

九、违约责任：按照《中华人民共和国民法典》。
十、解决合同纠纷的方式：双方协商解决。
十一、其他约定事项：本合同一式两份，供需双方各一份，经双方盖章后即生效。

购方（盖章）： 上海安洋制造有限公司	销方（盖章）： 北京鸿封电子有限公司
单位地址：上海市静安区广联街东马路39号	单位地址：北京市海淀区城东街巡礼路51号
电　话：021-74386686	电　话：010-89237799
签订日期：2021年02月15日	签订日期：2021年02月15日
开户银行：中国工商银行上海静安支行	开户银行：中国建设银行北京海淀支行
账　号：4177416760255041400	账　号：4151329567692628 1600

图6-14　购销合同

销售订单

部　　门：销售部	订单日期：2021-02-20	订单编号：XSDD-202102-002-003
客户名称：上海安洋制造有限公司	联　系　人：张立	联系电话：021-74386686
联系地址：上海市静安区广联街东马路39号	交付期限：产品运达指定地点日	结算方式：银行转账

产品编号	产品名称	单位	数量	单价	金额	折扣	折后金额	税率	税额	合计金额	备注
A#01	扩音器	台	4 500.00	101.5020	456 758.87	100%	456 758.87	13%	59 378.65	516 137.52	
合计	—		—	—	456 758.87	—	456 758.87	—	59 378.65	516 137.52	

业务人：万伟　　　　审核：李晓　　　　打印：万伟　　　　打印日期：2021-02-20

图6-15　销售订单

产品装运单

收货单位：上海安洋制造有限公司	车　　号：京N.H2015	单　号：2014523
运输单位：北京顺达运输有限公司	装运日期：2021-02-20	承运人：张天

产品名称	规格	单位	数量	单价	总金额	备注
扩音器	A#01	台	4 500	101.502	456 758.87	不含税
合计			4 500		456 758.87	

承运人：张天　　　　　　　　　　　　　　　　　制单（发货人）：金可可

图6-16　产品装运单

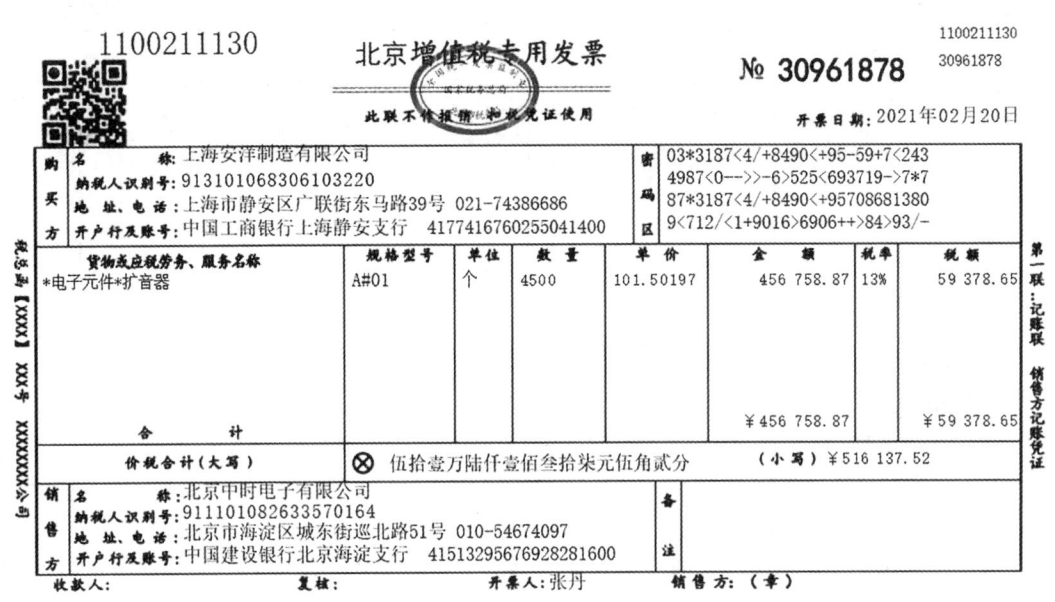

图 6-17 增值税专用发票

注册会计师检查的内容包括：

(1) 原始凭证内容是否完整。

(2) 授权批准是否完整。

(3) 账务处理是否正确。

(4) 金额核对是否相符。

审计说明：经采用随机抽样方法检测所有抽样凭证后，未发现异常业务。

五、应收账款明细表和审定表

应收账款明细表如表 6-20 所示。

表 6-20　　　　　　　　　　应收账款明细表

被审计单位：北京中时电子有限公司　　编制：黎云景　　日期：2022/02/12　　索引号：ZD-2

会 计 期 间：2021.01.01～2021.12.31　　复核：李天一　　日期：2022/02/15　　页　次：1

债务人名称	原因、性质以及内容	币种	未审数				未审账龄				账项调整		重分类调整	调整索引	期末审定数	审定账龄				备注
			期初数	本期增加	本期减少	期末数	1年以内	1～2年	2～3年	3年以上	借方	贷方	借方	贷方			1年以内	1～2年	2～3年	3年以上	
一、关联方	—	—																			
其中：北京中威电子有限公司	贷款	人民币			—																
					—																
二、非关联方																					
其中：上海安洋制造有限公司	贷款	人民币																			

(续表)

债务人名称	原因、性质以及内容	币种	未审数			未审账龄				账项调整		重分类调整		调整索引	期末审定数	审定账龄				备注
			期初数	本期增加	本期减少	期末数	1年以内	1～2年	2～3年	3年以上	借方	贷方	借方	贷方			1年以内	1～2年	2～3年	3年以上	
成都诚意贸易有限公司	贷款	人民币				—											—				
上海速飞运输有限公司	贷款	人民币																			
应收账款账面余额			—	—	—	—	—	—	—	—	—	—	—	—			—	—	—	—	
应收账款坏账准备																					
应收账款面价值			—	—	—	—	—	—	—	—	—	—	—	—			—	—	—	—	
审计说明																					

【工作底稿填写要求】

根据企业信息资料提示,查询应收账款明细账、坏账准备明细账,计算应收账款账面价值并查看是否正确。相关资料如表6-21至表6-24所示。

表6-21　　　　　　　　　　应收账款明细账

科目:112202 应收账款——北京中威电子有限公司

2021年		凭证号		摘要	借方	贷方	方向	余额
月	日	种类	号数					
				上年结转			平	—
4	24	记	022	销售北京中威电子公司扩音器	1 037 451.94		借	1 037 451.94
				本月合计	1 037 451.94	—	借	1 037 451.94
				本年累计	1 037 451.94		借	1 037 451.94
5	9	记	032	销售北京中威电子公司扩音器	512 849.01		借	1 550 300.95
				本月合计	512 849.01	—	借	1 550 300.95
				本年累计	1 550 300.95		借	1 550 300.95
11	25	记	032	销售北京中威电子公司扩音器	2 147 000.00		借	3 697 300.95
				本月合计	2 147 000.00	—	借	3 697 300.95
				本年累计	3 697 300.95	—	借	3 697 300.95
12	7	记	022	销售北京中威电子公司扩音器	2 260 000.00		借	5 957 300.95
12	27	记	052	收到中威电子银行汇票3张		2 500 000.00	借	3 457 300.95
				本月合计	2 260 000.00	2 500 000.00	借	3 457 300.95
				本年累计	5 957 300.95	2 500 000.00	借	3 457 300.95
				结转下年			借	3 457 300.95

表 6-22   应收账款明细账

科目：112203 应收账款——成都诚意贸易有限公司

2021年		凭证号		摘要	借方	贷方	方向	余额
月	日	种类	号数					
				上年结转			借	2 508 962.43
				结转下年			借	2 508 962.43

表 6-23   应收账款明细账

科目：112204 应收账款——上海速飞运输有限公司

2021年		凭证号		摘要	借方	贷方	方向	余额
月	日	种类	号数					
				上年结转			贷	398 934.20
				结转下年			贷	398 934.20

表 6-24   应收账款明细账

科目：112201 应收账款——上海安洋制造有限公司

2021年		凭证号		摘要	借方	贷方	方向	余额
月	日	种类	号数					
				上年结转			借	32 207 942.34
1	8	记	013	收到上海安洋公司汇票3张		3 100 000.00	借	29 107 942.34
1	23	记	036	销售上海安洋公司扩音器	703 104.46		借	29 811 046.80
				本月合计	703 104.46	3 100 000.00	借	29 811 046.80
				本年累计	703 104.46	3 100 000.00	借	29 811 046.80
2	5	记	026	销售上海安洋公司扩音器	867 553.84		借	30 678 600.64
2	20	记	036	销售上海安洋公司扩音器	516 137.52		借	31 194 738.16
2	28	记	075	上海安洋预收款转应收		2 500 000.00	借	28 694 738.16
				本月合计	1 383 691.36	2 500 000.00	借	28 694 738.16
				本年累计	2 086 795.82	5 600 000.00	借	28 694 738.16
3	10	记	036	销售上海安洋公司扩音器	265 445.97		借	28 960 184.13
3	25	记	046	销售上海安洋公司扩音器	3 040 035.84		借	32 000 219.97
				本月合计	3 305 481.81	—	借	32 000 219.97
				本年累计	5 392 277.63	5 600 000.00	借	32 000 219.97
4	12	记	016	销售上海安洋公司扩音器	766 806.08		借	32 767 026.05
				本月合计	766 806.08	—	借	32 767 026.05
				本年累计	6 159 083.71	5 600 000.00	借	32 767 026.05
5	23	记	036	销售上海安洋公司扩音器	259 276.31		借	33 026 302.36
				本月合计	259 276.31	—	借	33 026 302.36
				本年累计	6 418 360.02	5 600 000.00	借	33 026 302.36
6	8	记	036	销售上海安洋公司扩音器	390 736.68		借	33 417 039.04
6	19	记	056	销售上海安洋公司扩音器	113 525.54		借	33 530 564.58
				本月合计	504 262.22	—	借	33 530 564.58
7	5	记	012	收到安洋货款		21 400 000.00	借	12 130 564.58
7	20	记	036	销售上海安洋公司扩音器	2 260 000.00		借	14 390 564.58
				本月合计	2 260 000.00	21 400 000.00	借	14 390 564.58
				本年累计	9 182 622.24	27 000 000.00	借	14 390 564.58

(续表)

2021年		凭证号		摘要	借方	贷方	方向	余额
月	日	种类	号数					
8	11	记	026	销售上海安洋公司扩音器	6 416 531.59		借	20 807 096.17
8	30	记	048	销售上海安洋公司扩音器	818 256.63		借	21 625 352.80
				本月合计	7 234 788.22	—	借	21 625 352.80
				本年累计	16 417 410.46	27 000 000.00	借	21 625 352.80
9	12	记	026	销售上海安洋公司扩音器	794 915.20		借	22 420 268.00
9	27	记	046	销售上海安洋公司扩音器	240 255.49		借	22 660 523.49
				本月合计	1 035 170.69		借	22 660 523.49
				本年累计	17 452 581.15	27 000 000.00	借	22 660 523.49
10	13	记	016	销售上海安洋公司扩音器	1 230 999.43		借	23 891 522.92
10	29	记	035	销售上海安洋公司扩音器	2 938 000.00		借	26 829 522.92
				本月合计	4 168 999.43	—	借	26 829 522.92
				本年累计	21 621 580.58	27 000 000.00	借	26 829 522.92
11	12	记	016	销售上海安洋公司扩音器	1 695 000.00		借	28 524 522.92
11	30	记	077	收到安洋货款		6 000 000.00	借	22 524 522.92
				本月合计	1 695 000.00	6 000 000.00	借	22 524 522.92
				本年累计	23 316 580.58	33 000 000.00	借	22 524 522.92
				结转下年			借	22 524 522.92

(1) 未审数,根据被审计单位应收账款明细账的期初余额、本期发生额、期末余额填写。

(2) 未审账龄,可以根据2021年1月1日应收账款账面余额的账龄情况推算2021年12月31日应收账款期末余额的账龄情况,得出结论。应收账款账面余额及账龄明细表、账龄分析表分别如表6-25和表6-26所示。

表6-25　　　　　　　　　　应收账款账面余额及账龄明细表

单位:元

序号	项目	合计金额	账龄			
			1年以内	1~2年	2~3年	3年以上
1	上海安洋制造有限公司	32 207 942.34	5 342 841.21	26 865 101.13	—	—
2	成都诚意贸易有限公司	2 508 962.43	2 508 962.43	—		
3	上海速飞运输有限公司	−398 934.20	−398 934.20			
	合计	34 317 970.57	7 452 869.44	26 865 101.13	—	—

表6-26　　　　　　　　　　账龄分析表

公司名称	账龄分析	分析结果
北京中威电子有限公司	应收账款明细账期初余额为0,期末余额为2021年当期发生额,账龄为1年以内	1年以内
上海安洋制造有限公司	应收账款明细账期初余额为32 207 942.34元,2021年度应收账款贷方发生额累计33 000 000.00元,表示之前的欠款都已经收回,期末余额为2021年当期发生额,账龄为1年以内	1年以内

(续表)

公司名称	账龄分析	分析结果
成都诚意贸易有限公司	应收账款明细账中2021年度没有发生额,期末余额2 508 962.43元均为以前年度发生额。结合2021年01月01日应收账款账面余额及账龄明细表得知,期末余额2 508 962.43元的账龄于2021年年初为1年以内,至2021年年末的账龄增加一年	1~2年
上海速飞运输有限公司	应收账款明细账中2021年度没有发生额,期末余额398 934.20元均为以前年度发生额。结合2021年01月01日应收账款账面余额及账龄明细表得知,期末余额398 934.20元的账龄于2021年年初为1年以内,至2021年年末的账龄增加一年	1~2年

(3) 调整分录:

第一,经检查确认,应收账款——上海安洋制造有限公司与预收账款——上海安洋制造有限公司同时挂账,调整分录为:

借:预收账款——上海安洋制造有限公司　　　　　　　　　2 500 000.00
　　贷:应收账款——上海安洋制造有限公司　　　　　　　　　2 500 000.00

上海安洋制造有限公司的预收账款明细账如表6-27所示。

表6-27　　　　　　　　　　　预收账款明细账

科目:220302 预收账款——上海安洋制造有限公司

2021年		凭证号		摘要	借方	贷方	方向	余额
月	日	种类	号数					
				上年结转			贷	2 500 000.00
2	28	记	075	上海安洋预收款转应收	2 500 000.00		平	—
				本月合计	2 500 000.00	—	平	
				本年累计	2 500 000.00	—	平	
3	12	记	042	预收安洋货款		2 500 000.00	贷	2 500 000.00
				本月合计	—	2 500 000.00	贷	2 500 000.00
				本年累计	2 500 000.00	2 500 000.00	贷	2 500 000.00
				结转下年			贷	2 500 000.00

第二,上海速飞运输有限公司期末应收账款为贷方余额,予以重分类调整,因此调整分录为:

借:应收账款——上海速飞运输有限公司　　　　　　　　　398 934.20
　　贷:预收账款——上海速飞运输有限公司　　　　　　　　　398 934.20

第三,经检查确认,上海安洋制造有限公司存在延迟确认收入,调增上海安洋制造有限公司应收账款,调整分录详见工作底稿:主营业务收入截止测试(表6-31)。

通过计算,"期末审定数=期初未审数+账项调整借方-账项调整贷方"。审定账龄与期初账龄的计算思路相同,不再赘述。

(4) 审计说明:①总账与明细账核对一致。②经查验,上海安洋制造有限公司应收预收同时挂账,予以审计调整,调整分录为:借:预收账款——上海安洋制造有限公司2 500 000;贷:应收账款——上海安洋制造有限公司2 500 000。③上海速飞运输有限公司期末应收贷方余额,予以重分类调整,调整分录为:借:应收账款——上海速飞运输有限公司 398 934.20;贷:预收账款——上海速飞运输有限公司 398 934.20。④经检查确认,上海安洋制造有限公司存在延迟确认收入,调增上海安洋制造有限公司应收账款,调整分录详见工作底稿:主营业务收入截止测试(表 6-31)。

应收账款审定表如表 6-28 所示。

表 6-28　　　　　　　　　应收账款审定表

被审计单位:北京中时电子有限公司　　编制:黎云景　　日期:2022/02/12　　索引号:ZD-1
会计期间:2021.01.01～2021.12.31　　复核:李天一　　日期:2022/02/15　　页　次: 1

项目	期末未审数	账项调整		重分类调整		期末审定数	期初审定数	索引号
		借方	贷方	借方	贷方			
一、报表数								
二、总账数								
三、明细账数								
其中:应收账款账面余额								
应收账款坏账准备								
应收账款账面价值								
审计说明								
审计结论								

【工作底稿填写要求】

根据企业信息资料提示,结合其他工作底稿结果填制应收账款审定表期末未审数、明细数和账项调整、重分类调整。

审计说明:

(1) 报表与总账合计数核对一致。

(2) 明细账与总账核对及查验见科目底稿。

(3) 具体审计调整详见工作底稿中的应收账款明细表(表 6-20)和应收账款坏账准备审核表(表 6-15)。经审计调整后,期末余额可以确认。

审计结论:经审计,调整后的期末余额可予以确认。

二维码 6-4:
参考答案——
应收账款

第三节　营业收入审计

实验目的

通过本节课的学习,学生能够了解营业收入审计的要点,掌握实施营业收入实质性程序的方法。

理论知识点

一、审计目标

营业收入审计的目标如表 6-29 所示。

表 6-29　　　　　　　　　　　营业收入审计的目标

事项	财务报表的认定
1. 利润表中记录的营业收入已发生,且与被审计单位有关	存在
2. 所有应记录的营业收入均已记录	完整性
3. 与营业收入有关的金额及其他数据已恰当记录	准确性
4. 营业收入已记录于正确的会计期间	截止
5. 营业收入已记录于恰当的账户	分类
6. 营业收入已按照《企业会计准则》的规定在财务报表中恰当地列报和披露	列报

二、计划实施的实质性程序

1. 获取营业收入明细表,并执行以下工作

(1) 复核加计是否正确,并核对其与总账数和明细账合计数是否相符。

(2) 检查以非记账本位币结算的主营业务收入使用的折算汇率及折算是否正确。

2. 实施实质性分析程序

(1) 针对已识别需要运用分析程序的有关项目,并基于对被审计单位及其环境的了解,通过进行以下工作,同时考虑有关数据间关系的影响,建立有关数据的期望值:①核对账面销售收入、销售清单和销售增值税销项清单。②比较本期销售收入金额与以前可比期间的对应数据或预算金额。③分析月度或季度销售量、销售单价、销售收入金额、毛利率变动趋势。④比较销售收入变动幅度与销售商品及提供劳务收到的现金、应收账款/合同资产、存货、税金等项目的变动幅度。⑤比较销售毛利率、应收账款/合同资产周转率、存货周转率等关键财务指标与可比期间数据、预算数或同行业其他企业数据。⑥分析销售收入等财务信息与投入产出率、劳动生产率、产能、水电能耗、运输数量等非财务信息之间的关系。⑦分析销售收入与销售费用之间的关系,包括销售人员的人均业绩指标、销售人员的薪酬、广告费、差旅费,以及销售机构的设置、规模、数量、分布等。

(2) 确定可接受的差异额。

(3) 比较实际金额与期望值,计算它们之间的差异额。

(4) 如果差异额超过确定的可接受差异额,调查并获取充分的解释和恰当的、佐证性质的审计证据(如通过检查相关的凭证等)。需要注意的是,如果差异额超过可接受差异额,注册会计师需要对差异额的全额进行调查证实,而非仅针对超出可接受差异额的部分。

(5) 评价实质性分析程序的结果。

3. 检查主营业务收入确认方法是否符合《企业会计准则》的规定

根据《企业会计准则第14号——收入》的规定,企业应当在履行了合同中的履约义务,即在客户取得相关商品控制权时确认收入。取得相关商品控制权,是指能够主导该商品的使用并从中获得几乎全部的经济利益。

当企业与客户之间的合同同时满足下列条件时,企业应当在客户取得商品控制权时确

认收入：

(1) 合同各方已批准该合同并承诺将履行各自义务。

(2) 该合同明确了合同各方与所转让品或提供劳务相关的权利和义务。

(3) 该合同有明确的与所转让的商品相关的支付条款。

(4) 该合同具有商业实质，即履行该合同将改变企业未来现金流量的风险、时间分布或金额。

(5) 企业因向客户转让商品而有权取得的对价很可能收回。

注册会计师通常对所选取的交易，检查销售合同及与履行合同相关的单据和文件记录；而对于某些特定的收入交易，注册会计师可能还需要根据被审计单位的具体情况和重大错报风险的评估结果，评价收入确认方法是否符合《企业会计准则》的规定。例如：

(1) 对于附有销售退回条款的销售，评价对退回部分的估计是否合理，确定其是否按照因向客户转让商品而预期有权收入的对价金额（即不包含预期因销售退回而退还的金额）确认收入。

(2) 对于附有质量保证条款的销售，评价该质量保证是否在向客户保证所销售商品符合既定标准之外提供了一项单独的服务，如果是额外的服务，是否作为单项履约义务会计处理。

(3) 对于售后回购交易，评价回购安排是否属于远期安排，企业拥有回购选择权还是客户拥有回售选择权等因素，确定企业是否根据不同的安排进行了恰当的会计处理。

4. 检查交易价格

交易价格是指企业因向客户转让商品而预期有权收取的对价金额。由于合同标价不一定代表交易价格，被审计单位需要根据合同条款，并结合以往的习惯做法等确定交易价格。注册会计师针对交易价格的实质性程序通常包括：

(1) 询问管理层对交易价格的确定方法，在确定时管理层如何考虑可变对价、合同中存在的重大融资成分、非现金对价、应付客户对价等因素的影响。

(2) 选取和阅读部分合同，确定合同条款是否表明需要将交易价格分摊至各单项履约义务，以及合同中是否包含可变对价、非现金对价、应付客户对价以及重大融资成分等。

(3) 检查管理层的处理是否恰当，如测试管理层对非现金对价公允价值的估计。

5. 检查与收入交易相关的原始凭证和会计分录

以主营业务收入明细账中的会计分录为起点，检查相关原始凭证，如订购单、销售单、发运凭证、发票等，评价已入账的营业收入是否真实发生（"发生"认定）。检查订购单和销售单，用以确认存在真实的客户购买要求，以及销售交易已经过适当的授权批准。销售发票存根上所列的单价，通常还要与经过批准的商品价目表进行比较核对，对其金额小计和合计数也要进行复算。发票中列出的商品的规格、数量和客户代码等，应与发运凭证进行比较核对，尤其是由客户签收商品的一联，确定已按合同约定履行了履约义务，可以确认收入。同时，还要检查原始凭证中的交易日期（客户取得商品控制权的日期），以确认收入计入正确的会计期间。

6. 从发运凭证（客户签收联）中选取样本，追查至主营业务收入明细账，以确定是否存在遗漏事项（"完整性"认定）

如果注册会计师测试收入的"完整性"这一目标，则发运凭证是起点。为使这一程序成为一项有意义的测试,注册会计师需要确认已获取的全部发运凭证,通常可以通过检查发运凭证的顺序编号来查明。

7. 结合对应收账款实施的函证程序,选择客户函证本期销售额

注册会计师结合对应收账款实施的函证程序,选择客户函证本期主营业务收入或其他业务收入。

8. 实施销售截止测试

对销售实施截止测试,其目的主要在于确定被审计单位主营业务收入的会计记录归属期是否正确:应记入本期或下期的主营业务收入是否被推延至下期或提前至本期。

注册会计师对销售交易实施的截止测试可能包括以下程序:

(1) 选取资产负债表日前后若干天的发运凭证,将其与应收账款和收入明细账进行核对;同时,从应收账款和收入明细账选取在资产负债表日前后若干天的凭证,将其与发运凭证进行核对,以确定销售是否存在跨期现象。

(2) 复核资产负债表日前后销售和发货水平,确定业务活动水平是否异常,并考虑是否有必要追加实施截止测试程序。

(3) 取得资产负债表日后所有的销售退回记录,检查是否存在提前确认收入的情况。

(4) 结合对资产负债表日应收账款、合同资产的函证程序,检查有无未取得客户认可的销售。

实施截止测试的前提是注册会计师充分了解被审计单位的收入确认会计实务,并识别能够证明某笔销售符合收入确认条件的关键单据。例如,货物出库时,与货物所有权相关的主要风险和报酬可能尚未转移,即客户尚未取得对商品的控制权,不符合收入确认的条件,因此,仓储部门留存的发运凭证可能不是实现收入的充分证据,注册会计师需要检查经客户签署的发运凭证联。销售发票与收入相关,但是发票开具日期不一定与收入实现的日期一致。实务工作中由于增值税发票涉及企业的纳税和抵扣问题,开票日期滞后于收入可确认日期的情况较为常见,开发票日期通常不能作为收入确认的日期。

假定某一般制造型企业在货物送达客户并由客户签收时确认收入,注册会计师可以考虑选择两条审计路径实施主营业务收入的截止测试:

第一,以账簿记录为起点。从资产负债表日前后若干天的账簿记录追查至记账凭证和客户签收的发运凭证,目的是证实已入账收入是否在同一期间已发货并由客户签收,有无多记收入。这种方法的优点是比较直观,容易追查至相关凭证记录,以确定其是否应在本期确认收入,特别是在连续审计两个以上会计期间时,检查跨期收入十分便捷,可以提高审计效率。这种方法的缺点是缺乏全面性和连贯性,只能检查多记,无法检查漏记,尤其是当本期漏记收入延至下期,而审计时被审计单位尚未及时入账,不易发现应记入而未记入报告期收入的情况。因此,使用这种方法主要是为了防止多计收入。

第二,以发运凭证为起点。从资产负债表日前后若干天的已经客户签收的发运凭证查至账簿记录,确定主营业务收入是否已记入恰当的会计期间。

上述两条审计路径在实务工作中均被广泛采用,它们并不是孤立的,注册会计师可以考虑在同一主营业务收入科目审计中并用这两条路径。实际上,由于被审计单位的具体情况

各异,管理层意图各不相同,有的为了完成利润目标、承包指标,更多地享受税收等优惠政策,便于筹资等目的,可能会多计收入;有的则为了以丰补歉、留有余地、推迟缴税时间等目的而少计收入。因此,注册会计师需要凭借专业经验和所掌握的信息进行风险评估,作出正确判断,选择适当的审计路径以实施有效的收入截止测试。

9. 检查销售退回

对于销售退回,检查相关手续是否符合规定,结合原始销售凭证检查其会计处理是否正确,结合存货项目审计关注其真实性。

10. 检查可变对价的会计处理

注册会计师针对可变对价的实质性程序可能包括:

(1) 获取可变对价明细表,选取项目并与相关合同条款进行核对,检查合同中是否确定存在可变对价。

(2) 检查被审计单位对可变对价的估计是否恰当,如是否在整个合同期间内一致地采用同一种方法进行估计。

(3) 检查计入交易价格的可变对价金额是否满足限制条件。

(4) 检查资产负债表日被审计单位是否重新估计了应计入交易价格的可变对价金额。如果可变对价金额发生变动,是否按照《企业会计准则第14号——收入》的规定进行了恰当的会计处理。

11. 检查业务收入

注册会计师检查主营业务收入和其他业务收入在财务报表中的列报和披露是否符合《企业会计准则》的规定。

延伸阅读 6-1

营业收入存在高估风险,在实务工作中,注册会计师除了实施常规审计程序,还会实施"延伸检查"程序。

(1) 在获取被审计单位配合的前提下,对相关供应商、客户进行实地走访,针对相关采购、销售交易的真实性获取进一步的审计证据。在实施实地走访程序时,注册会计师通常需要关注以下事项:

其一,被访谈对象的身份真实性和适当性。

其二,相关供应商、客户是否与被审计单位存在关联方关系或"隐性"关联方关系。

其三,观察相关供应商、客户的生产经营场地,判断其与被审计单位之间的交易规模是否和其生产经营规模匹配。

其四,相关客户向被审计单位进行采购的商业理由。

其五,相关客户采购被审计单位商品的用途和去向,是否存在销售商品给被审计单位指定单位的情况。

其六,相关客户从被审计单位采购的商品的库存情况,必要时进行实地察看。

其七,是否存在"抽屉协议",如退货条款、价格保护机制等。

其八,相关供应商向被审计单位销售的产品是否来自被审计单位的指定单位。

其九,相关供应商、客户与被审计单位是否存在除购销交易以外的资金往来,如有,了解资金往来的性质。

注册会计师应当充分考虑被审计单位与被访谈对象串通舞弊的可能性,根据实际情况仔细设计访谈计划和访谈提纲,并对在访谈过程中注意到的可疑迹象保持警觉。注册会计师在访谈前应注意对访谈提纲保密,必要时,选择两名或不同层级的被访谈人员访谈相同或类似问题,进行相互印证。

(2) 利用企业信息查询工具,查询主要供应商和客户的股东至其最终控制人,以识别相关供应商和客户与被审计单位是否存在关联方关系。

(3) 在采用经销模式的情况下,检查经销商的最终销售实现情况。

(4) 当注意到存在关联方(如被审计单位控股股东、实际控制人、关键管理人员)配合被审计单位虚构收入的迹象时,获取并检查相关关联方的银行账户资金流水,关注是否存在与被审计单位相关供应商或客户的异常资金往来。

如果识别出收入舞弊或获取的信息表明可能存在舞弊,注册会计师可与被审计单位治理层沟通,并要求治理层就舞弊事项进行调查。

审计程序的性质、时间安排和范围应当能够应对和评估舞弊导致的认定层次重大错报风险。如果注册会计师认为"延伸检查"程序是必要的,但受条件限制无法实施,或实施"延伸检查"程序后仍不足以获取充分、适当的审计证据,注册会计师应当考虑审计范围是否受限,并考虑其对审计报告意见类型的影响或解除业务约定。

实验资料及操作

一、月度毛利率分析表

月度毛利率分析表如表 6-30 所示。

表 6-30 月度毛利率分析表

被审计单位:北京中时电子有限公司　　编制:黎云景　　日期:2022/02/12　　索引号:SA-3
会计期间:2021.01.01~2021.12.31　　复核:李天一　　日期:2022/02/15　　页 次:1

月份	本期数				上期数				毛利率变动幅度
	主营业务收入	主营业务成本(含运费)	毛利	毛利率	主营业务收入	主营业务成本(含运费)	毛利	毛利率	
1月									
2月									
3月									
4月									
5月									
6月									
7月									
8月									

(续表)

月份	本期数				上期数				毛利率变动幅度
	主营业务收入	主营业务成本（含运费）	毛利	毛利率	主营业务收入	主营业务成本（含运费）	毛利	毛利率	
9月									
10月									
11月									
12月									
合计									
审计说明：									

【工作底稿填写要求】

根据企业信息资料提示，查询主营业务收入总账及明细账。根据主营业务收入、主营业务成本总账及明细账每月发生额，填写主营业务收入和主营业务成本（含运费）。根据相关科目2020年明细金额（主营业务收入及主营业务成本2020年审定明细金额），填写上期数。毛利率和毛利率变动幅度的计算公式分别如下：

毛利率＝（主营业务收入－主营业务成本）÷主营业务收入

毛利率变动幅度＝（上期毛利率－本期毛利率）÷上期毛利率

审计人员应当关注异常的变动幅度，考虑被审计单位是否存在重大错报风险。

审计说明：经毛利率测算分析，未见明显异常。

二、主营业务收入截止测试

主营业务收入截止测试如表6-31所示。

表6-31　　　　　　　　　　　主营业务收入截止测试

被审计单位：北京中时电子有限公司　　编制：黎云景　　日期：2022/02/12　　索引号：SA-4
会计期间：2021.01.01～2021.12.31　　复核：李天一　　日期：2022/02/15　　页　次：1

编号	发货单		发票内容					记账凭证				是否跨期
	日期	号码	日期	客户名称	货物名称	销售额	税额	日期	凭证号	主营业务收入	应交税金	
1	2021/12/07	02014541										
2	2021/12/30	02014542										
	截止日前											
	截止日期：2021年12月31日											

二维码6-5：主营业务收入截止测试视频

(续表)

<table>
<tr><td rowspan="3">编号</td><td colspan="11">截止日后</td></tr>
<tr><td colspan="2">发货单</td><td colspan="5">发票内容</td><td colspan="3">记账凭证</td><td rowspan="2">是否跨期</td></tr>
<tr><td>日期</td><td>号码</td><td>日期</td><td>客户名称</td><td>货物名称</td><td>销售额</td><td>税额</td><td>日期</td><td>凭证号</td><td>主营业务收入</td><td>应交税金</td></tr>
<tr><td>1</td><td>2022/01/28</td><td>02014543</td><td></td><td></td><td></td><td></td><td></td><td></td><td></td><td></td><td></td><td></td></tr>
<tr><td></td><td></td><td></td><td></td><td></td><td></td><td></td><td></td><td></td><td></td><td></td><td></td><td></td></tr>
</table>

从明细账到发货单

<table>
<tr><td rowspan="3">编号</td><td colspan="3">记账凭证</td><td colspan="6">发票内容</td><td colspan="3">发货单</td><td rowspan="3">是否跨期</td></tr>
<tr><td colspan="3"></td><td colspan="6"></td><td colspan="3"></td></tr>
<tr><td>日期</td><td>凭证号</td><td>主营业务收入</td><td>应交税金</td><td>日期</td><td>客户名称</td><td>货物名称</td><td>销售额</td><td>税额</td><td>日期</td><td>号码</td><td></td></tr>
<tr><td>1</td><td>2021/12/07</td><td>22</td><td></td><td></td><td></td><td></td><td></td><td></td><td></td><td></td><td></td><td></td></tr>
<tr><td></td><td></td><td></td><td></td><td></td><td></td><td></td><td></td><td></td><td></td><td></td><td></td><td></td></tr>
</table>

<table>
<tr><td colspan="13">截止日前</td></tr>
<tr><td colspan="13">截止日期:2021年12月31日</td></tr>
<tr><td colspan="13">截止日后</td></tr>
<tr><td rowspan="2">编号</td><td colspan="2">记账凭证</td><td colspan="2"></td><td colspan="4">发票内容</td><td colspan="3">发货单</td><td rowspan="2">是否跨期</td></tr>
<tr><td>日期</td><td>凭证号</td><td>主营业务收入</td><td>应交税金</td><td>日期</td><td>客户名称</td><td>货物名称</td><td>销售额</td><td>税额</td><td>日期</td><td>号码</td></tr>
<tr><td>1</td><td>2022/01/08</td><td>2</td><td></td><td></td><td></td><td></td><td></td><td></td><td></td><td></td><td></td><td></td></tr>
<tr><td>2</td><td>2022/01/28</td><td>52</td><td></td><td></td><td></td><td></td><td></td><td></td><td></td><td></td><td></td><td></td></tr>
<tr><td colspan="13">审计说明</td></tr>
</table>

【工作底稿填写要求】

1. 发货单到明细账

(1) 资产负债表日前的截止测试:依据抽取的资产负债表2021年12月31日前的发货单上的日期、号码查找记账凭证及后附的出库单,判断是否跨期。以2021年12月30日发货单02014542为例,查看2021年主营业务收入明细账,无相关销售记录,怀疑跨期;查看2022年1月记账凭证发现第002号凭证附件发运单号码02014542,与抽查样本发运单号码一致,发运单转运日期为2021年12月30日,记账凭证日期为2022年1月8日,确定跨期。主营业务收入明细账如表6-32所示,其他相关资料如图6-18至图6-20所示。

二维码6-6:
销售截止测试

表 6-32　　　　　　　　　　　主营业务收入明细账

科目：主营业务收入——扩音器

2021年		凭证号		摘要	借方	贷方	方向	余额
月	日	种类	号数					
1	23	记	036	销售上海安洋公司扩音器		622 216.34	贷	622 216.34
1	31	记	084	结转营业收入	622 216.34		平	—
				本月合计	622 216.34	622 216.34	平	
				本年累计	622 216.34	622 216.34	平	
2	5	记	026	销售上海安洋公司扩音器		767 746.76	贷	767 746.76
2	20	记	036	销售上海安洋公司扩音器		4 567 58.87	贷	1224 505.63
2	28	记	084	结转营业收入	1 224 505.63		平	—
				本月合计	1 224 505.63	1 224 505.63	平	
				本年累计	1 846 721.97	1 846 721.97	平	
3	10	记	036	销售上海安洋公司扩音器		234 907.94	贷	234 907.94
3	25	记	046	销售上海安洋公司扩音器		2 690 297.20	贷	2 925 205.14
3	31	记	084	结转营业收入	2 925 205.14		平	—
				本月合计	2 925 205.14	2 925 205.14	平	
				本年累计	4 771 927.11	4 771 927.11	平	
4	12	记	016	销售上海安洋公司扩音器		678 589.45	贷	678 589.45
4	24	记	022	销售北京中威电子公司扩音器		918 099.06	贷	1 596 688.51
4	30	记	084	结转营业收入	1 596 688.51		平	—
				本月合计	1 596 688.51	1 596 688.51	平	
				本年累计	6 368 615.62	6 368 615.62	平	
5	9	记	032	销售北京中威电子公司扩音器		453 848.68	贷	453 848.68
5	23	记	036	销售上海安洋公司扩音器		229 448.06	贷	683 296.74
5	31	记	084	结转营业收入	683 296.74		平	—
				本月合计	683 296.74	683 296.74	平	
				本年累计	7 051 912.36	7 051 912.36	平	
6	8	记	036	销售上海安洋公司扩音器		345 784.67	贷	345 784.67
6	19	记	056	销售上海安洋公司扩音器		100 465.08	贷	446 249.75
6	30	记	084	结转营业收入	446 249.75		平	—
				本月合计	446 249.75	446 249.75	平	
				本年累计	7 498 162.11	7 498 162.11	平	
7	20	记	036	销售上海安洋公司扩音器		2 000 000.00	贷	2 000 000.00
7	31	记	084	结转营业收入	2 000 000.00		平	—
				本月合计	2 000 000.00	2 000 000.00	平	
				本年累计	9 498 162.11	9 498 162.11	平	
8	11	记	026	销售上海安洋公司扩音器		5 678 346.54	贷	5 678 346.54
8	30	记	048	销售上海安洋公司扩音器		724 120.91	贷	6 402 467.45
8	31	记	084	结转营业收入	6 402 467.45		平	—

(续表)

2021年		凭证号		摘要	借方	贷方	方向	余额
月	日	种类	号数					
				本月合计	6 402 467.45	6 402 467.45	平	—
				本年累计	15 900 629.56	15 900 629.56	平	
9	12	记	026	销售上海安洋公司扩音器		703 464.78	贷	703 464.78
9	27	记	046	销售上海安洋公司扩音器		212 615.48	贷	916 080.26
9	30	记	084	结转营业收入	916 080.26		平	
				本月合计	916 080.26	916 080.26	平	
				本年累计	16 816 709.82	16 816 709.82	平	
10	13	记	016	销售上海安洋公司扩音器		1 089 380.03	贷	1 089 380.03
10	29	记	035	销售上海安洋公司扩音器		2 600 000.00	贷	3 689 380.03
10	31	记	084	结转营业收入	3 689 380.03		平	
				本月合计	3 689 380.03	3 689 380.03	平	
				本年累计	20 506 089.85	20 506 089.85	平	
11	12	记	016	销售上海安洋公司扩音器		1 500 000.00	贷	1 500 000.00
11	25	记	032	销售北京中威电子公司扩音器		1 900 000.00	贷	3 400 000.00
11	30	记	084	结转营业收入	3 400 000.00		平	
				本月合计	3 400 000.00	3 400 000.00	平	
				本年累计	23 906 089.85	23 906 089.85	平	
12	7	记	022	销售北京中威电子公司扩音器		2 000 000.00	贷	2 000 000.00
12	31	记	084	结转营业收入	2 000 000.00		平	—
				本月合计	2 000 000.00	2 000 000.00	平	
				本年累计	25 906 089.85	25 906 089.85	平	

记 账 凭 证

记字002号　　　　　　　　日期：2021-01-18　　　　　　　　附单据　4　张

摘要	科目名称	借方金额	贷方金额
销售上海安洋公司扩音器	应收账款——上海安洋制造有限公司	3 022 019.40	
销售上海安洋公司扩音器	主营业务收入——扩音器		2 674 353.45
销售上海安洋公司扩音器	应交税费——应交增值税(销项税额)		347 665.95
合计		3 022 019.40	3 022 019.40

记账　孙志贤　　　　审核　赵磊　　　　出纳　　　　制单　孙志贤

图 6-18　记账凭证1-002号

产品装运单

收货单位：上海安洋制造有限公司			车　号：京N·H2015		单　号：02014542		
运输单位：北京顺达运输有限公司			装运日期：2021-12-30		承运人：张天		

产品名称	规格	单位	数量	单价	总金额	备注
扩音器	A#01	台	26 000	102.8597	2 674 353.45	不含税
合计			26 000		2 674 353.45	

承运人：张天　　　　　　　　　　　　　　制单（发货人）：金可可

图 6-19　产品装运单

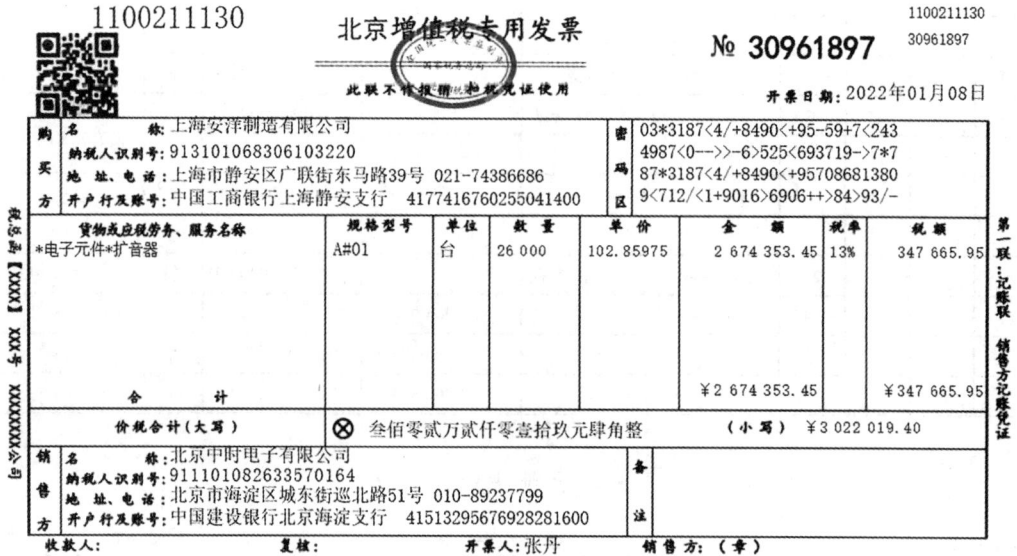

图 6-20　增值税专用发票

(2) 资产负债表日后的截止测试：根据抽取的资产负债表 2021 年 12 月 31 日后 2022 年 1 月 28 日的发货单号码 02014543 查询至记账凭证，判断是否跨期。

2．从明细账到发货单

(1) 资产负债表日前的截止测试：根据抽取的资产负债表 2021 年 12 月 31 日前 2021 年 12 月记字 022 号凭证，查看附件发运单日期并判断是否跨期。

(2) 资产负债表日后的截止测试：根据抽取的资产负债表 2021 年 12 月 31 日后 2022 年 1 月记字 002 号和 2022 年 1 月记字 052 号凭证，查看附件发运单日期并判断是否跨期。

审计说明：经检查，2022 年 1 月记字 002 号凭证发货日期为 2021 年，为跨期延迟确认收入，该笔收入应调整计入 2021 年 12 月。

调整分录：

借：应收账款——上海安洋制造有限公司　　　　　　　　3 022 019.40
　　贷：主营业务收入——扩音器　　　　　　　　　　　 2 674 353.45
　　　　应交税费——应交增值税（销项税额）　　　　　　 347 665.95

同时，相应调整结转成本，调整分录为：

借：主营业务成本——扩音器　　　　　　　　　　　　　1 520 000.04
　　贷：库存商品——扩音器　　　　　　　　　　　　　　1 520 000.04

【注意】调整结转分录时，需要计算结转成本。结转成本的计算公式如下：

$$结转商品销售成本=销售数量×发出产品单价$$

结转商品销售成本＝26 000.00×58.46154＝1 520 000.04（元）

结转商品销售成本根据12月销售成本计算表本期发出单价计算。2021年12月记字086号凭证如图6-21所示，2021年12月销售成本计算表如表6-33所示。

记 账 凭 证

记字086号　　　　　　　　　　日期：2021-12-31　　　　　　　　　　附单据　2　张

摘要	科目名称	借方金额	贷方金额
结转商品销售成本	主营业务成本——扩音器	1 140 000.00	
结转商品销售成本	库存商品——扩音器		1 140 000.00
合计		1 140 000.00	1 140 000.00

记账　孙志贤　　　　审核　赵磊　　　　出纳　　　　　制单　孙志贤

图6-21　记账凭证12-086号

表6-33　　　　　　　　　　2021年12月销售成本计算表

金额单位：元

品名	期初结存		本期入库		本期发出			期末结存	
	数量	金额	数量	金额	数量	单价	金额	数量	金额
扩音器	17 470	995 790.00	34 500	2 042 456.23	19 500	58.46154	1 140 000.00	32 470	1 898 246.23
合计		995 790.00		2 042 456.23			1 140 000.00		1 898 246.23

审核：陆涵　　　　　　　　制表：林耿新

三、营业收入凭证检查表

营业收入凭证检查表如表6-34所示。

表 6-34　　　　　　　　　　营业收入凭证检查表

被审计单位：北京中时电子有限公司　　编制：黎云景　　日期：2022/02/12　　索引号：SA-5
会计期间：2021.01.01～2021.12.31　　复核：李天一　　日期：2022/02/15　　页次：1

序号	记账日期	凭证号	业务摘要	对方科目		金额	核对内容（用"√"或"×"表示）						备注
				方向	名称		1	2	3	4	5	6	
1	2021/02/20	036											
2	2021/03/25	046											
3	2021/04/12	016											
4	2021/05/23	036											
5	2021/07/20	036											
6	2021/08/11	026											
7	2021/10/13	016											
8	2021/10/29	035											
9	2021/11/12	016											
10	2021/11/25	032											
11	2021/12/07	022											

核对内容说明：(1)原始凭证内容完整；(2)授权批准完整；(3)账务处理正确；(4)金额核对相符；(5)……

审计说明

【工作底稿填写要求】

根据企业信息资料提示、记账日期和凭证编号查找记账凭证，并核对相关内容：

(1) 原始凭证内容是否完整。

(2) 授权批准是否完整。

(3) 账务处理是否正确。

(4) 金额核对是否相符。

检测所有抽样凭证后，得出审计说明：采用随机抽样方法查验，未发现异常业务。

四、营业收入明细表

【工作底稿填写要求】

根据企业信息资料提示，查询主营业务收入总账及明细账、其他业务收入总账及明细账，复核加计金额是否正确，并核对金额是否相符。营业务收入明细表如表 6-35 所示。

(1) 根据主营业务收入总账及明细账、其他业务收入总账及明细账月度发生额填写明细项目。根据相关科目 2020 年明细金额（2020 年主营业务收入、成本审定发生额明细）填写上期数。2020 年主营业务收入、成本审定发生额明细如表 6-36 所示。

表 6-35　　　　　　　　　　　营业收入明细表

被审计单位：北京中时电子有限公司　　编制：黎云景　　日期：2022/02/12　　索引号：SA-2
会计期间：2021.01.01～2021.12.31　　复核：李天一　　日期：2022/02/15　　页次：1

月份	主营业务收入明细项目			其他业务收入明细项目		
	扩音器	……		……	……	
1月						
2月						
3月						
4月						
5月						
6月						
7月						
8月						
9月						
10月						
11月						
12月						
合计	—	—	—	—	—	—
上期数						
变动额						
变动比例						
审计说明：						

表 6-36　　　2020 年主营业务收入、成本审定发生额明细　　　　　　　　单位：元

月份	主营业务收入——扩音器	主营业务成本——扩音器
1	478 627.95	272 788.46
2	941 927.41	533 581.34
3	2 250 157.80	1 284 223.57
4	1 228 221.93	707 304.18
5	525 612.88	294 476.67
6	343 269.04	198 279.91
7	1 538 461.54	866 981.25
8	4 924 974.96	2 839 686.52
9	704 677.12	405 983.34
10	2 837 984.64	1 600 421.01
11	2 615 384.62	1 481 010.98
12	1 475 267.11	830 303.69
合计	19 864 567.00	11 315 040.92

(2) 经过计算,变动比例高达30.41%,分析变动比例波动是否正常,是否存在重大错报风险。变动比例的计算公式如下:

$$变动比例 = 变动额 \div 上期数$$

审计说明:本期营业收入较上期增长较大,相比于上期有大幅度增加。

五、营业收入审定表

【工作底稿填写要求】

根据企业信息资料提示,结合其他工作底稿结果填制应收账款报表数、总账数和明细账数。营业收入审定表如表6-37所示。

表6-37　　　　　　　　　　　营业收入审定表

被审计单位:北京中时电子有限公司　　编制:黎云景　　日期:2022/02/12　　索引号:SA-1
会计期间:2021.01.01～2021.12.31　　复核:李天一　　日期:2022/02/15　　页　次:　1

项目	本期未审数	账项调整 借方	账项调整 贷方	本期审定数	上期审定数	索引号
一、报表数					—	
二、总账数					—	
三、明细账数	—			—		
其中:主营业务收入						
其他业务收入					—	
审计说明						
审计结论						

报表数根据利润表填写,利润表(部分)如表6-38所示。

表6-38　　　　　　　　　　　利润表(部分)

编制单位:北京中时电子有限公司　　2021年12月　　　　　　　单位:元

项　目	本期金额	上期金额
一、营业收入	25 906 089.85	19 864 567.00
减:营业成本	15 420 413.11	11 315 040.92
税金及附加	238 299.74	414 623.17
六、综合收益总额	8 321 986.38	3 888 566.52
七、每股收益:		
(一)基本每股收益		
(二)稀释每股收益		

单位负责人:高嘉程　　　　主管会计工作负责人:高嘉程　　　　会计机构负责人:赵磊

审计说明:
(1) 报表与总账合计数核对一致。
(2) 明细账与总账核对及查验见科目底稿。
(3) 审计调整分录详见工作底稿:主营业务收入截止测试(表6-31)。
审计结论:经审计,调整后的发生额可予以确认。

二维码6-8:
参考答案——
营业收入

第七章 筹资与投资循环审计

 知识框架

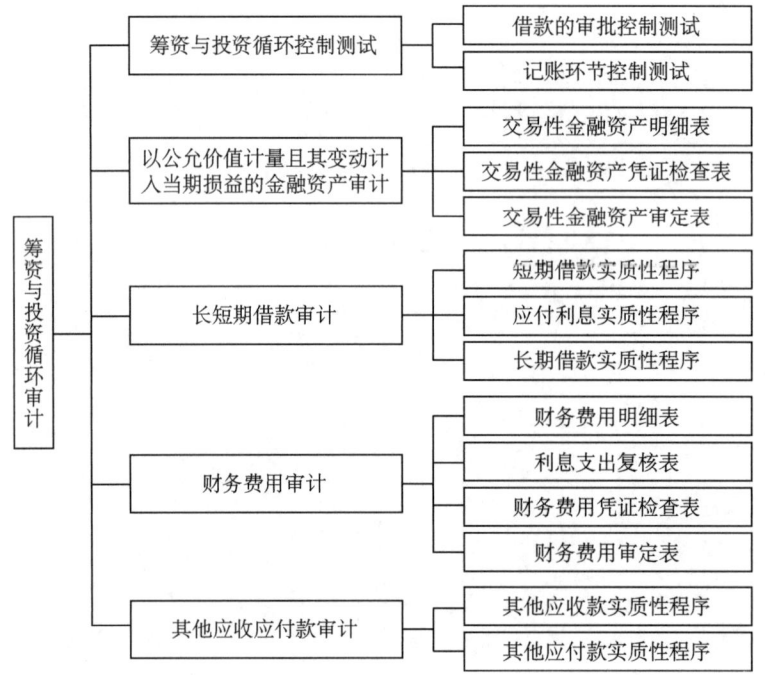

 实验目标

1. 了解被审计单位筹资与投资循环的内部控制及控制测试的实施。
2. 掌握以公允价值计量且其变动计入当期损益的金融资产审计、长短期借款审计、财务费用审计、其他应收应付款审计的实质性程序,并编制相关工作底稿。

 思政育人

奋斗正青春,创业正当时

创业者在融资时,不仅要考虑融资多少钱,还要考虑如何融资,也就是确定融资结构。融资结构,是指企业通过不同融资方式融来的资金的有机搭配以及各种资金所占的比例。内部融资和外部融资,哪种方式对实现企业利益最大化最有利呢?这是很多创业者在进行融资时都要考虑的问题。对此,美国经济学家梅耶提出的"啄食顺序原则"可以为创业者提

供一个很好的融资方式的选择。

根据"啄食顺序原则",企业融资的优劣顺序如下:从内部融资开始,逐步进行到外部融资、间接融资、直接融资、债券融资、股票融资。内部融资包括留存收益融资、折旧融资、应收账款融资、票据贴现融资、商业信用融资;外部融资包括:股权融资、债权融资、政策融资。

我们处在"大众还创业、万众创新"的新态势中,未来将会面临很多挑战。我们不仅需要强化创新创业意识、训练创新创业思维和发扬创新创业精神;还需要从现在开始培养自己学会投资,只有将资金用到最有价值的地方,未来才能抓住机会,谱写传奇。

第一节 筹资与投资循环控制测试

实验目的

通过本节课的学习,学生能够了解筹资与投资业务内部控制制度,掌握实施筹资与投资循环控制测试的程序。

二维码7-1:
北京嘉城电子股份有限公司资料

理论知识点

一、筹资与投资循环的涉及的主要业务活动、主要单据及会计记录

1. 涉及的主要业务活动

筹资业务活动包括:审批授权、签订合同或协议、取得资金、计算利息或股利、偿还本金和发放股利。

投资业务活动包括:审批授权、取得证券或其他投资、取得投资收益、转让证券和收回其他投资。

2. 涉及的主要凭证及会计记录

筹资活动的主要凭证及会计记录:债券(1年内还本付息的有价证券)、股票、债券契约、股东名册、公司债券存根簿、承销与报销协议、借款合同或协议、有关记账凭证、有关会计科目的明细分类账和总分类账。

投资活动的主要凭证及会计记录:股票或债券、经纪人通知书、债券契约、企业的章程和有关协议、投资协议、有关记账凭证、有关会计科目的明细分类账和总分类账。

二、筹资与投资业务的内部控制

1. 筹资业务主要的内部控制

企业通过借款筹集资金需经管理层的审批,其中债券的发行每次都要由董事会授权。

企业发行股票必须依据国家有关法规或企业章程的规定,报经企业最高权力机构(如董事会)及国家有关管理部门批准。企业向银行或其他金融机构融资须签订借款合同,发行债券须签订债券契约和债券承销或包销合同。

2. 投资业务主要的内部控制

投资业务应在业务的授权、业务的执行、业务的会计记录以及投资资产的保管等方面都有明确的分工,不得由一人同时负责上述任何两项工作。

投资业务在企业高层管理机构核准后,可由高层负责人员授权签批,由财务经理办理具体的股票或债券的买卖业务,由会计部门负责进行会计记录和财务处理,并由专门人员保管股票或债券。

企业在购入股票或债券时应在购入的当日尽快登记于企业名下,切忌登记于经办人员名下,防止冒名转移并借其他名义牟取私利的舞弊行为发生。投资证券应由内部审计人员或不参与投资业务的其他人员进行定期盘点。投资证券由独立的专门机构保管,如果由企业自行保管,至少要由两名以上人员共同控制,不得一人单独接触证券。

二维码7-2:
风险评估——
了解和评价
筹资与投资
循环内控

实验资料及操作

一、借款的审批控制测试

公司根据借款需求,结合本单位融资计划和资金需求的状况,提出公司借款需求,编制借款合同审批表,报资金负责人、财务总监审核,法务总监、总经理联合审批签字。合同审批通过之后,由法定代表人签订合同并加盖公章。根据控制描述内容,结合企业信息与背景单据填制筹资与投资循环控制测试程序和过程记录,进行借款的审批控制测试(表7-1)。

表7-1　　　　　　　　　　借款的审批控制测试

被审计单位:北京嘉城电子股份有限公司		编制:黎云景	日期:2022/01/14	索引号:CTC-01
会计期间:2021.01.01~2021.12.31		复核:李天一	日期:2022/01/15	页次:3

控制编号:			
CTKZ-1			
控制的性质:			
控制编号	自动控制	依赖信息系统的人工控制	人工控制
CTKZ-1		√	
控制测试的时间安排:			
上述控制属于依赖信息系统的人工控制,计划在审计现场抽取样本进行测试。			
控制测试的类型:			
询问	观察	检查	重新执行
拟实施的测试程序:			
(1) 检查借款合同审批表是否经资金负责人签字;			
(2) 检查借款合同审批表是否经财务总监、法务总监签字;			
(3) 检查借款合同审批表是否经总经理签字;			
(4) 检查借款合同是否由法定代表人签订。			
对总体进行定义:			
2021年借款合同审批表。			
总体的来源:			
2021年借款合同审批表。			
控制执行的频率:			
控制编号		频率	
CTKZ-1		不定期	
与控制相关的风险:			
低			
总体中项目的总数:			
3			

(续表)

对偏差进行定义：

控制编号	偏差的定义
CTKZ-1	借款合同审批表未经适当审批。

确定所测试项目的数量并选取项目：
测试项目的数量2，选取数量2。

测试过程记录：

序号	借款合同审批表编号	审批通过日期	申请人	拟实施的测试程序				
				1	2	3	4	……
1	JK2021001							
2	JK2021003							

识别出的偏差：

考虑扩大测试范围：（如适用）
不适用

控制缺陷：（如适用，偏差是否被视为控制缺陷）
无

对获取的有关控制在期中运行有效性的审计证据的考虑
不适用

剩余期间的测试过程记录：

序号	识别特征	测试程序1	测试程序2	注释
不适用				

结论：

【工作底稿填写要求】

筹资与投资循环控制测试是在了解和评价被审计单位内部控制，以及进行穿行测试的基础上，设计出合理的筹资与投资循环流程控制且执行，进而实施后续审计程序。以借款的审批控制测试为例，根据背景资料提示，查询相关信息，并将其与筹资与投资业务测试内容进行核对，确定是否属于偏差。

注册会计师运用重新执行审计程序的方法，根据借款的审批控制测试（表7-1）的过程记录，先随机选样抽查两个借款合同审批表，再根据背景单据中提供的借款合同、借款合同审批表核对分析测试内容，并检查：

（1）借款合同审批表是否经资金负责人签字。（是）
（2）借款合同审批表是否经财务总监、法务总监签字。（是）
（3）借款合同审批表是否经总经理签字。（是）
（4）借款合同是否由法定代表人签订。（是）
是否属于偏差。（否）

二、记账环节控制测试

信贷记账员编制记账凭证，后附综合授信使用申请或借款合同、银行回单等单证交会计主管复核，复核无误后登记短期借款明细账。根据控制描述内容，结合企业信息与背景单据填制筹资与投资循环控制测试程序和过程记录，进行借款记账环节控制测试（表7-2）。

表 7-2　　　　　　　　　　　借款记账环节控制测试

被审计单位：__北京嘉城电子股份有限公司__　　编制：__黎云景__　　日期：__2022/01/14__　　索引号：__CTC-02__

会 计 期 间：__2021.01.01~2021.12.31__　　　　复核：__李天一__　　日期：__2022/01/15__　　页　次：__1__

控制编号：

CTKZ-2

控制的性质：

控制编号	自动控制	依赖信息系统的人工控制	人工控制
CTKZ-2		√	

控制测试的时间安排：

上述控制属于依赖信息系统的人工控制，计划在审计现场抽取样本进行测试。

控制测试的类型：

询问	观察	检查	重新执行

拟实施的测试程序：

(1) 检查借款合同金额、期限等内容是否与借款合同审批表内容一致；
(2) 检查是否登记借款备查账；
(3) 检查借款备查账记录内容是否与借款合同一致；
(4) 检查记账凭证是否经会计主管审核。

对总体进行定义：

2021年长期借款、短期借款相关凭证。

总体的来源：

2021年长期借款明细账、短期借款明细账。

控制执行的频率：

控制编号	频率
CTKZ-2	不定期

与控制相关的风险：

低

总体中项目的总数：

3

对偏差进行定义：

控制编号	偏差的定义
CTKZ-2	筹资业务未恰当准确记录。

确定所测试项目的数量并选取项目：

测试项目的数量2，选取数量2。

序号	凭证号	记账日期	审核人	拟实施的测试程序					
				1	2	3	4	……
1	7-记001#							
2	12-记001#							

识别出的偏差：

(续表)

考虑扩大测试范围：（如适用）				
不适用				
控制缺陷：（如适用，偏差是否被视为控制缺陷）				
无				
对获取的有关控制在期中运行有效性的审计证据的考虑：				
不适用				
剩余期间的测试过程记录：				
序号	识别特征	测试程序1	测试程序2	注释
不适用				
结论：				

【工作底稿填写要求】

筹资与投资循环控制测试是在了解和评价被审计单位内部控制，以及进行穿行测试的基础上，设计出合理的筹资与投资循环流程控制且执行，进而实施后续审计程序。以记账环节控制测试为例，根据背景资料提示，查询相关信息，并将其与筹资与投资业务测试内容进行核对，确定是否属于偏差。

注册会计师运用重新执行审计程序的方法，根据借款合同、借款合同审批表、2021年借款台账、记账凭证核对分析测试内容；上述资料分别如图7-1、表7-3、表7-4和图7-2所示。

交通银行借款合同

立合同单位：
　借款单位(简称甲方)<u>北京嘉城电子股份有限公司</u>
　贷款单位(简称乙方)<u>交通银行北京东城支行</u>
　甲方为进行建设和发展的需要，依据<u>国家规定</u>，特向乙方申请借款，经乙方审查同意发放。为明确双方责任，恪守信用，特签订本合同，共同遵守。
　一、甲方向乙方借款人民币(大写)<u>零千贰百零拾零万元</u>，规定用于<u>采购材料</u>
　二、借款期约定为<u>零年叁</u>个月，即从<u>2021</u>年<u>07</u>月<u>01</u>日至<u>2021</u>年<u>09</u>月<u>30</u>日。乙方保证按设计计划和信贷计划，在下达的贷款指标额度内贷出资金。甲方保证按规定的借款用途用款。
　三、贷款利息自支用贷款之日起，以实际贷款数按月息<u>3.625‰</u>计算，按到期支付利息结算。
　四、甲方保证按还款计划归还贷款本金。甲方如不能按期偿还，乙方有权从甲方的<u>存款户</u>中扣收。
　违约责任：(略)
　合同的附件：借款申请书
　双方商定的其他条件：(略)
　本合同自签订之日起生效，贷款本息全部偿还后失效。
　本合同正本<u>贰</u>份，甲方，乙方各执一份，副本<u>贰</u>份送乙方财会部门和有关部门。

借款单位：(公章)	法定代表人(签字)	方美晨	2021年06月15日
贷款单位：(公章)	法定代表人(签字)	李刚	2021年06月15日

图7-1　借款合同

表7-3　　　　　　　北京嘉城电子股份有限公司借款合同审批表

合同编号	JK2021001	合同类别	借款合同
合同内容	银行借款200万元采购材料		
签约单位	交通银行北京东城支行		
合同金额	2 000 000.00元		
利率	月息3.625		
借款期限	2021年07月01至2021年09月30日		
还款方式	到期一次还本付息		
签约部门	资金部	经办人:	王利
部门经理审批:	刘德华	审批时间:	2021/6/8
财务总监审批:	陆志刚	审批时间:	2021/6/11
法务总监审批:	龚正	审批时间:	2021/6/13
总经理审批:	方美晨	审批时间:	2021/6/14

表7-4　　　　　　　　　　　　2021年借款台账　　　　　　　　　　　　　　单位:元

序号	放贷银行	贷款事由	合同放款金额	还款	余额	贷款利率	起息日-截止日	利息支付方式	备注
1	交通银行北京东城支行	流动资金贷款	2 000 000.00	2 000 000.00	—	4.350%	2021.07.01-2021.09.30	一次还本付息	
2		流动资金贷款	1 500 000.00	1 500 000.00		4.350%	2021.09.01-2021.11.30	一次还本付息	
3		流动资金贷款	2 200 000.00		2 200 000.00	4.350%	2021.12.01-2022.2.28	一次还本付息	
4		长期借款	20 000 000.00		20 000 000.00	4.750%	2020.01.01-2022.12.31	一次还本付息	假设利率不变
总计			25 700 000.00	3 500 000.00	22 200 000.00	—			

记 账 凭 证

记字001号　　　　　　　　　　日期: 2021-07-31　　　　　　　　　　附单据　　3　　张

摘要	科目名称	借方金额	贷方金额
借款到账	银行存款——交通银行北京东城支行	200 000.00	
借款到账	短期借款		200 000.00
合计		200 000.00	200 000.00

记账　张 静　　　　　审核　林玉荣　　　　　出纳　曾海燕　　　　　制单　张静

图7-2　记账凭证7-001号

注册会计师检查的内容包括：

(1) 借款合同金额、期限等内容是否与借款合同审批表内容一致。（是）

(2) 是否登记借款备查账。（是）

(3) 借款备查账记录内容是否与借款合同一致。（是）

(4) 记账凭证是否经会计主管审核。（是）

是否属于偏差。（否）

二维码 7-3：参考答案——筹资与投资循环控制测试程序和过程记录

第二节 以公允价值计量且其变动计入当期损益的金融资产审计

实验目的

通过本节课的学习，学生能够了解交易性金融资产审计的要点，掌握实施交易性金融资产实质性程序的方法。

理论知识点

一、审计目标

交易性金融资产审计的目标如表 7-5 所示。

表 7-5　　　　　　　　交易性金融资产审计的目标

事项	财务报表的认定
1. 资产负债表中记录的交易性金融资产是存在的	存在
2. 所有应当记录的交易性金融资产均已记录	完整性
3. 记录的交易性金融资产由被审计单位拥有或控制	权利和义务
4. 交易性金融资产以恰当的金额包括在财务报表中，与之相关的计价调整已恰当记录	准确性、计价和分摊
5. 交易性金融资产已按照《企业会计准则》的规定在财务报表中恰当地列报和披露	列报

二、计划实施的实质性程序

(1) 获取或编制交易性金融资产明细表：①复核加计是否正确，并核对其与报表数、总账数和明细账合计数是否相符。②检查非记账本位币交易性金融资产的折算汇率及折算是否正确。③与被审计单位讨论以确定划分为交易性金融资产是否符合《企业会计准则》的规定。

(2) 就管理层将投资确定为交易性金融资产的意图获取书面声明，向管理层询问，并通过下列方式对管理层的答复予以印证：①考虑管理层以前所述的对于划分为交易性金融资产的意图的实际实施情况。②复核包括预算、会议纪要等在内的书面计划和其他文件记录。

③考虑管理层选择划分为交易性金融资产的理由。

(3) 确定交易性金融资产余额正确及存在：①获取股票、债券、基金等账户对账单，核对其与明细账余额，作出记录或进行适当调整。②实施监盘程序，获取被审计单位编制的交易性金融资产盘点表，检查交易性金融资产的名称、数量、票面价值、票面利率等内容，同时将其与相关账户余额进行核对；如有差异，查明原因，作出记录或进行适当调整。③交易性金融资产在审计工作日已售出或兑换，追查至相关原始凭证，以确认其在财务报表日存在。④对在外保管的交易性金融资产，查阅保管文件，向保管人函证，复核并记录函证结果。

(4) 确定交易性金融资产的会计记录是否完整，并确定所购入交易性金融资产归被审计单位所有：①取得有关账户流水单，对照检查账面记录是否完整。检查购入交易性金融资产是否为被审计单位拥有。②向相关机构发函，并确定是否存在变现限制，同时记录函证过程。

(5) 确定交易性金融资产的计价是否正确：①复核交易性金融资产计价方法，检查其是否按公允价值计量，前后期是否一致。②复核公允价值取得依据是否充分。公允价值与账面价值的差额是否计入公允价值变动损益科目。③如果识别出与交易性金融资产公允价值相关的重大错报风险，执行"审计会计估计（包括公允价值会计估计）和相关披露"中"应对评估的重大错报风险"所述的程序，并在本账项工作底稿中记录测试过程。

(6) 对本期发生的交易性金融资产的增减变动检查相关支持性文件，以确定会计处理是否正确。

(7) 检查有无变现存在重大限制的交易性金融资产，如有，则查明情况，并作适当调整。

(8) 针对识别的舞弊风险等因素增加审计程序。

(9) 检查交易性金融资产是否已按照《企业会计准则》的规定在财务报表中恰当地列报和披露。

相关思考 7-1

金融资产的分类

【思考题】 企业的金融资产有哪几类？

金融资产一般划分为以下三类：

(1) 以摊余成本计量的金融资产。

(2) 以公允价值计量且其变动计入其他综合收益的金融资产。

(3) 以公允价值计量且其变动计入当期损益的金融资产。

同时，企业应当结合自身业务特点和风险管理要求，对金融负债进行合理分类，且对金融资产和金融负债的分类一经确定，不得随意变更。

实验资料及操作

二维码 7-4：
交易性金融
资产实质性
程序视频

一、交易性金融资产明细表

根据企业信息，填制交易性金融资产明细表，如表 7-6 所示。

表 7-6 　　　　　　　　　　**交易性金融资产明细表**

被审计单位：北京嘉城电子股份有限公司　　　编制：黎云景　　日期：2022/02/15　　索引号：1102-2
会计期间：2021.01.01～2021.12.31　　　　　　复核：李天一　　日期：2022/02/28　　页　次：　1

项目	未审数			账项调整		重分类调整		调整索引	期末审定数	备注
	期初数	本期增加	本期减少	期末数	借方	贷方	借方	贷方			
一、交易性债券投资											
其中：											
成本											
公允价值变动											
二、交易性权益工具投资											
其中：											
成本											
公允价值变动											
三、指定为以公允价值计量且其变动计入本期损益的金融资产											
其中：											
成本											
公允价值变动											
四、其他											
合计											
审计说明											

【工作底稿填写要求】

根据企业信息资料提示，查询交易性金融资产总账（表 7-7）及交易性金融资产明细账（表 7-8），将计算出的交易性权益工具投资中的股票、成本、公允价值变动期末余额与账面余额进行核对，查看是否相符。

表 7-7　　　　　　　　　　　　**交易性金融资产总账**

科目	1101 交易性金融资产					
2021年		凭证号数	摘要	借方	贷方	方向	余额

月	日	凭证号数	摘要	借方	贷方	方向	余额
			上年结转			平	0
07			本月合计	2 690 000.00		借	2 690 000.00
07			本年累计	2 690 000.00		借	2 690 000.00
09			本月合计	310 000.00		借	3 000 000.00
09			本年累计	3 000 000.00		借	3 000 000.00
11			本月合计		3 000 000.00	平	0
11			本年累计	3 000 000.00	3 000 000.00	平	0
12			本年累计	3 000 000.00	3 000 000.00	平	0
			结转下年			平	0

二维码 7-5：北京嘉城电子股份有限公司财务报表

表 7-8　　　　　　　　　　　交易性金融资产明细账

科目	110101 交易性金融资产——股票					
2021年		凭证号数	摘要	借方	贷方	方向	余额

2021年 月	日	凭证号数	摘要	借方	贷方	方向	余额
			上年结转			平	0
07	31	012	购入天津松江股票100万股	2 690 000.00		借	2 690 000.00
07	31		本月合计	2 690 000.00		借	2 690 000.00
07	31		本年累计	2 690 000.00		借	2 690 000.00
09	30	036	公允价值变动	310 000.00		借	3 000 000.00
09	30		本月合计	310 000.00		借	3 000 000.00
09	30		本年累计	3 000 000.00		借	3 000 000.00
11	30	037	处置天津松江股票		3 000 000.00	平	0
11	30		本月合计		3 000 000.00	平	0
11	30		本年累计	3 000 000.00	3 000 000.00	平	0
12	31		本年累计	3 000 000.00	3 000 000.00	平	0
			结转下年			平	0

【注意】本案例中被审计单位的交易性金融资产具体交易品种为股票,股票属于交易性权益工具投资。

二、交易性金融资产凭证检查表

根据企业信息,填制交易性金融资产凭证检查表,如表 7-9 所示。

表 7-9　　　　　　　　　　　交易性金融资产凭证检查表

被审计单位:北京嘉城电子股份有限公司　　编制:黎云景　　日期:2022/02/15　　索引号:1102-3
会计期间:2021.01.01~2021.12.31　　　　　复核:李天一　　日期:2022/02/28　　页　次:　1

序号	记账日期	凭证号	业务摘要	对方科目		金额	核对内容(用"√"、"×"表示)						备注
				方向	一级科目名称		1	2	3	4	5	6	
1	2021/7/31	记-012											
2	2021/9/30	记-036											
3	2021/11/30	记-037											

核对内容说明:1.原始凭证内容完整;2.授权批准完整;3.账务处理正确;4.金额核对相符;5.…;6.…

审计说明

【工作底稿填写要求】

根据企业信息资料提示,查询记账凭证,检查并记录:

(1)原始凭证内容完整。

(2)授权批准完整。

(3)账务处理正确。

【注意】本案例中 2021 年 11 月记字 037 号凭证,如图 7-3 所示,被审计单位处置股票投资后公允价值变动损益未转入投资收益,应进行审计调整。调整分录为:

借:公允价值变动损益　　　　　　　　　　　　　　　　　　310 000.00
　　贷:投资收益　　　　　　　　　　　　　　　　　　　　　310 000.00

(4)金额核对相符。

记 账 凭 证

记字037号   日期：2021-11-30   附单据 1 张

摘要	科目名称	借方金额	贷方金额
处置天津松江股票	其他货币资金——存出投资款	3 595 500.00	
处置天津松江股票	交易性金融资产——股票——成本		2 690 000.00
处置天津松江股票	交易性金融资产——股票——公允价值变动		310 000.00
处置天津松江股票	投资收益		544 245.28
处置天津松江股票	应交税费——转让金融商品应交增值税		51 254.72
合计		3 595 500.00	3 595 500.00

记账 张静   审核 林玉荣   出纳   制单 张静

图 7-3 记账凭证 11-037 号

三、交易性金融资产审定表

根据企业信息，填制交易性金融资产审定表，如表 7-10 所示。

表 7-10   **交易性金融资产审定表**

被审计单位：北京嘉城电子股份有限公司   编制：黎云景   日期：2022/02/15   索引号：1102-1
会计期间：2021.01.01～2021.12.31   复核：李天一   日期：2022/02/28   页 次： 1

项目	期末未审数	账项调整 借方	账项调整 贷方	重分类调整 借方	重分类调整 贷方	期末审定数	期初审定数	索引号
一、报表数								
二、总账数								
三、明细账数								
其中：交易性债券投资								
交易性权益工具投资								
指定为以公允价值计量且其变动计入本期损益的金融资产								
其他								
审计说明								
审计结论								

【工作底稿填写要求】

根据财务报表、交易性金融资产总账及明细账、交易性金融资产明细表、交易性金融资产检查情况表，填写交易性金融资产审定表。

第三节   长短期借款审计

实验目的

通过本节课的学习，学生能够了解长短期借款审计的要点，掌握实施长短期借款实质性

二维码 7-6：
参考答案——
交易性金融资产

程序的方法。

 理论知识点

一、审计目标

长短期借款审计的目标如表7-11所示。

表7-11 长短期借款审计的目标

事项	财务报表的认定
1. 资产负债表中记录的短期借款、应付利息、长期借款是存在的	存在
2. 所有应当记录的短期借款、应付利息、长期借款均已记录	完整性
3. 记录的短期借款、应付利息、长期借款是被审计单位应当履行的现时义务	权利和义务
4. 短期借款、应付利息、长期借款以恰当的金额包括在财务报表中,与之相关的计价或调整已恰当记录	准确性、计价和分摊
5. 短期借款、应付利息、长期借款已按照《企业会计准则》的规定在财务报表中恰当地列报和披露	列报

二、短期借款、长期借款计划实施的实质性程序

（1）获取或编制短期借款、长期借款明细表：①复核加计是否正确,并核对其与报表数、总账数和明细账合计数是否相符。②检查非记账本位币短期借款、长期借款的折算汇率及折算金额是否正确,以及折算方法是否前后期一致。

（2）检查被审计单位的企业信用报告,核实账面记录是否准确、完整。对被审计单位的企业信用报告中列示的信息与账面记录核对的差异进行分析,关注企业信用报告中列示的被审计单位对外担保的信息。

（3）对短期借款、长期借款进行函证,有充分证据表明某一借款对财务报表不重要且与之相关的重大错报风险很低的除外。如果不对这些项目实施函证程序,在审计工作底稿中说明理由。①编制短期借款、长期借款函证结果汇总表,检查回函。②调查不符事项,确定是否表明存在错报。③如果被审计单位未回函,实施替代审计程序。④如果认为回函不可靠,评价对评估的重大错报风险,以及其他审计程序的性质、时间安排和范围的影响。⑤如果管理层不允许寄发询证函:询问管理层不允许寄发询证函的原因,并就其原因的正当性及合理性收集审计证据;评价管理层不允许寄发询证函对评估的相关重大错报风险（包括舞弊风险）,以及其他审计程序的性质、时间安排和范围的影响;实施替代审计程序,以获取相关、可靠的审计证据;如果认为管理层不允许寄发询证函的原因不合理,或实施替代审计程序无法获取相关、可靠的审计证据,与治理层进行沟通,并确定其对审计工作和审计意见的影响。

（4）对年度内增加的短期借款、长期借款检查借款合同和授权审批,了解借款本金、借款用途、借款条件、借款日期、还款期限、借款利率等信息,检查会计处理是否正确。

（5）对年度内减少的短期借款、长期借款检查相关记录和原始凭证,检查会计处理是否正确。

(6) 检查被审计单位用于短期借款、长期借款的抵押资产的所有权是否属于被审计单位,其价值和实际状况是否与契约中的规定相一致。

(7) 根据短期借款、长期借款的利率和期限,检查被审计单位短期借款的利息计算和会计处理是否正确。

(8) 根据评估的舞弊风险等因素增加其他审计程序。

(9) 检查短期借款、长期借款是否已按照《企业会计准则》的规定在财务报表中恰当地列报和披露。

三、应付利息计划实施的实质性程序

(1) 获取或编制应付利息明细表:①复核加计是否正确,并核对其与报表数、总账数和明细账合计数是否相符。②检查非记账本位币应付利息的折算汇率及折算金额是否正确。

(2) 检查被审计单位应计利息的计算是否正确:①计算借款、债券等平均利率(票面或合同利率)并同以前年度及市场平均利率作比较。②根据借款、债券等平均余额、平均利率测算当期应付或应计利息,并将其与账面记录进行比较。

(3) 结合分期付息到期还本的长期借款、应付债券的审计,检查应付利息有无漏记。

(4) 检查利息支付原始凭证的内容和金额是否正确。

(5) 结合分期付息到期还本的长期借款、应付债券的审计,对应付利息进行函证。

(6) 根据评估的舞弊风险等因素增加其他审计程序。

(7) 检查应付利息是否已按照《企业会计准则》的规定在财务报表中恰当地列报和披露。

实验资料及操作

一、短期借款实质性程序

1. 短期借款明细表

根据企业信息,填制短期借款明细表,如表 7-12 所示。

表 7-12　　　　　　　　　　短期借款明细表

| 被审计单位: | 北京嘉诚电子股份有限公司 | 编制: | 黎云景 | 日期: | 2022/2/15 | 索引号: | 2101-2 |
| 会计期间: | 2021.01.01~2021.12.31 | 复核: | 李天一 | 日期: | 2022/2/28 | 页次: | 1 |

贷款单位	期初数	本期增加	本期减少	期末数	借款合同号	借款条件	年利率%	借款日期	还款日期	是否专项借款	是否有抵押质押情况	备注
交通银行北京东城支行					20210701	信用借款				否	否	
交通银行北京东城支行					20210901	信用借款				否	否	
交通银行北京东城支行					20211201	信用借款				否	否	
合计					—	—	—			—	—	—
审计说明												

【工作底稿填写要求】

根据企业信息资料提示,填制短期借款明细表。填写期初数、本期增加、本期减少、期末数和年利率。本期共发生三笔短期借款,前两笔短期借款已经按时归还。第三笔借款本金为 2 200 000.00 元,借款日期为 2021 年 12 月 1 日,还款日期为 2022 年 2 月 28 日,截止到

2021年12月31日财务报表日,该笔借款尚未到期。

根据短期借款总账(表7-13)及短期借款明细账(表7-14)相关金额填写短期借款明细表,并将其与2021年借款台账(表7-15)进行核对。

表7-13　　　　　　　　　　　　　短期借款总账

科目	2201 短期借款					
2021年 月	日	凭证号数	摘要	借方	贷方	方向	余额

2021年月	日	凭证号数	摘要	借方	贷方	方向	余额
01			上年结转			平	0
07			本月合计		2 000 000.00	贷	2 000 000.00
07			本年累计		2 000 000.00	贷	2 000 000.00
09			本月合计	2 000 000.00	1 500 000.00	贷	1 500 000.00
09			本年累计	2 000 000.00	3 500 000.00	贷	1 500 000.00
11			本月合计	1 500 000.00		平	0
11			本年累计	3 500 000.00	3 500 000.00	平	0
12			本月合计		2 200 000.00	贷	2 200 000.00
12			本年累计	3 500 000.00	5 700 000.00	贷	2 200 000.00
			结转下年			贷	2 200 000.00

表7-14　　　　　　　　　　　　　短期借款明细账

科目　2201 短期借款

2021年月	日	凭证号数	摘要	借方	贷方	方向	余额
01	01		上年结转			平	0
07	31	1	借款到账		2 000 000.00	贷	2 000 000.00
07	31		本月合计		2 000 000.00	贷	2 000 000.00
07	31		本年累计		2 000 000.00	贷	2 000 000.00
09	30	4	借款到账		1 500 000.00	贷	3 500 000.00
09	30	33	200万元到期还本付息	2 000 000.00		贷	1 500 000.00
09	30		本月合计	2 000 000.00	1 500 000.00	贷	1 500 000.00
09	30		本年累计	2 000 000.00	3 500 000.00	贷	1 500 000.00
11	30	34	150万元到期还本付息	1 500 000.00		平	0
11	30		本月合计	1 500 000.00		平	0
11	30		本年累计	3 500 000.00	3 500 000.00	平	0
12	31	1	借款到账		2 200 000.00	贷	2 200 000.00
12	31		本月合计		2 200 000.00	贷	2 200 000.00
12	31		本年累计	3 500 000.00	5 700 000.00	贷	2 200 000.00
			结转下年			贷	2 200 000.00

表7-15　　　　　　　　　　　　　2021年借款台账

序号	放贷银行	贷款事由	合同放款金额	还款	余额	贷款利率	起息日-截止日	利息支付方式	备注
1	交通银行北京东城支行	流动资金贷款	2 000 000.00	2 000 000.00	—	4.350%	2021.07.01-2021.09.30	一次还本付息	
2		流动资金贷款	1 500 000.00	1 500 000.00	—	4.350%	2021.09.01-2021.11.30	一次还本付息	
3		流动资金贷款	2 200 000.00		2 200 000.00	4.350%	2021.12.01-2022.2.28	一次还本付息	
4		长期借款	20 000 000.00		20 000 000.00	4.750%	2020.01.01-2022.12.31	一次还本付息	假设利率不变
总计			25 700 000.00	3 500 000.00	22 200 000.00	—			

2. 短期借款凭证检查表

根据企业信息,填制短期借款凭证检查表,如表7-16所示。

表7-16　　　　　　　　短期借款凭证检查表

被审计单位:北京嘉城电子股份有限公司　　编制:黎云景　　日期:2022/02/15　　索引号:2101-3
会计期间:2021.01.01~2021.12.31　　　　　　复核:李天一　　日期:2022/02/28　　页　次:1

序号	记账日期	凭证号	业务摘要	对方科目		金额	核对内容(用"√"或"×"表示)						备注
				方向	一级科目名称		1	2	3	4	5	6	
1	2021/07/01	记-1											
2	2021/09/05	记-4											
3	2021/09/30	记-33											
4	2021/11/30	记-34											
5	2021/12/31	记-1											
核对内容说明:(1)原始凭证内容完整;(2)授权批准完整;(3)账务处理正确;(4)金额核对相符;(5)……													
审计说明													

【工作底稿填写要求】

根据企业信息,填制短期借款凭证检查表,针对抽取的样本核对以下内容:①原始凭证内容完整。②授权批准完整。③会计处理正确。④金额核对相符。

3. 短期借款审定表

根据企业信息,填制短期借款审定表,如表7-17所示。

表7-17　　　　　　　　短期借款审定表

被审计单位:北京嘉城电子股份有限公司　　编制:黎云景　　日期:2022/02/015　　索引号:2101-1
会计期间:2021.01.01~2021.12.31　　　　　　复核:李天一　　日期:2022/02/028　　页　次:1

项目	期末未审数	账项调整		重分类调整		期末审定数	期初审定数	索引号
		借方	贷方	借方	贷方			
一、报表数								
二、总账数								
三、明细账数								
其中:交通银行北京东城支行								
……								
审计说明								
审计结论								

【工作底稿填写要求】

根据企业信息资料提示,列示期末审定数和期末未审数,对期末未审数作账项调整和重分类调整,得出期末审定数,并将其同上期期末审定数作对比。经审计调整后,期末余额可

二维码7-7:
参考答案——
短期借款

以确认。

二、应付利息实质性程序

1. 应付利息明细表

根据企业信息,填制应付利息明细表,如表 7-18 所示。

表 7-18　　　　　　　　　应付利息明细表

被审计单位：北京嘉城电子股份有限公司				编制：黎云景		日期：2022/02/15		索引号：2109-2	
会计期间：2021.01.01~2021.12.31				复核：李天一		日期：2022/02/28		页次：1	

项目名称	期初余额	本期增加	本期减少	期末余额	账项调整		重分类调整		调整索引	审定金额	备注
					借方	贷方	借方	贷方			
一、短期借款											
交通银行北京东城支行											
二、长期借款											
交通银行北京东城支行											
合计											
审计说明											

【工作底稿填写要求】

根据企业信息,填制应付利息明细表,测试数据复核加计是否正确,并核对其与报表数、应付利息总账和应付利息明细账合计数是否相符。应付利息总账、应付利息明细账如表 7-19、表 7-20 所示。

表 7-19　　　　　　　　　应付利息总账

科目		2231 应付利息					
2021年		凭证号数	摘要	借方	贷方	方向	余额
月	日						
1			上年结转			平	0
12			本月合计		950 000.00	贷	950 000.00
12			本年累计		950 000.00	贷	950 000.00
			结转下年			贷	950 000.00

表 7-20　　　　　　　　　应付利息明细账

科目		2231 应付利息					
2021年		凭证号数	摘要	借方	贷方	方向	余额
月	日						
			上年结转			平	0
12	31	032	计提利息		950 000.00	贷	950 000.00
12	31		本月合计		950 000.00	贷	950 000.00
12	31		本年累计		950 000.00	贷	950 000.00
			结转下年			贷	950 000.00

2. 应付利息凭证检查表

根据企业信息,填制应付利息凭证检查表,如表 7-21 所示。

表 7-21　　　　　　　　　**应付利息凭证检查表**

被审计单位:北京嘉城电子股份有限公司　　编制:黎云景　　日期:2022/02/15　　索引号:2109-3
会计期间:2021.01.01～2021.12.31　　　　复核:李天一　　日期:2022/02/28　　　页　次:　1

| 序号 | 记账日期 | 凭证号 | 业务摘要 | 对方科目 | | 金额 | 核对内容(用"√"或"×"表示) | | | | | | 备注 |
				方向	一级科目名称		1	2	3	4	5	6	
1	2021/12/31	记-032											
2													
3													

核对内容说明:(1)原始凭证内容完整;(2)授权批准完整;(3)账务处理正确;(4)金额核对相符;(5)……

审计说明

【工作底稿填写要求】

根据企业信息,填制应付利息凭证检查表。本期计息月份数应按照借款期限确定,借款当月即开始计息。2021年共发生三笔短期借款,其中有两笔于2021年到期还本付息,一笔于2022年2月28日到期。另外,2020年借入一笔长期借款,于2022年12月31日到期。

本案例中 2021 年 12 月记字 032 号凭证(图 7-4)采用全查的方法,经查验,发现长期借款为一次还本付息借款,利息应计入长期借款——应计利息,具体调整分录为:

借:应付利息　　　　　　　　　　　　　　　　　　950 000.00
　　贷:长期借款——应计利息　　　　　　　　　　　　　　950 000.00

记 账 凭 证

记字032号　　　　　　日期:2021-12-31　　　　　　附单据　1　张

摘要	科目名称	借方金额	贷方金额
计提利息	财务费用——利息支出	950 000.00	
计提利息	应付利息		950 000.00
合计		950 000.00	950 000.00

记　账　张　静　　　　审　核　林玉荣　　　　出　纳　　　　　　制　单　张　静

图 7-4　记账凭证 12-032 号

3. 应付利息审定表

根据企业信息,填制应付利息审定表,如表 7-22 所示。

表 7-22　　　　　　　　　　　应付利息审定表

被审计单位：北京嘉城电子股份有限公司　　编制：黎云景　　日期：2022/02/15　　索引号：2109-1
会计期间：2021.01.01~2021.12.31　　　　　复核：李天一　　日期：2022/02/28　　页　次：1

项目	期末未审数	账项调整		重分类调整		期末审定数	期初审定数	索引号
		借方	贷方	借方	贷方			
一、报表数								
二、总账数								
三、明细账数								
其中：交通银行北京东城支行								
……								
审计说明								
审计结论								

二维码 7-8:
参考答案——
应付利息

【工作底稿填写要求】

根据企业信息资料提示，列示期末审定数和期末未审数，对期末未审数作账项调整和重分类调整，得出期末审定数，并将其同上期期末审定数作对比。经审计调整后，期末余额可以确认。

【注意】本期长期借款为一次还本付息借款，账务处理有误，应调整计入长期借款——应计利息，审计调整分录详见利息支出复核表（表 7-33）。

三、长期借款实质性程序

1. 长期借款明细表

根据企业信息，填制长期借款明细表，如表 7-23 所示。

表 7-23　　　　　　　　　　　长期借款明细表

被审计单位：北京嘉城电子股份有限公司　　编制：黎云景　　日期：2022/02/15　　索引号：2115-2
会计期间：2021.01.01~2021.12.31　　　　　复核：李天一　　日期：2022/02/28　　页　次：1

贷款单位	期初数	本期增加	本期减少	期末数	借款合同号	借款条件	年利率	借款日期	还款日期	是否专项借款	是否有抵押质押情况	备注
交通银行北京东城支行					202001001	信用借款				否	否	
合计					—	—	—	—	—	—	—	—
审计说明												

【工作底稿填写要求】

根据长期借款总账、明细账和借款台账填写长期借款明细表，将报表、长期借款总账和长期借款——本金明细账、长期借款——应计利息明细账合计数相互核对，并查看是否相符；上述资料如表 7-24 至表 7-26 所示。

表 7-24　　　　　　　　　　　长期借款总账

科目	2501 长期借款						
2021年		凭证号数	摘要	借方	贷方	方向	余额
月	日						
1			上年结转			贷	20 950 000.00
12			本年累计			贷	20 950 000.00
			结转下年			贷	20 950 000.00

218

表 7-25　　　　　　　　　　长期借款——本金明细账

科目	250101 长期借款——本金					
2021年		凭证号数	摘要	借方	贷方	方向	余额
月	日						
1	1		上年结转			贷	20 000 000.00
12	31		本年累计			贷	20 000 000.00
			结转下年			贷	20 000 000.00

表 7-26　　　　　　　　　长期借款——应计利息明细账

科目	250102 长期借款——应计利息					
2021年		凭证号数	摘要	借方	贷方	方向	余额
月	日						
1	1		上年结转			贷	950 000.00
12	31		本年累计			贷	950 000.00
			结转下年			贷	950 000.00

2. 长期借款审定表

根据企业信息，填制长期借款审定表，如表 7-27 所示。

表 7-27　　　　　　　　　　长期借款审定表

被审计单位：北京嘉城电子股份有限公司	编制：黎云景	日期：2022/02/15	索引号：2115-1
会计期间：2021.01.01~2021.12.31	复核：李天一	日期：2022/02/28	页次：1

项目	期末未审数	账项调整		重分类调整		期末审定数	期初审定数	索引号
		借方	贷方	借方	贷方			
一、报表数								
二、总账数								
三、明细账数								
其中：交通银行								
……								
审计说明								
审计结论								

【工作底稿填写要求】

根据企业信息资料提示，列示期末审定数和期末未审数，对期末未审数作账项调整和重分类调整，得出期末审定数，并将其同上期期末审定数作对比。经审计调整后，期末余额可以确认。

【注意】本期长期借款为一次还本付息借款，账务处理有误，应调整计入长期借款——应计利息，审计调整分录详见利息支出复核表（表 7-33）。长期借款于 2022 年 12 月 31 日到期，截至 2021 年 12 月 31 日，长期借款剩余期限变更为 1 年以内，应重分类为 1 年内到期的非流动负债。调整分录为：

　　借：长期借款　　　　　　　　　　　　　　　　21 900 000.00
　　　　贷：1 年内到期的非流动负债　　　　　　　　　　　21 900 000.00

二维码 7-9：
参考答案——
长期借款

第四节 财务费用审计

实验目的

通过本节课的学习,学生能够了解财务费用审计的要点,掌握实施财务费用实质性程序的方法。

理论知识点

一、审计目标

财务费用审计的目标如表7-28所示。

表7-28　　　　　　　　　　财务费用审计的目标

事项	财务报表的认定
1. 利润表中记录的财务费用已发生,且与被审计单位有关	发生
2. 所有应当记录的财务费用均已记录	完整性
3. 与财务费用有关的金额及其他数据已恰当记录	准确性
4. 财务费用已记录于正确的会计期间	截止
5. 财务费用记录于恰当的账户	分类
6. 财务费用已按照《企业会计准则》的规定在财务报表中恰当地列报和披露	列报

二、财务费用实质性程序

(1) 获取或编制其他应收款明细表,复核加计是否正确,并核对其与总账数和明细账合计数是否相符。

(2) 实施实质性分析程序:①考虑可获取信息的来源、可比性、性质、相关性以及与信息编制相关的控制,评价在对记录的金额或比率作出预期时使用数据的可靠性。②对已记录的金额作出预期值,评价预期值是否足够精确以识别重大错报风险。③确定已记录金额与预期值之间可接受的、无需作进一步调查的可接受的差异额。④将已记录金额与预期值进行比较,识别需要进一步调查的差异额。⑤调查差异:询问管理层,针对管理层的答复获取适当的审计证据;根据具体情况在必要时实施其他审计程序。

(3) 检查本期发生的财务费用,结合相关科目审计检查支持性文件,确定入账金额及会计处理是否正确。

(4) 抽取财务报表日前后若干天的记账凭证,实施截止测试,若存在异常迹象,应考虑是否有必要追加审计程序,对于重大跨期项目,应作必要调整。

(5) 根据评估的舞弊风险等因素增加其他审计程序。

(6) 检查财务费用是否已按照《企业会计准则》的规定在财务报表中恰当地列报和披露。

实验资料及操作

一、财务费用明细表

根据企业信息,填制财务费用明细表,如表7-29所示。

表7-29　　　　　　　　　　财务费用明细表

被审计单位:北京嘉城电子股份有限公司　　编制:黎云景　　日期:2022/02/15　　索引号:4406-2
会计期间:2021.01.01~2021.12.31　　复核:李天一　　日期:2022/02/28　　页　次:1

项目	1月	2月	3月	4月	5月	6月	7月	8月	9月	10月	11月	12月	本期末审	上期审定	备注
一、利息净支出															
（1）利息支出															
其中:短期借款利息															
长期借款利息															
（2）利息收入															
其中:银行活期存款															
银行定期存款															
二、汇兑净损失															
（1）汇兑损失															
（2）汇兑收益															
三、手续费															
四、其他															
合计														0%	—	—
月发生额占本期合计数比重															
审计说明															

【工作底稿填写要求】

根据企业信息,填制财务费用明细表,检查被审计单位财务费用——利息收入明细账、财务费用——利息支出明细账、财务费用审定明细金额的相关记录并进行核对,查看是否相符。相关资料如表7-30至表7-32所示。

表7-30　　　　　　　　　　财务费用明细账

科目	660301财务费用——利息收入						
2021年		凭证号数	摘要	借方	贷方	方向	余额
月	日						
03	31	041	存款利息	−10 256.41		贷	10 256.41
03	31	050	结转财务费用		−10 256.41	平	0
03	31		本月合计	−10 256.41	−10 256.41	平	0
03	31		本年累计	−10 256.41	−10 256.41	平	0
06	30	040	存款利息	−9 851.83		贷	9 851.83
06	30	050	结转财务费用		−9 851.83	平	0
06	30		本月合计	−9 851.83	−9 851.83	平	0
06	30		本年累计	−20 108.24	−20 108.24	平	0
09	30	041	存款利息	−12 056.53		贷	12 056.53
09	30	050	结转财务费用		−12 056.53	平	0
09	30		本月合计	−12 056.53	−12 056.53	平	0
09	30		本年累计	−32 164.77	−32 164.77	平	0
12	31	047	存款利息	−12 259.60		贷	12 259.60
12	31	050	结转财务费用		−12 259.60	平	0
12	31		本月合计	−12 259.60	−12 259.60	平	0
12	31		本年累计	−44 424.37	−44 424.37	平	0

表 7-31　　　　　　　　　　　　　财务费用明细账

科目		660302 财务费用——利息支出					
2021年		凭证号数	摘要	借方	贷方	方向	余额
月	日						
09	30	033	200万元到期还本付息	21 750.00		借	21 750.00
09	30	050	结转财务费用		21 750.00	平	0
09	30		本月合计	21 750.00	21 750.00	平	0
09	30		本年累计	21 750.00	21 750.00	平	0
11	30	034	150万元到期还本付息	16 312.50		借	16 312.50
11	30	050	结转财务费用		16 312.50	平	0
11	30		本月合计	16 312.50	16 312.50	平	0
11	30		本年累计	38 062.50	38 062.50	平	0
12	31	032	计提利息	950 000.00		借	950 000.00
12	31	050	结转财务费用		950 000.00	平	0
12	31		本月合计	950 000.00	950 000.00	平	0
12	31		本年累计	988 062.50	988 062.50	平	0

表 7-32　　　　　　　　　　　2020 年财务费用审定明细金额　　　　　　　　　　　单位:元

序号	项目	金额
1	利息支出(长期借款)	950 000.00
2	利息收入(活期储蓄)	39 835.60
3	利息净支出	910 164.40

二、利息支出复核表

根据企业信息,填制利息支出复核表,如表 7-33 所示。

表 7-33　　　　　　　　　　　　　利息支出复核表

被审计单位:北京嘉城电子股份有限公司　　　编制:黎云景　　　日期:2022/02/15　　　索引号:4406-3
会计期间:2021.01.01～2021.12.31　　　　　复核:李天一　　　日期:2022/02/28　　　页　次:　1

项目	性质	超始日	截止日	本金	年利率	计息月数	应计利息支出	备注
短期借款	贷款							
	贷款							
	贷款							
长期借款	贷款							
合计	—	—	—	—				
本期实计利息支出								
差异(应计-实计)								
审计说明								

【工作底稿填写要求】

经复核,发现应计提利息与已计提利息有差异,有一笔借款未计提利息,应作如下审计调整:

借:财务费用——利息支出　　　　　　　　　　　　　　　　　　　　　7 975.00

　　贷:应付利息　　　　　　　　　　　　　　　　　　　　　　　　　　　　　7 975.00

三、财务费用凭证检查表

根据企业信息,填制财务费用凭证检查表,如表 7-34 所示。

表 7-34　　　　　　　　　　　　财务费用凭证检查表

| 被审计单位: | 北京嘉城电子股份有限公司 | 编制: | 黎云景 | 日期: | 2022/02/15 | 索引号: | 4406-4 |
| 会计期间: | 2021.01.01~2021.12.31 | 复核: | 李天一 | 日期: | 2022/02/28 | 页次: | 1 |

序号	记账日期	凭证号	业务摘要	对方科目		金额	核对内容(用"√"、"×"表示)						备注
				方向	一级科目名称		1	2	3	4	5	6	
1	2021/9/30	记-033											
2	2021/9/30	记-041											
3	2021/12/31	记-032											
4	2021/12/31	记-047											
5													

核对内容说明:(1)原始凭证内容完整;(2)授权批准完整;(3)账务处理正确;(4)金额核对相符;(5)……

审计说明

【工作底稿填写要求】

根据企业信息,填制财务费用凭证检查表,检查抽选样本 2021 年 12 月记字 032 号凭证(图 7-5),核对相关内容:

(1)原始凭证是否齐全。
(2)记账凭证与原始凭证是否相符。
(3)账务处理是否正确。
(4)是否记录于恰当的会计期间。

记 账 凭 证

记字032号		日期: 2021-12-31	附单据 1 张
摘要	科目名称	借方金额	贷方金额
计提利息	财务费用——利息支出	950 000.00	
计提利息	应付利息		950 000.00
合计		950 000.00	950 000.00

记账　张 静　　　　　　审核　林玉荣　　　　　　出纳　　　　　　　制单　张 静

图 7-5　记账凭证 12-032 号

【注意】采用随机抽样方法,发现一笔异常业务,即 2021 年 12 月记字 032 号凭证的财务处理有误,按照 2021 年 1~12 月长期借款利息计算表(表 7-35)可知,一次还本付息长期借款利息应计入长期借款科目。因此,应作如下审计调整:

借:应付利息　　　　　　　　　　　　　　　　　　950 000.00
　　贷:长期借款——应计利息　　　　　　　　　　　　950 000.00

表 7-35　　　　　　　　　　　2021 年 1～12 月长期借款利息计算表

金额单位:元

序号	放贷银行	贷款事由	合同放款金额	还款	余额	贷款利率	起息日-截止日	计息月份数	应计本年利息	利息支付方式	备注
1	交通银行北京东城支行	长期借款	20 000 000.00		20 000 000.00	4.750%	2020.01.01-2022.12.31	12	950 000.00	一次还本付息	假设利率不变
	总计		20 000 000.00	—	20 000 000.00	—		—	950 000.00		

总经理:方美晨　　　　　　　　　　　财务经理:陆志刚　　　　　　　　　　　审核:林玉荣

四、财务费用审定表

根据企业信息,填制财务费用审定表,如表 7-36 所示。

表 7-36　　　　　　　　　　　　　财务费用审定表

被审计单位:北京嘉城电子股份有限公司　　编制:黎云景　　日期:2022/02/15　　索引号:4406-1

会计期间:2021.01.01~2021.12.31　　　　　复核:李天一　　日期:2022/02/28　　页　次:　1

项目	本期末审数	账项调整		本期审定数	上期审定数	索引号
		借方	贷方			
一、报表数						
二、总账数						
三、明细账数						
(1)利息净支出						
其中:利息支出						
利息收入						
(2)汇兑净损失						
(3)手续费						
(4)其他						
审计说明						
审计结论						

二维码 7-10:
参考答案——
财务费用

【工作底稿填写要求】

根据企业信息资料提示,列示期末审定数和期末未审数,对期末未审数作账项调整和重分类调整,得出期末审定数,并将其同上期期末审定数作对比。经审计调整后,期末余额可以确认。

【注意】报表与总账合计数核对一致;明细账与总账核对及查验见科目底稿;审计调整分录详见利息支出复核表(表 7-33)。经审计调整后,发生额可以确认。

第五节　其他应收应付款审计

实验目的

通过本节课的学习,学生能够了解其他应收应付款审计的要点,掌握实施其他应收应付款实质性程序的方法。

 理论知识点

一、审计目标

其他应收款审计的目标如表 7-37 所示。

表 7-37　　　　　　　　　　其他应收款审计的目标

事项	财务报表的认定
1. 资产负债表中记录的其他应收款是存在的	存在
2. 所有应当记录的其他应收款均已记录	完整性
3. 记录的其他应收款由被审计单位拥有或控制	权利和义务
4. 其他应收款以恰当的金额包括在财务报表中，与之相关的计价调整已恰当记录	计价和分摊

其他应付款审计的目标如表 7-38 所示。

表 7-38　　　　　　　　　　其他应付款审计的目标

事项	财务报表的认定
1. 资产负债表中记录的其他应付款是存在的	存在
2. 所有应当记录的其他应付款均已记录	完整性
3. 记录的其他应付款是被审计单位应当履行的现时义务	权利和义务
4. 其他应付款以恰当的金额包括在财务报表中，与之相关的计价调整已恰当记录	计价和分摊
5. 其他应付款已按照《企业会计准则》的规定在财务报表中恰当地列报和披露	列报和披露

二、其他应收款实质性程序

（1）获取或编制其他应收款明细表。①复核加计是否正确，并核对其与总账数和明细账合计数是否相符，结合坏账准备科目核对其与报表数是否相符。②了解重大明细项目的其他应收款内容及性质，进行类别分析，重点关注是否存在资金被关联企业（或实际控制人）大量占用、变相拆借资金、隐形投资、误用会计科目、或有损失等现象。③结合应收账款、其他应付款等明细余额，检查是否有同时挂账的项目，核算内容是否重复，必要时作出适当调整。④检查非记账本位币其他应收款的折算汇率及折算是否正确。⑤分析有贷方余额的项目，查明原因，必要时作重分类调整。⑥标识重要明细户。

（2）对其他应收款进行函证。①编制"其他应收款函证结果汇总表"，对函证结果进行评价。②对于未回函的其他应收款，应执行替代审计程序。针对重要的其他应收款，编制对重要明细户，特别是关联企业（或实际控制人）的增减变动表；必要时，收集该单位资料，并分析其变动的合理性。③如果实施函证和替代审计程序都不能取得充分、适当的审计证据，应当考虑实际情况，实施追加的审计程序。

（3）获取或编制其他应收款账龄分析表。①测试账龄划分的适当性。要求被审计单位根据资产负债表日后收款情况对账龄分析表进行更新。如果未收款余额不重大,则无需针对每一账户的账龄进行测试,或测试的范围无需太大。②关注审计时已收回的其他应收款金额,对已收回金额较大的款项进行检查,如核对收款凭证等,并注意收款凭证发生日期的合理性,分析收款时间是否与合同相关要素一致。

(4) 检查坏账准备。①取得或编制坏账准备计算表,复核加计是否正确,核对其与坏账准备总账、明细账合计数是否相符。将其他应收款坏账准备本期计提数与资产减值损失相应明细项目的发生额进行核对,查看是否相符。②评价坏账准备所依据的资料、假设和计提方法。复核其他应收款坏账准备是否按经股东(大)会或董事会批准的既定方法和比例提取,其计算和会计处理是否正确。③检查其他应收账款坏账准备计提和核销的批准程序,取得相关审计证据。④检查其他应收款中是否存在债务人破产或者死亡,以其破产财产或者遗产清偿后仍无法收回,或者债务人长期未履行偿债义务的情况。如果是,应提请被审计单位处理。⑤检查其他应收款转作坏账损失的项目是否符合规定,会计处理是否正确,是否已办妥税务部门审批手续。⑥若转作坏账损失的项目未经税务部门批准,则必须调整应纳税所得额。⑦若实际核销的款项涉及关联方的,检查被审计单位是否作出适当披露。⑧检查已经确认并转销的坏账重新收回的,其会计处理是否正确。

(5) 检查政府补助是否在本科目核算,会计处理是否正确,是否归被审计单位所有,必要时进行函证。

(6) 检查售后回购方式融出资金是否在本科目核算,会计处理是否正确;并关注销售价格与原购买价格之间的差额按期计提的利息费用,是否在本科目核算。

(7) 标明应收关联方[包括持股5%以上(含5%)的股东]的款项,执行关联方及其交易审计程序,并注明合并报表时应予抵销的金额。对关联企业、有密切关系的客户的交易事项作专门核查。①了解交易事项目的及所应收款项的原因,检查合同等相关文件资料。②向关联方、有密切关系的客户函询,以确认交易的真实性、合理性。

(8) 根据评估的舞弊风险等因素增加其他审计程序。

(9) 检查其他应收款是否已按照《企业会计准则》的规定在财务报表中恰当地列报,关注其他应收款是否已按照账龄及单位类别进行披露。

三、其他应付款实质性程序

(1) 获取或编制其他应付款明细表。①复核加计是否正确,并核对其与总账数、总账数和明细账合计数是否相符。②检查非记账本位币其他应付款的折算汇率及折算是否正确。③分析有借方余额的项目,查明原因,必要时作重分类调整。④结合应付账款、其他应付款等往来项目的明细余额,查核有无针对同一交易在其他应付款和其他往来科目同时记账的情况、异常余额或与本科目核算无关的其他款项。

(2) 实施函证程序。①编制其他应付款函证结果汇总表,检查回函。②调查不符事项,确定是否表明存在错报。③如果被审计单位未回函,实施替代审计程序。④如果认为回函不可靠,评价对评估的重大错报风险,以及其他审计程序的性质、时间安排和范围的影响。⑤如果管理层不允许寄发询证函:询问管理层不允许寄发询证函的原因,并就其原因的正当性及合理性收集审计证据;评价管理层不允许寄发询证函对评估的相关重大错报风险(包括舞弊风险),以及其他审计程序的性质、时间安排和范围的影响;实施替代审计程序,以获取相关、可靠的审计证据;如果认为管理层不允许寄发询证函的原因不合理,或实施替代审计程序无法获取相关、可靠的审计证据,与治理层进行沟通,并确定其对审计工作和审计意见的影响。

(3)对本期其他应付款的增减变动检查至支持性文件,以确定会计处理是否正确。

(4)检查于资产负债表日至审计现场工作日已支付的金额较大的其他应付款项,确定有无未及时入账的其他应付款。检查付款凭证、银行对账单等支持性凭证,并注意入账日期发生的合理性。

(5)检查其他应付款长期挂账的原因并作出记录。检查对确实无需支付的其他应付款的会计处理是否正确。

(6)如存在应付关联方的款项,则采取以下措施:①了解交易的商业理由。②检查证实交易的支持性文件(如发票、合同、协议及入库和运输单据等相关文件)。③如果可获取与关联方交易相关的审计证据有限,考虑实施下列审计程序:向关联方函证交易的条件和金额,包括担保和其他重要信息;检查关联方拥有的信息;向与交易相关的人员和机构(如律师、银行)函证或与其讨论有关信息。④完成"关联方"审计工作底稿。

(7)根据评估的舞弊风险等因素增加其他审计程序。

(8)检查其他应付款是否已按照适用的财务报表编制基础在财务报表中作出恰当列报和披露。

实验资料及操作

一、其他应收款实质性程序

1. 其他应收款明细表

根据企业信息,填制其他应收款明细表,如表7-39所示。

表7-39　　　　　　　　　　其他应收款明细表

被审计单位:北京嘉城电子股份有限公司　　编制:黎云景　　日期:2022/02/15　　索引号:1109-2
会计期间:2021.01.01~2021.12.31　　复核:李天一　　日期:2022/02/28　　页　次:　1

债务人名称	原因、性质及内容	币种	未审数			未审账龄				账项调整		重分类调整		调整索引	期末审定数	审定账龄				备注
			期初数	本期增加	本期减少	期末数	1年以内	1~2年	2~3年	3年以上	借方	贷方	借方	贷方			1年以内	1~2年	2~3年	3年以上	
一、关联方	—																				
其中:方美晨	往来款	人民币																			
二、非关联方	—																				
其中:杨宇	往来款	人民币																			
合计	—																				
其他应收款账面余额																					
其他应收款坏账准备																					
其他应收款账面价值																					
审计说明																					

【工作底稿填写要求】

根据其他应收款总账、明细账填写其他应收款明细表,将报表、其他应收款总账和其他应收款明细账合计数进行核对,查看是否相符;相关资料如表 7-40、表 7-41 所示。经查验,总账与明细账核对一致;其他应付款——杨宇借方余额作重分类调整,具体审计调整分录详见其他应收款坏账准备审核表(表 7-43)和其他应付款明细表(表 7-45)。

表 7-40　　　　　　　　　　其他应收款总账

科目		1221 其他应收款				
2021年		凭证号数	摘要	借方	贷方	方向	余额
月	日						
			上年结转			平	0
12			本月合计	120 000.00		借	120 000.00
12			本年累计	120 000.00		借	120 000.00
			结转下年			借	120 000.00

表 7-41　　　　　　　　　　其他应收款明细账

科目		122101 其他应收款——方美晨				
2021年		凭证号数	摘要	借方	贷方	方向	余额
月	日						
			上年结转			平	0
12	31	010	往来款	120 000.00		借	120 000.00
12	31		本月合计	120 000.00		借	120 000.00
12	31		本年累计	120 000.00		借	120 000.00
			结转下年			借	120 000.00

2. 其他应收款凭证检查表

根据企业信息,填制其他应收款凭证检查表,如表 7-42 所示。

表 7-42　　　　　　　　　　其他应收款凭证检查表

被审计单位:北京嘉城电子股份有限公司　　编制:黎云景　　日期:2022/02/15　　索引号:1109-3
会 计 期 间:2021.01.01~2021.12.31　　复核:李天一　　日期:2022/02/28　　页　次:1

序号	记账日期	凭证号	业务摘要	对方科目		金额	核对内容(用"√"、"×"表示)						备注
				方向	名称		1	2	3	4	5	6	
1	2021/12/31	记-010											

核对内容说明:(1)原始凭证内容完整;(2)授权批准完整;(3)账务处理正确;(4)金额核对相符;(5)……

审计说明

【工作底稿填写要求】

根据企业信息,填制其他应收款凭证检查表,检查抽选样本凭证,核对相关内容:

(1)原始凭证是否齐全。

(2)授权审批是否完整。

(3)财务处理是否正确。

(4)金额核对是否相符。

经查验,未发现异常业务。

3. 其他应收款坏账准备审核表

根据企业信息,填制其他应收款坏账准备审核表,如表 7-43 所示。(关联方不计提坏账准备。)

表 7-43　　　　　　　　　其他应收款坏账准备审核表

被审计单位：北京嘉城电子股份有限公司　　编制：黎云景　　日期：2022/02/15　　索引号：1109-4
会 计 期 间：2021.01.01~2021.12.31　　　　复核：李天一　　日期：2022/02/28　　页　次：1

项目	账龄	期末审定数	减：不计提坏账准备的内部往来	计提比率	按类似信用风险特征应计提坏账准备金额(1)	坏账准备				差异(1)-(2)	备注
						年初审定数	本期计提数	本期转出(核销)数	期末余额(2)		
其他应收款	1年以内			5%							
	1~2年			10%							
	2~3年			20%							
	3年以上			50%							
合计				—						—	
审计说明											

【工作底稿填写要求】

根据企业背景资料，分别列示不同账龄区间的其他应收款余额，并按坏账准备比例计算坏账准备应收余额。

【注意】根据其他应收款明细往来可知，被审计单位存在一项1年以内账龄的其他应收款，非关联方应收款项余额为200 000元(其他应付款重分类)，坏账准备计提比例为5%，坏账准备应有余额为10 000.00元。经复核，发现经重分类调整后，被审计单位产生坏账准备计提差异10 000.00元，其他应收款应补提坏账准备。调整分录为：

借：信用减值损失　　　　　　　　　　　　　　　　　　10 000.00
　　贷：坏账准备——其他应收款　　　　　　　　　　　　10 000.00

4. 其他应收款审定表

根据企业信息，填制其他应收款审定表，如表 7-44 所示。

表 7-44　　　　　　　　　其他应收款审定表

被审计单位：北京嘉城电子股份有限公司　　编制：黎云景　　日期：2022/02/15　　索引号：1109-1
会 计 期 间：2021.01.01~2021.12.31　　　　复核：李天一　　日期：2022/02/28　　页　次：1

项目	期末未审数	账项调整		重分类调整		期末审定数	期初审定数	索引号
		借方	贷方	借方	贷方			
一、报表数								
二、总账数								
三、明细账数								
其中：其他应收款账面余额								
其他应收款坏账准备								
其他应收款账面价值								
审计说明								
审计结论								

【工作底稿填写要求】

根据企业信息资料提示，核对报表与总账合计数一致；明细账与总账的核对及查验见科

二维码 7-11：
参考答案——
其他应收款

目底稿；审计调整分录详见其他应收款坏账准备审批表（表 7-43）和其他应付款明细表（表 7-45）。审计调整后，期末余额可以确认。

二、其他应付款实质性程序

1. 其他应付款明细表

根据企业信息，填制其他应付款明细表，如表 7-45 所示。

表 7-45　　　　　　　　　其他应付款明细表

被审计单位：北京嘉城电子股份有限公司　　编制：黎云景　　日期：2022/02/15　　索引号：2111-2
会计期间：2021.01.01～2021.12.31　　　　复核：李天一　　日期：2022/02/28　　页　次：1

债权人名称	原因、性质及内容	币种	未审数			未审账龄				账项调整		重分类调整		调整索引	期末审定数	审定账龄				备注
			期初数	本期增加	本期减少	期末数	1年以内	1～2年	2～3年	3年以上	借方	贷方	借方	贷方			1年以内	1～2年	2～3年	3年以上	
一、非关联方	—	—																			
其中：																					
二、关联方	—	—																			
其中：																					
合计															—					—	
审计说明																					

【工作底稿填写要求】

编制其他应付款明细表，核对其与其他应付款总账、其他应付款明细账及报表数是否相符；相关资料如表 7-46、表 7-47 所示。其他应付款——杨宇为借方余额，应重分类调整至其他应收款。调整分录为：

　　借：其他应收款——杨宇　　　　　　　　　　　　　　　200 000.00
　　　　贷：其他应付款——杨宇　　　　　　　　　　　　　　　200 000.00

表 7-46　　　　　　　　　其他应付款总账

科目	2241 其他应付款						
2021年		凭证号数	摘要	借方	贷方	方向	余额
月	日						
1			上年结转			贷	800 000.00
11			本月合计	1 000 000.00		借	200 000.00
11			本年累计	1 000 000.00		借	200 000.00
12			本年累计	1 000 000.00		借	200 000.00
			结转下年			借	200 000.00

表 7-47　　　　　　　　　其他应付款明细账

科目	224102 其他应付款——杨宇						
2021年		凭证号数	摘要	借方	贷方	方向	余额
月	日						
1	1		上年结转			贷	800 000.00
11	30	40	转杨宇往来款	1 000 000.00		借	200 000.00
11	30		本月合计	1 000 000.00		借	200 000.00
11	30		本年累计	1 000 000.00		借	200 000.00
12	31		本年累计	1 000 000.00		借	200 000.00
			结转下年			借	200 000.00

2. 其他应付款审定表

根据企业信息,填制其他应付款审定表,如表7-48所示。

表 7-48　　　　　　　　　其他应付款审定表

被审计单位：北京嘉城电子股份有限公司　　编制：黎云景　　日期：2022/02/15　　索引号：2111-1
会计期间：2021.01.01~2021.12.31　　　　　复核：李天一　　日期：2022/02/28　　页　次：1

项目	期末未审数	账项调整		重分类调整		期末审定数	期初审定数	索引号
		借方	贷方	借方	贷方			
一、报表数								
二、总账数								
三、明细账数								
其中：关联方								
非关联方								
审计说明								
审计结论								

【工作底稿填写要求】

根据企业信息资料提示,列示期末审定数和期末未审数,对期末未审数作账项调整和重分类调整,得出期末审定数,并将其同上期期末审定数作对比。

【注意】报表与总账合计数核对一致;明细账与总账核对及查验见科目底稿;审计调整分录详见其他应付款明细表(表7-45)。

经审计调整后,期末余额可以确认。

二维码7-12:
参考答案——
其他应付款

第八章 人力资源与工薪循环审计

知识框架

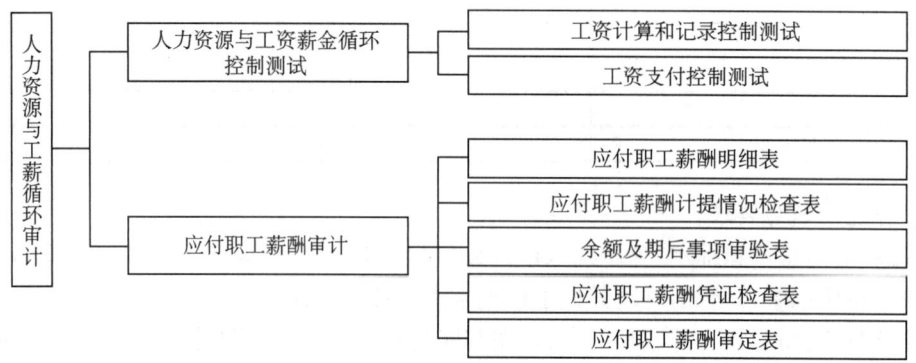

实验目标

1. 了解被审计单位人力资源与工资薪金循环的内部控制及控制测试的实施。
2. 掌握应付职工薪酬审计的实质性程序,并编制相关工作底稿。

思政育人

警钟长鸣　固本培元　涵养正气

审计署党组制定了《审计署关于加强审计纪律的规定》(以下简称"八不准"),提出了"不准由被审计单位安排住宿,不准接受被审计单位安排的就餐和宴请,不准无偿使用被审计单位的交通工具,不准参加被审计单位安排的旅游、娱乐和联欢等活动,不准无偿使用被审计单位的通信工具和办公用品,不准接受被审计单位的任何纪念品、礼品、礼金和各种有价证券,不准向被审计单位提出与审计工作无关的要求,不准在被审计单位报销任何因公因私的费用"等八条禁止性规定。从此,"八不准"就被广大审计干部视为不可逾越的"底线""红线",成为他们自觉维护审计形象的"铁规"。

审计"八不准"工作纪律对审计干部既是约束,又是保护。自审计"八不准"工作纪律执行以来,审计经费全部由国家财政负担,审计机关和审计人员不再与被审计单位发生任何经济福利关系,改变了过去审计人员的吃、住、行等方面或多或少需要被审计单位承担的情形,从源头上避免审计人员腐败行为的发生。审计"八不准"工作纪律,通过从小事抓起,从细节入手,让审计干部知敬畏、存戒惧、守底线,有效地预防和控制了审计机关廉政风险,树立了审计干部清正廉洁的良好形象,同时又极大地保护了审计干部的身心健康。

在现实生活中,部分审计人员丧失理想信念、法纪观念淡薄、贪图奢靡享乐,辜负了组织的信任与培养,葬送了自己的事业前程,既给审计事业抹了黑,又害了自己和家庭。我们作为祖国审计事业的接班人,要把违法违纪的教训转化为知敬畏、存戒惧、守底线的思想自觉和行动自觉,在日后的工作中更要揽镜自照、防微杜渐。此外,我们要不断提升自我修养、坚定理想信念、自觉遵纪守法,不断筑牢拒腐防变的思想防线,始终保持忠诚干净担当的政治本色。

资料来源:张俊.审计工作"八不准"工作纪律[EB/OL].(2022-02-10)[2023-2-20].http://auditmuseum.icnao.cn/museum/article/2022-02-10/1066.html.

第一节 人力资源与工资薪金循环控制测试

实验目的

通过本节课的学习,学生能够了解人力资源与工资薪金内部控制制度,掌握实施人力资源与工资薪金循环控制测试的程序。

理论知识点

二维码8-1:北京六安电子有限公司资料

1. 人力资源和工资薪金项目的内部控制规范

(1)了解并记录被审计单位工薪与人事循环和财务报告相关的内部控制的设计。

(2)了解被审计单位与审计相关的内部控制,记录相关控制活动和控制目标,以及受该控制活动影响的交易类别、账户余额、披露及其认定。

(3)执行穿行测试等程序,证实对业务流程和相关控制活动的了解,并确定相关控制是否得到执行。

(4)记录在了解和评价工薪与人事循环的控制设计和执行过程中识别的风险,以及拟采取的应对措施。

二维码8-2:风险评估——了解和评价工薪与人事循环内控

2. 人力资源和工资薪金项目的重要交易、账户余额、披露及其相关认定

人力资源和工资薪金项目的重要交易、账户余额、披露及其相关认定,如表8-1所示。

表8-1 人力资源和工资薪金项目的重要交易、账户余额、披露及其相关认定

重要交易、账户余额和披露	相关认定							
	存在/发生	完整性	权利和义务	计价和分摊	准确性	截止	分类	列报和披露
应付职工薪酬	√	√						
管理费用	√	√						
其他应付款	√	√						
货币资金	√							

3. 主要业务活动

人力资源管理的主要业务活动如表8-2所示。

表 8-2　　　　　　　　　主要业务活动

主要业务活动	是否了解	与前期相比是否发生变化	执行审计程序	结果
聘用与离职	是	相同/相似	询问、检查	控制设计合理且得到执行
工资计算与记录	是	相同/相似	询问、检查	控制设计合理且得到执行
工资支付	是	相同/相似	询问、检查	控制设计合理且得到执行
常备数据维护	是	相同/相似	询问、检查	控制设计合理且得到执行

相关思考 8-1

应付职工薪酬审计的主要目标

【思考题】 审计人员测试被审计单位应付职工薪酬要实现的主要目标有哪些呢？

应付职工薪酬审计的主要目标包括：检查应付职工薪酬是否记录在正确的会计期间；测试是否发生少报或漏报应付职工薪酬金额的情况；核对应付职工薪酬估价是否正确。然而，审计人员测试不能确保不发生多计或虚构应付职工薪酬金额的情况，其仅是出于谨慎性的考虑。

实验资料及操作

一、工资计算和记录控制测试

人事员工按照公司劳动工资分配方案编制员工的工资计提表，并经人事总监、财务经理审核。根据控制描述内容，结合企业信息与背景单据，填制人力资源与工资薪金循环控制测试程序和过程记录表，进行工资计算和记录控制测试。

【工作底稿填写要求】

人力资源与工薪循环控制测试是在了解和评价被审计单位内部控制，以及进行穿行测试的基础上，设计出合理的人力资源与工薪循环流程控制且执行，进而实施后续审计程序。

根据背景资料提示，查询相关信息，并将其与工资发放审批表测试内容进行核对，确定是否属于偏差。此外，填写人力资源和工资薪金循环控制测试程序和过程记录，完成工资计算和记录控制测试（表 8-3）。在这一过程中，注册会计师运用重新执行审计程序的方法，随意选样抽查出两个记账凭证号，核对分析以下内容：

(1) 检查工资计提表是否经人事总监签字。（是）

(2) 检查工资表是否经财务经理复核签字。（是）

(3) 重新计算检查工资表的计算是否正确，包括个税代扣代缴金额。（是）

是否属于偏差。（否）

表 8-3　　工资计算和记录控制测试

被审计单位：	北京六安电子有限公司	编制：	黎云景	日期：	2022/01/12	索引号：	GXC-01
会计期间：	2021.01.01~2021.12.31	复核：	李天一	日期：	2022/01/18	页　次：	1

控制编号：
GXKZ-1

控制的性质：

控制编号	自动控制	依赖信息系统的人工控制	人工控制
GXKZ-1		√	

控制测试的时间安排：
上述控制属于依赖信息系统的人工控制，计划在审计现场抽取样本进行测试。

控制测试的类型：

询问	观察	检查	重新执行

拟实施的测试程序：
(1) 检查工资计提表是否经人事总监签字；
(2) 检查工资表是否经财务经理复核签字；
(3) 重新计算检查工资表的计算是否正确，包括个税代扣代缴金额。

对总体进行定义：
2021年工资表。

总体的来源：
2021年应付职工薪酬明细账。

控制执行的频率：

控制编号	频率
GXKZ-1	不定期

与控制相关的风险：
低

总体中项目的总数：
12

对偏差进行定义：

控制编号	偏差的定义
GXKZ-1	工资表未经人事总监、财务经理有效审核。

确定所测试项目的数量并选取项目：
测试项目的数量2，选取数量2。

测试过程记录：

序号	凭证号	凭证日期	财务经理审批日期	拟实施的测试程序				
				1	2	3	……	……
1	5-记035#							
2	12-记035#							

识别出的偏差：

考虑扩大测试范围：（如适用）
不适用

控制缺陷：（如适用，偏差是否被视为控制缺陷）
无

对获取的有关控制在期中运行有效性的审计证据的考虑：
不适用

(续表)

剩余期间的测试过程记录：

序号	识别特征	测试程序2	测试程序3	注释
不适用				

结论：

二、工资支付控制测试

人事员工编制工资发放表，并经人力资源中心总监、财务总监审核，总经理审批。根据控制描述内容，结合企业信息与背景单据，填制人力资源与工资薪金循环控制测试程序和过程记录表，进行工资支付控制测试（表8-4）。

表8-4　　　　　　　　　　　工资支付控制测试

被审计单位：北京六安电子有限公司　　编制：黎云景　　日期：2022/01/12　　索引号：GXC-02

会计期间：2021.01.01~2021.12.31　　复核：李天一　　日期：2022/01/18　　页次：1

控制编号：
GXKZ-2

控制的性质：

控制编号	自动控制	依赖信息系统的人工控制	人工控制
GXKZ-2		√	

控制测试的时间安排：
上述控制属于依赖信息系统的人工控制，计划在审计现场抽取样本进行测试。

控制测试的类型：

询问	观察	检查	重新执行

拟实施的测试程序：
(1) 检查工资发放表审批表是否经人事总监签字；
(2) 检查工资发放表审批表是否经财务经理签字；
(3) 检查工资发放表审批表是否经总经理签字；
(4) 检查工资是否及时、准确发放。

对总体进行定义：
2021年工资发放表。

总体的来源：
2021年工资发放表。

控制执行的频率：

控制编号	频率
GXKZ-2	不定期

与控制相关的风险：
低

总体中项目的总数：
12

对偏差进行定义：

控制编号	偏差的定义
GXKZ-2	工资发放单未经适当有效审批。

确定所测试项目的数量并选取项目：
测试项目的数量2，选取数量2。

(续表)

测试过程记录：

序号	凭证号	凭证日期	工资发放日期	拟实施的测试程序					
				1	2	3	4	……	……
1	4-记010#								
2	6-记010#								

识别出的偏差：

考虑扩大测试范围：（如适用）
不适用

控制缺陷：（如适用，偏差是否被视为控制缺陷）
无

对获取的有关控制在期中运行有效性的审计证据的考虑：
不适用

剩余期间的测试过程记录：

序号	识别特征	测试程序1	测试程序2	注释
不适用				

结论：

【工作底稿填写要求】

人力资源与工薪循环控制测试是在了解和评价被审计单位内部控制，进行穿行测试的基础上，设计出合理的人力资源与工薪循环流程控制且执行，进而实施后续审计程序。

根据背景资料提示，查询相关信息，并将其与工资发放审批表测试内容进行核对，确定是否属于偏差。例如，工资支付控制测试中，注册会计师运用重新执行审计程序的方法，根据给出的3月份工资明细表（表8-5）和5月份工资明细表（表8-6）进行测试，核对分析以下内容：

（1）检查工资发放审批表是否经人事总监签字。（是）

（2）检查工资发放审批表是否经财务经理签字。（是）

（3）检查工资发放审批表是否经总经理签字。（是）

（4）检查工资是否及时、准确发放。（是）

是否属于偏差。（否）

二维码8-3：
参考答案——
人力资源与
工资薪金循
环控制测试
程序和过程
记录

表 8-5

工资明细表

编制单位:北京六安电子有限公司　　所属月份:3 月份　　金额单位:元

序号	部门	姓名	应发工资							养老保险			医疗保险			失业保险			工伤保险		住房公积金			个人所得税	小计	实发金额
			基本工资	加班工资	职务工资	绩效考核	全勤奖	加班补贴	考勤扣款	应发合计	单位 16%	个人 8%	单位 10.8%	个人 2%+3	单位 0.8%	个人 0.2%	单位 0.2%	个人 0.2%	单位 12%	个人 12%			
1	行政财务部	陈丽远	2 000.00	200.00	1 200.00	800.00	100.00	20.00	—	4 320.00	857.60	428.80	578.88	110.20	42.88	10.72	10.72	10.72	609.60	609.60	—	1 159.32	3 160.68
2	行政财务部	陈志锋	1 500.00	200.00	600.00	700.00	100.00	20.00	—	3 120.00	857.60	428.80	578.88	110.20	42.88	10.72	10.72	10.72	609.60	609.60	—	1 159.32	1 960.68
3	行政财务部	罗晓严	1 200.00	200.00	500.00	980.00	100.00	20.00	—	3 000.00	857.60	428.80	578.88	110.20	42.88	10.72	10.72	10.72	609.60	609.60	—	1 159.32	1 840.68
4	行政财务部	叶聪非	1 200.00	200.00	500.00	1 180.00	—	—	20.00	3 080.00	857.60	428.80	578.88	110.20	42.88	10.72	10.72	10.72	609.60	609.60	—	1 159.32	1 920.68
	行政财务部小计		5 900.00	800.00	2 800.00	3 660.00	300.00	80.00	20.00	13 520.00	3 430.40	1 715.20	2 315.52	440.80	171.52	42.88	42.88	42.88	2 438.40	2 438.40	—	4 637.28	8 882.72
5	销售部	颜祥	1 800.00	—	910.00	4 528.60	100.00	—	—	7 338.60	857.60	428.80	578.88	110.20	42.88	10.72	10.72	10.72	609.60	609.60	35.38	1 194.70	6 143.90
6	销售部	谢剑腾	1 500.00	—	500.00	1 300.00	100.00	—	—	3 400.00	857.60	428.80	578.88	110.20	42.88	10.72	10.72	10.72	609.60	609.60	—	1 159.32	2 240.68
7	销售部	陈莉	1 000.00	—	450.00	1 500.00	100.00	—	—	3 050.00	857.60	428.80	578.88	110.20	42.88	10.72	10.72	10.72	609.60	609.60	—	1 159.32	1 890.68
	销售部小计		4 300.00	—	1 860.00	7 328.60	300.00	—	—	13 788.60	2 572.80	1 286.40	1 736.64	330.60	128.64	32.16	32.16	32.16	1 828.80	1 828.80	35.38	3 513.34	10 275.26
8	生产车间	曾温宏	1 700.00	1 000.00	470.00	526.68	100.00	100.00	—	3 896.68	857.60	428.80	578.88	110.20	42.88	10.72	10.72	10.72	609.60	609.60	—	1 159.32	2 737.36
9	生产车间	蔡凤珍	1 000.00	800.00	690.00	660.00	100.00	80.00	—	3 330.00	857.60	428.80	578.88	110.20	42.88	10.72	10.72	10.72	609.60	609.60	—	1 159.32	2 170.68
10	生产车间	林燕红	800.00	1 000.00	670.00	580.00	100.00	100.00	—	3 250.00	857.60	428.80	578.88	110.20	42.88	10.72	10.72	10.72	609.60	609.60	—	1 159.32	2 090.68
	生产车间小计		3 500.00	2 800.00	1 830.00	1 766.68	300.00	280.00	—	10 476.68	2 572.80	1 286.40	1 736.64	330.60	128.64	32.16	32.16	32.16	1 828.80	1 828.80	—	3 477.96	6 998.72
11	生产管理部	王永重	1 450.00	800.00	710.00	640.00	100.00	80.00	—	3 780.00	857.60	428.80	578.88	110.20	42.88	10.72	10.72	10.72	609.60	609.60	—	1 159.32	2 620.68
12	生产管理部	陈强斌	1 200.00	500.00	600.00	700.00	100.00	50.00	—	3 150.00	857.60	428.80	578.88	110.20	42.88	10.72	10.72	10.72	609.60	609.60	—	1 159.32	1 990.68
13	生产管理部	萧扬	1 000.00	500.00	500.00	900.00	100.00	50.00	—	3 050.00	857.60	428.80	578.88	110.20	42.88	10.72	10.72	10.72	609.60	609.60	—	1 159.32	1 890.68
	生产管理部小计		3 650.00	1 800.00	1 810.00	2 240.00	300.00	180.00	—	9 980.00	2 572.80	1 286.40	1 736.64	330.60	128.64	32.16	32.16	32.16	1 828.80	1 828.80	—	3 477.96	6 502.04
	合计		17 350.00	5 400.00	8 300.00	14 995.28	1 200.00	540.00	20.00	47 765.28	11 148.80	5 574.40	7 525.44	1 432.60	557.44	139.36	139.36	139.36	7 924.80	7 924.80	35.38	15 106.54	32 658.74

总经理兼行政人事总监:陈丽远　　财务总监:陈志锋　　制表:罗晓严
时间:2021-04-09　　时间:2021-04-06　　时间:2021-04-04

工资明细表

表8-6

编制单位：北京六安电子有限公司　　所属月份：5月份　　金额单位：元

序号	部门	姓名	应发工资						应发合计	应扣部分（单位/个人承担社会保险公积金个税）									小计	实发金额
			基本工资	加班工资	职务工资	绩效考核	全勤奖	加班补贴	考勤扣款		养老保险		医疗保险		失业保险		工伤保险		住房公积金		个人所得税		
											单位 16%	个人 8%	单位 10.8%	个人 2%+3	单位 0.8%	个人 0.2%	单位 0.2%	个人 0.2%	单位 12%	个人 12%			
1	行政财务部	陈丽远	2 000.00	—	1 200.00	300.00	100.00	—	—	3 600.00	857.60	428.80	578.88	110.20	42.88	10.72	10.72	10.72	609.60	609.60	—	1 159.32	2 440.68
2	行政财务部	陈志锋	1 500.00	—	600.00	800.00	100.00	—	—	3 000.00	857.60	428.80	578.88	110.20	42.88	10.72	10.72	10.72	609.60	609.60	—	1 159.32	1 840.68
3	行政财务部	罗晓严	1 200.00	—	1 000.00	780.00	100.00	—	—	3 080.00	857.60	428.80	578.88	110.20	42.88	10.72	10.72	10.72	609.60	609.60	—	1 159.32	1 920.68
4	行政财务部	叶聪非	1 200.00	—	500.00	1 000.00	100.00	—	—	2 800.00	857.60	428.80	578.88	110.20	42.88	10.72	10.72	10.72	609.60	609.60	—	1 159.32	1 640.68
	行政财务部小计		5 900.00	—	3 300.00	2 880.00	400.00	—	—	12 480.00	3 430.40	1 715.20	2 315.52	440.80	171.52	42.88	42.88	42.88	2 438.40	2 438.40	—	4 637.28	7 842.72
5	销售部	颜洋	1 800.00	—	910.00	4 528.60	100.00	—	—	7 338.60	857.60	428.80	578.88	110.20	42.88	10.72	10.72	10.72	609.60	609.60	35.38	1 194.70	6 143.90
6	销售部	涂剑腾	1 500.00	—	500.00	900.00	100.00	—	—	3 000.00	857.60	428.80	578.88	110.20	42.88	10.72	10.72	10.72	609.60	609.60	—	1 159.32	1 840.68
7	销售部	陈莉	1 000.00	—	450.00	1 500.00	100.00	—	—	3 050.00	857.60	428.80	578.88	110.20	42.88	10.72	10.72	10.72	609.60	609.60	—	1 159.32	1 890.68
	销售部小计		4 300.00	—	1 860.00	6 928.60	300.00	—	—	13 388.60	2 572.80	1 286.40	1 736.64	330.60	128.64	32.16	32.16	32.16	1 828.80	1 828.80	35.38	3 513.34	9 875.26
8	生产车间	曾温宏	1 700.00	—	470.00	735.40	100.00	—	—	3 005.40	857.60	428.80	578.88	110.20	42.88	10.72	10.72	10.72	609.60	609.60	—	1 159.32	1 846.08
9	生产车间	蔡凤珍	1 000.00	—	690.00	760.00	100.00	—	—	2 550.00	857.60	428.80	578.88	110.20	42.88	10.72	10.72	10.72	609.60	609.60	—	1 159.32	1 390.68
10	生产车间	林燕红	800.00	—	670.00	951.28	100.00	—	—	2 521.28	857.60	428.80	578.88	110.20	42.88	10.72	10.72	10.72	609.60	609.60	—	1 159.32	1 361.96
	生产车间小计		3 500.00	—	1 830.00	2 446.68	300.00	—	—	8 076.68	2 572.80	1 286.40	1 736.64	330.60	128.64	32.16	32.16	32.16	1 828.80	1 828.80	—	3 477.96	4 598.72
11	生产管理部	王永重	1 450.00	—	710.00	640.00	100.00	—	—	2 900.00	857.60	428.80	578.88	110.20	42.88	10.72	10.72	10.72	609.60	609.60	—	1 159.32	1 740.68
12	生产管理部	陈强斌	1 200.00	—	600.00	700.00	100.00	—	—	2 600.00	857.60	428.80	578.88	110.20	42.88	10.72	10.72	10.72	609.60	609.60	—	1 159.32	1 440.68
13	生产管理部	萧杨	1 000.00	—	500.00	900.00	100.00	—	—	2 500.00	857.60	428.80	578.88	110.20	42.88	10.72	10.72	10.72	609.60	609.60	—	1 159.32	1 340.68
	生产管理部小计		3 650.00	—	1 810.00	2 240.00	300.00	—	—	8 000.00	2 572.80	1 286.40	1 736.64	330.60	128.64	32.16	32.16	32.16	1 828.80	1 828.80	—	3 477.96	4 522.04
	合计		17 350.00	—	8 800.00	14 495.28	1 300.00	—	—	41 945.28	11 148.80	5 574.40	7 525.44	1 432.60	557.44	139.36	139.36	139.36	7 924.80	7 924.80	35.38	15 106.54	26 838.74

总经理兼行政人事总监：陈丽远　　财务总监：陈志锋　　制表：罗晓严

时间：2021-06-08　　时间：2021-06-07　　时间：2021-06-04

第二节 应付职工薪酬审计

实验目的

通过本节课的学习,学生能够了解应付职工薪酬审计的要点,掌握实施应付职工薪酬实质性程序的方法。

理论知识点

一、审计目标

应付职工薪酬审计的目标如表 8-7 所示。

表 8-7　　　　　　　　　　应付职工薪酬审计的目标

事项	财务报表的认定
1. 资产负债表中记录的应付职工薪酬是存在的	存在
2. 所有应当记录的应付职工薪酬均已记录	完整性
3. 记录的应付职工薪酬是被审计单位应当履行的现时义务	权利和义务
4. 应付职工薪酬以恰当的金额包括在财务报表中,与之相关的计价调整已恰当记录	准确性、计价和分摊
5. 应付职工薪酬已按照《企业会计准则》的规定在财务报表中恰当地列报和披露	列报

二、计划实施的实质性程序

(1) 获取或编制应付职工薪酬明细表,复核加计是否正确,并核对其与报表数、总账数和明细账合计数是否相符。

(2) 实施实质性分析程序:①考虑可获取信息的来源、可比性、性质、相关性以及与信息编制相关的控制,评价在对记录的金额或比率作出预期时使用数据的可靠性。②对已记录的金额作出预期值,评价预期值是否足够精确以识别重大错报风险。③确定已记录金额与预期值之间可接受的、无需作进一步调查的差异额。④将已记录金额与预期值进行比较,识别需要进一步调查的差异额。⑤调查差异:询问管理层,针对管理层的答复获取适当的审计证据;根据具体情况在必要时实施其他审计程序。

(3) 检查应付职工薪酬本期的发生:①对按照职工提供服务情况和工资标准计算的职工薪酬(如工资),获取工资计算表,将工资标准与有关规定进行核对,选取样本进行测试。②对国家规定了计提基础和计提比例的职工薪酬(如失业保险金、工伤保险金等),检查是否按照规定的计提基础和比例计提。③对被审计单位按照历史经验数据和当期计划预计的职工薪酬(如职工福利费),获取管理层进行估计的资料,完成"审计会计估计(包括公允价值会计估计)和相关披露"的工作底稿

(4) 检查应付职工薪酬的确认,与生产成本、制造费用、在建工程等相关账项进行核对,确定会计处理是否符合《企业会计准则》的规定。

(5) 对本期应付职工薪酬的减少,检查至支持性文件,确定会计处理是否正确。

(6) 检查应付职工薪酬的期后付款情况,并关注自资产负债表日至财务报表批准报出日,是否有确凿证据表明需要调整资产负债表日原确认的应付职工薪酬事项。

(7) 根据评估的舞弊风险等因素增加其他审计程序。

(8) 检查应付职工薪酬是否已按照《企业会计准则》的规定在财务报表中恰当地列报和披露。

实验资料及操作

一、应付职工薪酬明细表

【工作底稿填写要求】

根据企业信息,填制应付职工薪酬明细表,如表 8-8 所示。(底稿中的账项调整和重分类调整,借贷调整数均应以正数金额录入,不允许录入负值)

二维码 8-4:应付职工薪酬明细表视频

表 8-8　　　　　　　　　应付职工薪酬明细表

被审计单位:北京六安电子有限公司　　编制:黎云景　　日期:2022/02/20　　索引号:2107-2
会计期间:2021.01.01~2021.12.31　　复核:李天一　　日期:2022/02/25　　页　次:1

项目	未审数				账项调整		重分类调整		调整索引	期末审定数	备注
	期初数	本期增加	本期减少	期末数	借方	贷方	借方	贷方			
一、短期薪酬											
(1) 工资、奖金、津贴和补贴											
(2) 职工福利费											
(3) 社会保险费											
其中:医疗保险费											
工伤保险费											
(4) 住房公积金											
(5) 工会经费											
(6) 职工教育经费											
二、设定提存计划											
(1) 基本养老保险费											
(2) 失业保险											
三、设定受益计划											
四、辞退福利											
五、以现金结算的股份支付											
六、其他长期福利											
合计											
审计说明											

根据企业信息资料提示,查询资产负债表(表8-9)中应付职工薪酬科目报表数、总账和明细账合计数的数据是否相符。经查验,发现存在调整事项,具体审计调整详见应付职工薪酬计提情况检查表(表8-10)。

表8-9 资产负债表

编制单位:北京六安电子有限公司　　　　2021年12月31日　　　　　　　　　　单位:元

资产	期末余额	上年年末余额	负债和所有者权益(或股东权益)	期末余额	上年年末余额
流动资产:			流动负债:		
货币资金	4 775 949.45	3 005 123.90	短期借款	5 000 000.00	5 000 000.00
交易性金融资产			交易性金融负债		
衍生金融资产			衍生金融负债		
应收票据			应付票据		
应收账款	3 342 423.38	4 867 811.62	应付账款		
应收款项融资			预收款项		
预付款项	54 116.58		合同负债		
其他应收款			应付职工薪酬	106 954.99	37 474.43
存货	1 623 359.81	1 246 027.53	应交税费	131 987.98	130 965.10
合同资产			其他应付款	438 014.10	433 769.18
持有待售资产			持有待售负债		
一年内到期的非流动资产			一年内到期的非流动负债		
其他流动资产			其他流动负债		
流动资产合计	9 795 849.22	9 118 963.05	流动负债合计	5 676 957.07	5 602 208.71
非流动资产:			非流动负债:		
债权投资			长期借款		
其他债权投资			应付债券		
长期应收款			其中:优先股		
长期股权投资			永续债		
其他权益工具投资			租赁负债		
其他非流动金融资产			长期应付款		
投资性房地产			预计负债		
固定资产	845 912.78	683 245.66	递延收益		
在建工程			递延所得税负债		
生产性生物资产			其他非流动负债		
油气资产			非流动负债合计	—	—
使用权资产			负债合计	5 676 957.07	5 602 208.71
无形资产			所有者权益(或股东权益):		

(续表)

资产	期末余额	上年年末余额	负债和所有者权益(或股东权益)	期末余额	上年年末余额
开发支出			实收资本(或股本)	5 000 000.00	5 000 000.00
商誉			其他权益工具		
长期待摊费用			其中:优先股		
递延所得税资产			永续债		
其他非流动资产			资本公积		—
非流动资产合计	845 912.78	683 245.66	减:库存股		
			其他综合收益		
			专项储备		
			盈余公积	100 000.00	100 000.00
			未分配利润	−135 195.07	−900 000.00
			所有者权益(或股东权益)合计	4 964 804.93	4 200 000.00
资产总计	10 641 762.00	9 802 208.71	负债和所有者权益(或股东权益)总计	10 641 762.00	9 802 208.71

单位负责人:陈丽远　　　　主管会计工作负责人:陈丽远　　　　会计机构负责人:陈志锋

二、应付职工薪酬计提情况检查表

【工作底稿填写要求】

根据企业信息,填制应付职工薪酬计提情况检查表,如表 8-10 所示。根据企业信息资料提示,检查应付职工薪酬的支付情况,发现工会经费差异 0.05 为计算尾差,不作审计调整。经查验,应付职工薪酬明细账(表 8-11)中的职工福利费不是按照实际支出列支,而是按照月应付工资计提,超出实际支出的部分应作审计调整。查看全年职工福利费计提及分配情况,将高于本年度实际发生的职工福利费进行冲减,各部门实际列支职工福利费按人数均摊分配,具体按照多计提职工福利费分配表(表 8-12)进行分配,调整金额尾数差计入管理费用——职工福利费科目。

二维码 8-5:
应付职工薪酬总账及明细账

表 8-10　　　　应付职工薪酬计提情况检查表

被审计单位:北京六安电子有限公司　　编制:黎云景　　日期:2022/02/20　　索引号:Mar-07
会计期间:2021.01.01~2021.12.31　　复核:李天一　　日期:2022/02/25　　页　次:　1

项目	计提基数		计提比例 (2)	应计金额 (3)= (1)×(2)	实计金额 (4)	差异 (3)−(4)	备注
	名称	计缴基数 (1)					
一、短期薪酬	—	—					
(1) 工资、奖金、津贴和补贴	实际计提		100.00%				
(2) 职工福利费	实际计提		100.00%				
(3) 社会保险费	—	—					

(续表)

项目	计提基数		计提比例(2)	应计金额(3)=(1)×(2)	实计金额(4)	差异(3)−(4)	备注
	名称	计缴基数(1)					
其中:医疗保险费(1~6月)	上年全市月人均工资		10.80%				
医疗保险费（7~12月）			9.80%				
工伤保险费	上年全市月人均工资		0.20%				
(4)住房公积金	实际计提		12.00%				
(5)工会经费	工资总额		2.00%				
(6)职工教育经费	实际计提		100.00%				
二、设定提存计划	—	—	—				
(1)基本养老保险费	上年全市月人均工资		16.00%				
(2)失业保险(1~6月)	上年全市月人均工资		0.80%				
失业保险(7~12月)			0.50%				
三、设定受益计划							
四、辞退福利							
五、以现金结算的股份支付							
六、其他长期福利							
合计		—	—				—
审计说明							

表 8-11　　　　　　　　　应付职工薪酬明细账

科目	221102 应付职工薪酬——短期薪酬——职工福利费						
2021年		凭证号数	摘要	借方	贷方	方向	余额
月	日						
			上年结转			平	0
01	31	036	计提福利费		6 644.26	贷	6 644.26
01	31	037	报销下午茶费用	500.00		贷	6 144.26
01	31		本月合计	500.00	6 644.26	贷	6 144.26
01	31		本年累计	500.00	6 644.26	贷	6 144.26
02	28	036	计提福利费		6 233.08	贷	12 377.34
02	28	037	报销下午茶费用	500.00		贷	11 877.34
02	28		本月合计	500.00	6 233.08	贷	11 877.34
02	28		本年累计	1 000.00	12 877.34	贷	11 877.34

(续表)

科目		221102应付职工薪酬——短期薪酬——职工福利费					
2021年		凭证号数	摘要	借方	贷方	方向	余额
月	日						
03	31	036	计提福利费		6 635.16	贷	18 512.50
03	31	037	报销下午茶费用	500.00		贷	18 012.50
03	31	038	员工聚餐	520.00		贷	17 492.50
03	31		本月合计	1 020.00	6 635.16	贷	17 492.50
03	31		本年累计	2 020.00	19 512.50	贷	17 492.50
04	30	036	计提福利费		5 988.36	贷	23 480.86
04	30	037	报销下午茶费用	500.00		贷	22 980.86
04	30		本月合计	500.00	5 988.36	贷	22 980.86
04	30		本年累计	2 520.00	25 500.86	贷	22 980.86
05	31	036	计提福利费		5 820.36	贷	28 801.22
05	31	037	报销下午茶费用	500.00		贷	28 301.22
05	31	038	5.28报销饮料采购款	880.00		贷	27 421.22
05	31		本月合计	1 380.00	5 820.36	贷	27 421.22
05	31		本年累计	3 900.00	31 321.22	贷	27 421.22
06	30	036	计提福利费		6 128.36	贷	33 549.58
06	30	037	报销下午茶费用	500.00		贷	33 049.58
06	30		本月合计	500.00	6 128.36	贷	33 049.58
06	30		本年累计	4 400.00	37 449.58	贷	33 049.58
07	31	036	计提福利费		6 075.16	贷	39 124.74
07	31	037	报销下午茶费用	500.00		贷	38 624.74
07	31		本月合计	500.00	6 075.16	贷	38 624.74
07	31		本年累计	4 900.00	43 524.74	贷	38 624.74
08	31	036	计提福利费		5 974.36	贷	44 599.10
08	31	037	报销下午茶费用	500.00		贷	44 099.10
08	31		本月合计	500.00	5 974.36	贷	44 099.10
08	31		本年累计	5 400.00	49 499.10	贷	44 099.10
09	30	036	计提福利费		5 789.56	贷	49 888.66
09	30	037	报销下午茶费用	500.00		贷	49 388.66
09	30		本月合计	500.00	5 789.56	贷	49 388.66
09	30		本年累计	5 900.00	55 288.66	贷	49 388.66
10	31	036	计提福利费		6 651.68	贷	56 040.34
10	31	037	报销下午茶费用	500.00		贷	55 540.34
10	31		本月合计	500.00	6 651.68	贷	55 540.34
10	31		本年累计	6 400.00	61 940.34	贷	55 540.34
11	30	036	计提福利费		6 882.68	贷	62 423.02
11	30	037	报销下午茶费用	500.00		贷	61 923.02
11	30		本月合计	500.00	6 882.68	贷	61 923.02
11	30		本年累计	6 900.00	68 823.02	贷	61 923.02
12	31	036	计提福利费		7 267.96	贷	69 190.98
12	31	037	报销下午茶费用	500.00		贷	68 690.98
12	31		本月合计	500.00	7 267.96	贷	68 690.98
12	31		本年累计	7 400.00	76 090.98	贷	68 690.98
			结转下年			贷	68 690.98

表8-12　　　　　　　　　　　多计提职工福利费分配表

部门	人数（人）	分配金额（元）
管理部门	4	21 135.70
销售部门	3	15 851.76
生产车间	3	15 851.76
生产管理部门	3	15 851.76
合计	13	68 690.98

调整金额尾数差计入管理费用——职工福利费科目。调整分录为：

借：管理费用——职工福利费　　　　　　　　　　　　21 135.70
　　销售费用——职工福利费　　　　　　　　　　　　15 851.76
　　生产成本——职工福利费　　　　　　　　　　　　15 851.76
　　制造费用——职工福利费　　　　　　　　　　　　15 851.76
　　贷：应付职工薪酬——短期薪酬——职工福利费　　68 690.98

三、余额及期后事项审验表

【工作底稿填写要求】

根据企业信息，填制应付职工薪酬余额及期后事项审验表，如表8-13所示。

表8-13　　　　　　　　　应付职工薪酬余额及期后事项审验表

被审计单位：北京六安电子有限公司　　　编制：黎云景　　日期：2022/02/20　　索引号：2107-4
会计期间：2021.01.01～2021.12.31　　　　复核：李天一　　日期：2022/02/25　　页　次：1

项目	期末结余金额	结余原因	结余性质	期后支付金额	差异
工资薪金					
工会经费					
职工福利费					—
					—
合计		—	—		
审计说明					

经审验，发现职工福利费不是按照实际支出列支，而是按照月应付工资计提，超出实际支出的部分应作审计调整，具体审计调整详见应付职工薪酬计提情况检查表（表8-10）。

四、应付职工薪酬凭证检查表

【工作底稿填写要求】

根据企业信息，填制应付职工薪酬凭证检查表，如表8-14所示。

表8-14　　　　　　　　　　　应付职工薪酬凭证检查表

被审计单位：北京六安电子有限公司　　　编制：黎云景　　日期：2022/02/20　　索引号：2107-5
会计期间：2021.01.01~2021.12.31　　　　复核：李天一　　日期：2022/02/25　　页　次：1

序号	记账日期	凭证号	业务摘要	对方科目		金额	核对内容（用"√"、"×"表示）						备注
				方向	一级科目名称		1	2	3	4	5	6	
1	2021/3/31	记-10											
2	2021/9/30	记-10											
3	2021/9/30	记-15											
4	2021/12/31	记-35											
核对内容说明：(1)原始凭证内容完整；(2)授权批准完整；(3)账务处理正确；(4)金额核对相符；(5)……													
审计说明													

根据企业信息资料提示,检查应付职工薪酬的支付情况,采用随机抽样方法,经查验未发现异常业务。

五、应付职工薪酬审定表

【工作底稿填写要求】

请根据企业信息,编制应付职工薪酬审定表,如表8-15所示。(总账、明细账期初数为审定数;底稿中的账项调整和重分类调整,借贷调整数均应以正数金额录入,不允许录入负值)

表8-15　　　　　　　　　应付职工薪酬审定表

| 被审计单位: | 北京六安电子有限公司 | 编制: | 黎云景 | 日期: | 2022/02/20 | 索引号: | 2107-1 |
| 会计期间: | 2021.01.01~2021.12.31 | 复核: | 李天一 | 日期: | 2022/02/25 | 页次: | 1 |

项目		期末未审数	账项调整		重分类调整		期末审定数	期初审定数	索引号
			借方	贷方	借方	贷方			
一、	报表数								
二、	总账数								
三、	明细账数								
其中:	短期薪酬								
	设定提存计划								
	设定受益计划								
	辞退福利								
	以现金结算的股份支付								
	其他长期福利								
	审计说明								
	审计结论								

报表数与总账合计数核对一致;明细账与总账核对及查验见科目底稿;审计调整详见应付职工薪酬计提情况检查表(表8-10)。经审计调整后,期末余额可以确认。

二维码8-6:
参考答案——
应付职工薪酬

延伸阅读8-1

关于严禁自行出台政策发放工资津贴补贴有关问题的通知

日前,中办、国办下发的《关于严禁自行出台政策发放工资津贴补贴有关问题》一文,各地已陆续传达学习,可能考虑舆情未予公开,因此并非空穴来风。该文件对严禁自行出台政策发放工资津贴补贴的行为作出了明确规定,具有很强的政策性和可操作性。

违规发放津贴补贴或福利问题,主要表现形式有以下十二种:

一是违反规定自行新设项目或者继续发放已经明令取消的津贴补贴的;

二是超过规定标准、范围发放津贴补贴的;

三是违反中共中央组织部、人力资源和社会保障部有关公务员奖励的规定,以各种名义向职工普遍发放各类奖金的;

四是在实施职务消费和福利待遇货币化改革并发放补贴后,继续开支相关职务消费和福利费用的;

五是违反规定发放加班费、值班费和未休年休假补贴的;

六是违反《中共中央纪委、中共中央组织部、监察部、财政部、人事部、审计署关于规范公务员津贴补贴问题的通知》等规定，擅自提高标准发放改革性补贴的；

　　七是超标准缴存住房公积金的；

　　八是以有价证券、支付凭证、商业预付卡、实物等形式发放津贴补贴的；

　　九是违反规定使用工会会费、福利费及其他专项经费发放津贴补贴的；

　　十是借重大活动筹备或者节日庆祝之机，变相向职工普遍发放现金、有价证券或者与活动无关的实物的；

　　十一是违反规定向关联单位（企业）转移好处，再由关联单位（企业）以各种名目给机关职工发放津贴补贴的；

　　十二是其他违反规定发放津贴补贴的。

　　早在2013年5月3日监察部第2次部长办公会议就审议通过了《违规发放津贴补贴行为处分规定》，并经人力资源社会保障部、财政部、审计署审议通过，自2013年8月1日起施行至今。

　　资料来源：知名遴选.中央发文：这类奖金津贴补贴将一律禁发！[EB/OL].(2018-05-16)[2023-2-27]. https://zhuanlan.zhihu.com/p/36907388.

二维码8-7：拓展阅读——违规发放津贴补贴行为处分规定

第九章　货币资金循环审计

知识框架

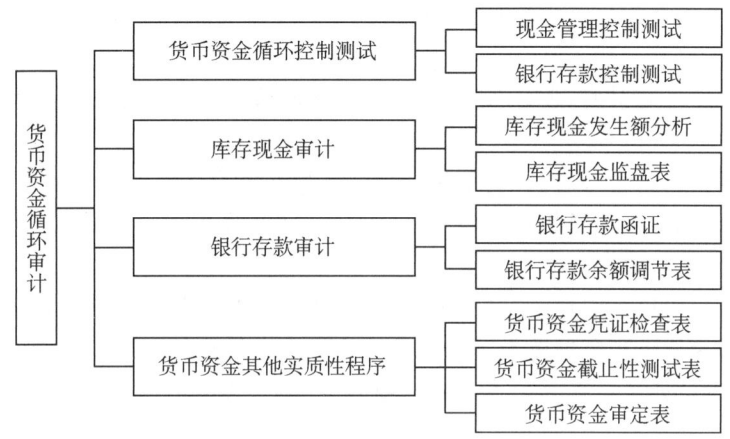

实验目标

1. 了解被审计单位货币资金循环的内部控制及控制测试的实施。
2. 掌握库存现金审计、银行存款审计的实质性程序,并编制相关工作底稿。

思政育人

现金盘点的重要性

　　自实行国库集中支付制度以来,行政事业单位的结算秩序得到了加强,资金的使用效率得到了提高,大额提现减少,现金管理越来越规范,现金盘点工作似乎显得不那么必要了。然而,在制度不健全、操作不规范的村级组织或二级机构,现金的使用还是很频繁,加上会计人员的专业水平普遍不高,如果平时对盘点工作不重视,财务监管就会出现漏洞。

　　因此,现金盘点工作在审计过程中依然是必不可少的一环,往往能发现诸多问题。具体如下:

　　一是白条抵库。这虽然是一个老生常谈的问题,但是笔者认为我们不能仅仅将其轻描淡写地反映在审计报告中,而应深入挖掘白条产生的原因。例如,有些白条已经抵库1年甚至几年以上,为何迟迟不报账;是否存在虚报经济事项、挪用公款的行为;有些白条金额过大,是私人借款还是预借工程款;是否存在未经集体决策、领导直接拍板的行为;有些白条甚至没有领导审批,是否存在"监守自盗"的行为等问题,背后原因值得深究。此外,领导和财务人员的变动,没有及时清理的白条已经说不清来历、道不明原因,进而容易造成财政资金、集体资金的流失。

二是坐收坐支。根据国务院发布的《现金管理暂行条例》的规定,单位的现金收入应当于当日送存开户银行;单位支付现金应从本单位库存现金限额中支付或从开户银行提取,不得从本单位的现金收入中直接支付(即坐支)。但是在盘点过程中,我们发现部分有租金、捐赠等收入的村级组织或二级机构未按照要求将现金收入及时缴存银行,而是直接用于日常经费开支,坐收坐支现金现象严重,导致会计数据失真,财政、集体资金使用体外循环,脱离财务监督。

三是公款私存。对于保险柜里存放的个人物品和存折,应该详细记录,重点对个人存折要进行审查,审查是否存在着公款私存的情况和利用个人存折转移资金的情况,并要求出纳人员作出解释。

既然现金盘点这么重要,那么在日常工作中,我们应该如何让它发挥更大的作用呢? 笔者认为:

一要加强审计人员的思想认识,重视现金盘点给审计带来的线索和方向。很多时候,审计人员不是不会盘点,而是经常犯经验主义错误,认为不需要盘点。因此,审计人员应该加强认识,用现金盘点助力审计工作。

二要规范单位的现金管理,通过业务交流、定期培训等方式提高特别是村级组织或二级机构财务人员的专业水平。财务人员应对当日的经济业务进行梳理,全部登记日记账,结出库存现金账面余额,并与库存现金实地盘点数核对相符,做到日清月结,从源头上防范问题发生。

三要成立内部审计机构或设立内部审计岗位。现金管理同样也涉及内部控制的问题,各单位应该重视内部审计工作的开展,内部审计人员应该定期对单位的现金进行盘点,对财务工作进行监督检查,及时发现和纠正错误,为现金管理保驾护航。

资料来源:董敏.浅谈现金盘点的重要性[EB/OL].(2020-12-03)[2023-03-01].https://sjj.chuzhou.gov.cn/kypx/1104130507.html.

第一节 货币资金循环控制测试

二维码9-1:
厦门新立来
有限公司资料

二维码9-2:
货币资金审计

实验目的

通过本节课的学习,学生能够了解货币资金项目内部控制制度,掌握实施货币资金循环控制测试的程序。

理论知识点

一、货币资金项目内部控制规范

1. 岗位分工及授权批准

岗位分工及授权批准的内容包括:①出纳人员不得兼任稽核、会计档案保管和收入、支出、费用、债权债务账目的登记工作;不得由一人办理货币资金业务的全过程。②审批人员应按规定在授权范围内进行审批,不得超越审批权限。对于超越授权范围审批的货币资金业务,经办人员有权拒绝办理,并及时向审批人员的上级授权部门报告。③按照规定程序办理货币资金支付业务。

部门或个人用款时,提前提交支付申请;财务部门负责人对支付申请进行审批;财务部门职员复核批准后的货币资金支付申请;出纳人员办理货币资金支付手续,及时登记库存现金和银行存款日记账;对于重要货币资金支付业务,应实行集体决策和审批;严禁未经授权的机构或人员办理货币资金业务或直接接触货币资金。

2. 现金和银行存款的管理

现金和银行存款的管理的内容包括:①超过库存限额的现金应及时存入银行。②超过现金开支范围的业务应通过银行办理转账结算。③现金收入应及时存入银行,不得用于直接支付自身的支出。特殊情况需坐支现金的,应事先报经开户银行审查批准。④货币资金收入必须及时入账,不得私设"小金库",不得账外设账,严禁收款不入账。⑤加强银行账户的管理。出纳人员定期检查、清理银行账户的开立及使用情况,发现问题及时处理。⑥出纳人员不签发没有资金保证的票据或远期支票。⑦指定出纳以外的人员定期核对银行账户,每月至少核对一次,编制银行存款余额调节表。⑧定期和不定期地进行现金盘点,确保现金账面余额与实际库存相符。发现不符情况及时查明原因,作出处理。

3. 票据及有关印章的管理

票据及有关印章的管理的内容包括:①明确各种票据的购买、保管、领用、背书转让、注销等环节的职责权限和程序,并专门设立登记簿进行记录,防止空白票据遗失和被盗用的情况。②财务专用章应由专门人员保管,个人名章由本人或其授权人员保管。严禁一人保管支付款项所需的全部印章。

二、货币资金项目的控制测试

1. 岗位分工抽取并检查收款凭证

核对实收金额与销售发票是否一致;核对现金收款凭证与应收账款明细账的有关记录是否相符;核对现金收款凭证与现金日记账的收入金额是否正确。

2. 抽取并检查付款凭证

核对现金付款凭证的实付金额与购货发票是否相符;核对现金付款凭证与应付账款明细账的记录是否一致;核对现金付款凭证与现金日记账的付出金额是否正确;检查付款的授权批准手续是否符合规定。

3. 抽取一定期间的现金日记账与总账核对

核对现金日记账与总账余额是否相符;检查非记账本位币库存现金的折算汇率及折算金额是否正确。

实验资料及操作

一、现金管理控制测试

现金管理控制测试如表9-1所示。

表 9-1　　　　　　　　　　　　　现金管理控制测试

被审计单位：	厦门新立来实业有限公司	编制：	黎云景	日期：	2022/01/12	索引号：	HBC-01
会计期间：	2021.01.01~2021.12.31	复核：	李天一	日期：	2022/01/18	页次：	1

控制编号：

HBKZ-1

控制的性质：

控制编号	自动控制	依赖信息系统的人工控制	人工控制
HBKZ-1		√	

控制测试的时间安排：

上述控制属于依赖信息系统的人工控制，计划在审计现场抽取样本进行测试。

控制测试的类型：

询问	观察	检查	重新执行

拟实施的测试程序：

(1) 检查库存现金盘点是否经出纳人员签字；
(2) 检查库存现金盘点是否经会计主管签字；
(3) 检查差异处理建议单是否经财务经理签字；
(4) 检查库存现金盘点表是否与账面一致。

对总体进行定义：

2021年库存现金盘点表。

总体的来源：

2021年库存现金盘点表。

控制执行的频率：

控制编号	频率
HBKZ-1	不定期

与控制相关的风险：

低

总体中项目的总数：

20

对偏差进行定义：

控制编号	偏差的定义
HBKZ-1	库存现金盘点表未经出纳、会计主管确认签字；差异处理建议未经财务经理审批。

确定所测试项目的数量并选取项目：

测试项目的数量为5，选取数量5。

测试过程记录：

序号	日期	库存现金盘点表金额	账面金额	拟实施的测试程序				
				1	2	3	4	……
1	2021/6/30							
2	2021/12/31							

识别出的偏差：

考虑扩大测试范围：（如适用）

不适用

控制缺陷：（如适用，偏差是否被视为控制缺陷）

无

(续表)

对获取的有关控制在期中运行有效性的审计证据的考虑：
不适用

剩余期间的测试过程记录：

序号	识别特征	测试程序2	测试程序3	注释
不适用				

结论：

【工作底稿填写要求】

货币资金循环控制测试是在了解和评价被审计单位内部控制,以及进行穿行测试的基础上,设计出合理的货币资金循环流程控制且执行,进而实施后续审计程序。

根据背景资料提示,查询相关信息,并将其与货币资金测试内容进行核对,确定是否属于偏差。现金管理控制测试中,注册会计师执行审计程序,根据给出的库存现金盘点表查询库存现金实有金额和现金日记账账面金额。相关资料如表9-2和表9-3所示。

表9-2　　　　　　　　　　　　**库存现金盘点表**

2021年06月30日　　　　　　　　　　　　　　　　　　　　单位:元

二维码9-3:
风险评估——
了解和评价
货币资金循
环内控

票面额	张数	金额	票面额	张数	金额
壹佰元	30	3 000.00	伍角		
伍拾元			贰角		
贰拾元			壹角		
拾元			伍分		
伍元			贰分		
贰元			壹分		
壹元			合计	30	3 000.00
库存现金日记账账面余额：					3 000.00
差额：					0
处理意见：					

审批人(签章):王珊珊　　　　　监盘人(签章):张承　　　　　盘点人(签章):刘晓薇

表 9-3   库存现金明细账

科目	1001 库存现金					
2021年 月	2021年 日	凭证号数	摘要	借方	贷方	方向	余额

月	日	凭证号数	摘要	借方	贷方	方向	余额
6	30	010	提取备用金	3 000.00		借	3 000.00
6	30		本月合计	3 000.00		借	3 000.00
6	30		本年累计	3 000.00		借	3 000.00
7	31	008	停车费用报销		79.00	借	2 921.00
7	31		本月合计		79.00	借	2 921.00
7	31		本年累计	3 000.00	79.00	借	2 921.00
11	30	002	现金存款		1 000.00	借	1 921.00
11	30	032	周总差旅费报销		1 284.80	借	636.20
11	30		本月合计		2 284.80	借	636.20
11	30		本年累计	3 000.00	2 363.80	借	636.20
12	31	052	包装纸壳废料处置收入	200.00		借	836.20
12	31		本月合计	200.00		借	836.20
12	31		本年累计	3 200.00	2 363.80	借	836.20
			结转下年			借	836.20

根据现金管理控制测试,核对分析以下内容:

(1) 检查库存现金盘点是否经出纳人员签字。(是)

(2) 检查库存现金盘点是否经会计主管签字。(是)

(3) 检查差异处理建议单是否经财务经理签字。(是)

【注意】实务工作中,当库存现金盘点表显示盘点金额和账面余额一致,即不存在差异,不存在差异处理事项时,也可以选择不采用此控制程序。

(4) 检查库存现金盘点表是否与账面一致。(是)

是否属于偏差。(否)

二、银行存款控制测试

银行存款控制测试如表 9-4 所示。

表 9-4   银行存款控制测试

被审计单位: 厦门新立来实业有限公司   编制: 黎云景   日期: 2022/01/12   索引号: HBC-02

会计期间: 2021.01.01~2021.12.31   复核: 李天一   日期: 2022/01/18   页次: 1

控制编号:

HBKZ-2

控制的性质:

控制编号	自动控制	依赖信息系统的人工控制	人工控制
HBKZ-2		√	

控制测试的时间安排:

上述控制属于依赖信息系统的人工控制,计划在审计现场抽取样本进行测试。

控制测试的类型:

询问	观察	检查	重新执行

(续表)

拟实施的测试程序：
(1) 检查银行存款余额调节表非出纳人员编制；
(2) 检查银行存款余额调节表是否经编制会计人员、资金管理人员签字；
(3) 是否检查未达账项原因及对到账情况进行追踪；
(4) 检查银行存款余额调节表调整金额是否正确。

对总体进行定义：
2021年余额调节表。

总体的来源：
2021年余额调节表。

控制执行的频率：

控制编号	频率
HBKZ-2	不定期

与控制相关的风险：
低

总体中项目的总数：
100

对偏差进行定义：

控制编号	偏差的定义
HBKZ-2	余额调节表未经相关人员确认签字，未对未达账项原因及到账情况进行追踪。

确定所测试项目的数量并选取项目：
测试项目的数量为10，选取数量10。

测试过程记录：

序号	银行账号	日期	账面金额	对账单金额	调节后金额	拟实施的测试程序			
						1	2	3	4
1	418359941296003429309	2021/08/31							
2	418359941296003429309	2021/12/31							

识别出的偏差：

考虑扩大测试范围：（如适用）
不适用

控制缺陷：（如适用，偏差是否被视为控制缺陷）
无

对获取的有关控制在期中运行有效性的审计证据的考虑：
不适用

剩余期间的测试过程记录：

序号	识别特征	测试程序2	测试程序3	注释
不适用				

结论：

【工作底稿填写要求】

根据背景资料提示，查询相关信息，并将其与货币资金测试内容进行核对，确定是否属于偏差。

银行存款控制测试中，注册会计师执行审计程序，根据银行存款余额调节表（表9-5）、银行对账单(图9-1)和银行存款明细账(表9-6)查询对账单金额和账面金额,计算调节后金额。

表 9-5　　　　　　　　　　银行存款余额调节表

开户银行:**交通银行厦门思明支行**　　　账号:**418359941296003429309**　　　*2021 年 08 月 31 日止*

摘要	凭证号	金额（亿千百十万千百十元角分）	摘要	凭证号	金额（亿千百十万千百十元角分）
《银行存款日记账》余额		7 1 0 3 3 1 6 8	《银行对账单》余额		7 1 0 3 3 1 6 8
加:银行已收,企业未收:			加:企业已收,银行未收:		
1			1		
2			2		
3			3		
4			4		
5			5		
6			6		
7			7		
减:银行已付,企业未付:			减:企业已付,银行未付:		
1			1		
2			2		
3			3		
4			4		
5			5		
6			6		
7			7		
8			8		
9			9		
10			10		
11			11		
12			12		
调节后余额		7 1 0 3 3 1 6 8	调节后余额		7 1 0 3 3 1 6 8

财会主管:**王珊珊**　　　　　　　　　　　　　　　制表:**张承**

银行对账单

单位名称:**厦门新立来实业有限公司**　　　账号:**418359941296003429309**　　　2021年 08月 31日

2021年 月	日	凭证号	摘要	结算凭证 种类	号码	借方	贷方	余额
08	01		承前页					516 589.84
08	03		货款				235 600.00	752 189.84
08	15		工资			27 504.62		724 685.22
08	20		社保			81 33.54		716 551.68
08	20		公积金			32 20.00		713 331.68
08	23		差旅费预借款			30 00.00		710 331.68
合计								

图 9-1　银行对账单

表 9-6　　　　　　　　　　银行存款明细账

科目	100201 交通银行厦门思明支行					
2021年 月	日	凭证号数	摘要	借方	贷方	方向	余额
6	30	001	收到深圳市江源合成橡胶技术有限公司货款	150 000	-	借	150 000
6	30	010	提取备用金	—	3 000	借	147 000
6	30	023	采购笔记本电脑两台	—	8 352	借	138 648
6	30		本月合计	150 000	11 352	借	138 648
6	30		本年累计	150 000	11 352	借	138 648
7	31	001	收到深圳市成天橡塑科技有限公司货款	424 400	—	借	563 048
7	31	015	发放上月工资		27 504.62	借	535 543.38
7	31	025	缴纳社会保险费及公积金		11 353.54	借	524 189.84
7	31	065	付福建省电力集团有限公司	—	7 600	借	516 589.84
7	31		本月合计	424 400	46 458.16	借	516 589.84
7	31		本年累计	574 400	57 810.16	借	516 589.84
8	31	032	收到天津市内城贸易有限公司货款	235 600	—	借	752 189.84
8	31	033	发放上月工资		27 504.62	借	724 685.22
8	31	035	缴纳社会保险费及公积金		113 53.54	借	713 331.68
8	31	054	付童文福借款出差德国展会	—	3 000	借	710 331.68
8	31		本月合计	235 600	41 858.16	借	710 331.68
8	31		本年累计	810 000	99 668.32	借	710 331.68

根据银行存款控制测试，核对分析以下内容：

（1）检查银行存款余额调节表非出纳人员编制。（是）

（2）检查银行存款余额调节表是否经编制会计人员、资金管理人员签字。（是）

（3）是否检查未达账项原因及对到账情况进行追踪。（是）

【注意】实务工作中，如果不存在未达账项，不用进行到账情况追踪，也可以选择不采用此控制程序。

（4）检查银行存款余额调节表调整金额是否正确。（是）

是否属于偏差。（否）

二维码 9-4：
参考答案——
控制测试

第二节　库存现金审计

实验目的

通过本节课的学习，学生能够了解库存现金审计的要点，掌握实施库存现金实质性程序的方法。

理论知识点

一、审计目标

货币资金审计的目标如表 9-7 所示。

表 9-7　　　　　　　　货币资金审计的目标

事项	财务报表的认定
1. 资产负债表中记录的货币资金是存在的	存在
2. 所有应当记录的货币资金均已记录	完整性

(续表)

事项	财务报表的认定
3. 记录的货币资金由被审计单位拥有或控制	权利和义务
4. 货币资金以恰当的金额包括在财务报表中，与之相关的计价调整已恰当记录	准确性、计价和分摊
5. 货币资金已按照《企业会计准则》的规定在财务报表中恰当地列报和披露	列报

二、库存现金的监盘

1. 制订监盘计划

监盘库存现金是证实库存现金是否存在的重要审计程序。①监盘时间：上班前或下班时。②监盘范围：已收到但未存入银行的各部门经管的现金、零用金、找换金等。如果库存现金存放部门有两处或两处以上的，应同时进行监盘。③盘点人员：出纳人员、会计主管负责盘点，注册会计师负责监盘。④监盘方式：实施突击性检查。

2. 注册会计师核对现金日记账与现金收付凭证

核对的内容包括现金日记账的记录与凭证的内容和金额是否相符；凭证日期与现金日记账日期是否相符或接近。

3. 盘点前的准备工作

在进行现金盘点前，首先由出纳人员将现金集中起来存入保险柜，必要时可加以封存；其次由出纳人员把已办妥现金收付手续的收付款凭证登记现金日记账；最后由出纳人员根据现金日记账加计累计数额，结出现金结余额。

4. 出纳人员盘点现金

出纳人员盘点保险柜内的现金实存数，同时由注册会计师编制"库存现金监盘表"，分币种、面值列示盘点金额。

5. 注册会计师核对账实

注册会计师将盘点金额与现金日记账余额进行核对，如有差异，要求被审计单位查明原因，必要时提请调整；如无法查明原因，则要求被审计单位按管理权限批准后作出调整。

6. 处理"未达账项"

若有冲抵现金的借条、未提现支票、未作报销的原始凭证，应在"库存现金监盘表"中注明，必要时应提请被审计单位作出调整。

7. 调节至资产负债表日

在非资产负债表日进行盘点和监盘时，应将盘点金额调整至资产负债表日的金额。

实验资料及操作

一、库存现金发生额分析

库存现金发生额分析如表9-8所示。

二维码9-5：
库存现金监
盘视频

表 9-8			库存现金发生额分析							
被审计单位：厦门新立来实业有限公司			编制：黎云景			日期：2022/02/12		索引号：1101-3		
会计期间：2021.06.01~2021.12.31			复核：李天一			日期：2022/02/15		页次：1		
币种	未审数				期间业务发生笔数		抽查月份	抽样方法	备注
	期初数	本期增加	本期减少	期末数	借方	贷方			
人民币					2.00	3.00	6~12月	随机抽样	
币									
合计					2.00	3.00	—	—	—
审计说明									

【工作底稿填写要求】

根据企业信息资料提示，查询库存现金明细账，编制库存现金发生额分析表（公司成立于2021年度）。（库存现金明细账如表9-2所示）

二、库存现金监盘表

库存现金监盘表如表9-9所示。

表 9-9				库存现金监盘表					
被审计单位：厦门新立来实业有限公司				编制：黎云景		日期：2022/02/12		索引号：1101-2	
会计期间：2021.01.01~2021.12.31				复核：李天一		日期：2022/02/15		页次：1	
检查核对记录					实有库存现金盘点记录				
项目		行次	人民币	元	面额	人民币		元	
						数量	金额	数量	金额
上一日账面库存余额		1			1000	0	—	—	—
盘点日未记账传票收入金额		2			500	0	—	—	—
盘点日未记账付款付出金额		3			100	6.00	600.00		
盘点日账面应有金额		4=1+2-3			50	2.00	100.00		
盘点实有库存现金数额		5			20	0	—		
盘点日应有与实际金额差异		6=4-5			10	1.00	10.00		
差异原因分析	白条抵库(张)				5	1.00	5.00		
					2	0	—		
					1	1.00	1.00		
					0.5	0	—		
					0.2	0	—		
					0.1	4.00	0.40		
					0.05	0	—		
					0.02	0	—		
					0.01	0	—		
					合计		716.40		
追溯至报表日结存额	报表日至盘点日库存现金付出总额 (+)	7			审计说明：				
	报表日至盘点日库存现金收入总额 (-)	8							
	报表日库存现金应有余额	9=4+7-8							
	报表日账面汇率		1.00						
	报表日余额折合本位币金额								
	本位币合计								

【工作底稿填写要求】

根据企业信息资料提示，查询库存盘点表和库存现金日记账，将实际盘点金额和账面余额进行核对，查看是否相符。

【注意】本案例中被审计单位在非资产负债表日进行盘点，注册会计师在监盘时，应将盘点金额调整至资产负债表日金额后再与库存现金日记账余额进行核对。

(1) 库存现金盘点日期为 2022 年 2 月 12 日,根据当天库存现金盘点表面额和数量的记录,可知实有库存现金盘点记录相关信息。库存现金盘点表如表 9-10 所示。

表 9-10　　　　　　　　　　　　库存现金盘点表

日期：2022-2-12		
面额(元)	人民币	
	数量(张)	金额(元)
100	6	600
50	2	100
20	0	0
10	1	10
5	1	5
2	0	0
1	1	1
0.5	0	0
0.2	0	0
0.1	4	0.4
合计	15	716.4

(2) 查询 2022 年库存现金明细账可知上一日账面库存余额为 716.40 元,由于不存在盘点日未记账传票收入和支出金额的情况,盘点日账面应有金额为 716.40 元,和盘点日实有库存现金数额一致,不存在应有金额和实有金额差异。

(3) 追溯调整。财务报表日至审计日库存现金付出总额为 4 619.80 元(1 523.00＋3 096.80),财务报表日至审计日库存现金收入总额为 4 500.00 元(2 000.00＋2 500.00),财务报表日库存现金应有余额为 836.20 元。

【注意】假设财务报表日库存现金应有余额为 A,$A+4\ 500.00-4\ 619.80=716.40$,可知 $A=836.20$(元)。

(4) 追溯后现金实有金额与账面余额一致,如表 9-11 所示。

表 9-11　　　　　　　　　　　　库存现金明细账

科目	1001 库存现金						
2022年		凭证号数	摘要	借方	贷方	方向	余额
月	日						
01	01		上年结转			借	8 36.2
01	05	016	提现	2 000		借	2 836.2
01	27	025	周总差旅费报销		1 523	借	1 313.2
			本月合计	2 000	1 523	借	1 313.2
			本年累计	2 000	1 523	借	1 313.2
02	03	002	提现	2 500		借	3 813.2
02	08	006	员工聚餐费用报销		3 096.8	借	716.4

第三节 银行存款审计

实验目的

通过本节课的学习,学生能够了解银行存款审计的要点,掌握实施银行存款实质性程序的方法。

理论知识点

一、银行存款实质性测试

1. 实施实质性分析

计算银行存款累计余额应收利息收入,核查应收利息收入与实际利息收入的差异是否恰当,评估利息收入的合理性,检查是否存在高息资金拆借的情况,确认银行存款余额是否存在,利息收入是否已经被完整记录。

2. 检查银行存单

编制银行存单检查表,检查是否与账面记录金额一致,是否被质押或限制使用,存单是否为被审计单位所有。对未质押的定期存款,应检查开户证实书原件;对已质押的定期存款,应检查定期存单,并与相应的质押合同核对,同时关注定期存单对应的质押借款有无入账;对审计外勤工作结束日前已提取的定期存款,应核对相应的兑付凭证、银行对账单和定期存款复印件。

3. 取得并检查银行存款余额对账单和余额调节表

被审计单位应针对不同的银行账户及货币种类分别编制银行存款余额调节表。注册会计师检查银行存款余额对账单和银行存款余额调节表是证实银行存款存在和完整的重要程序。具体包括:将资产负债表日银行存款余额对账单与银行询证函回函进行核对,确认是否一致,核对账面记录的存款金额是否与对账单记录一致;获取资产负债表日的银行存款余额调节表检查加计数是否正确,确认调节后的两方余额是否一致。

二、函证的作用、规定、范围和控制

1. 函证的作用

函证银行存款余额是证实资产负债表所列银行存款是否存在的重要程序。注册会计师通过函证不仅可以证实企业资产的存在,还可以了解企业账面反映所欠银行债务的情况,并有助于发现企业未入账的银行借款和未披露的或有负债。

2. 函证的规定

银行函证需要以被审计单位的名义向银行发函。银行要在收到询证函之日起 10 个工作日内,根据函证要求及时回函并按照有关规定收取询证费用。各有关企业或单位应根据函证的具体要求回函。

3. 函证的范围

对所有银行存款(包括零余额账户和本期注销的账户)及与金融机构往来的其他重要信息实施函证程序,有充分证据表明某一银行存款及与金融机构往来的其他重要信息对财务报表不重要且与之相关的重大错报风险很低的除外。如果注册会计师不对这些项目实施函证程序,应在工作底稿中说明理由。

4. 函证的控制

注册会计师要亲自发出和回收询证函。如果由被审计单位员工陪同前往函证,注册会计师需要确保在整个审计过程中保持对询证函的控制。

实验资料及操作

一、银行存款函证

【工作底稿填写要求】

根据企业信息资料提示,查询被审计单位各银行账户(包括零余额账户和本期注销的账户)及与金融机构往来的其他重要信息,将银行询证函(表9-12)填写完整。

二维码9-6:
银行存款函
证操作指引

表9-12　　　　　　　　　　银行询证函

编号:YHCK-001

　　　　　　　　　　(以下简称"贵行",即"函证收件人"):

本公司聘请的　　　　　　　　正在对本公司　　　　　　　的财务报表进行审计,按照中国注册会计师审计准则的要求,应当询证本公司与贵行相关的信息。下列第1—14项及附表(如适用)信息出自本公司的记录:

(1)如与贵行记录相符,请在本函"结论"部分签字签章;

(2)如有不符,请在本函"结论"部分列明不符项目及具体内容,并签字签章。

本公司谨授权贵行将回函直接寄至北京友和会计师事务所,地址及联系方式如下:

回函地址:北京市西城区城东街长逸路1号6楼

联系人:李天一　电话:010-43034489　传真:010-43034489　邮编:100035

电子邮箱:lity@outlook.com

本公司谨授权贵行可从本公司基本户　　支取办理本询证函回函服务的费用(如适用)。

截至　　　　　　(即"函证基准日"),本公司与贵行相关的信息列示如下。

1. 银行存款

账户名称	银行账号	币种	利率	账户类型	账户余额	是否属于资金归集(资金池或其他资金管理)账户	起始日期	终止日期	是否存在冻结、担保或其他使用限制(如是,请注明)	备注
						否				活期

(续表)

除上述列示的银行存款(包括余额为零的存款账户),本公司并无在贵行的其他存款。

2. 银行借款

借款人名称	借款账号	币种	余额	借款日期	到期日期	利率	抵(质)押品/担保人	备注

除上述列示的银行借款,本公司并无自贵行的其他借款。

3. 自　　年　　月　　日起至　　年　　月　　日期间内注销的银行存款账户

账户名称	银行账号	币种	注销账户日

除上述列示的注销账户,本公司在此期间并未在贵行注销其他账户。

4. **本公司作为委托人的委托贷款**

账户名称	银行结算账号	资金借入方	币种	利率	余额	贷款起止日期	备注

除上述列示的委托贷款,本公司并无通过贵行办理的其他以本公司作为委托人的委托贷款。

5. **本公司作为借款人的委托贷款**

账户名称	银行结算账号	资金借出方	币种	利率	余额	贷款起止日期	备注

除上述列示的委托贷款,本公司并无通过贵行办理的其他以本公司作为借款人的委托贷款。

6. 担保

(1) 本公司为其他单位提供的、以贵行为担保受益人的担保

被担保人	担保方式	币种	担保余额	担保到期日	担保合同编号	备注

除上述列示的担保,本公司并无其他以贵行为担保受益人的担保。

(续表)

(2) 贵行向本公司提供的担保(如保函业务、备用信用证业务等)

被担保人	担保方式	币种	担保金额	担保到期日	担保合同编号	备注

除上述列示的担保,本公司并无贵行提供的其他担保。

7. 本公司为出票人且由贵行承兑而尚未支付的银行承兑汇票

银行承兑汇票号码	结算账户账号	币种	票面金额	出票日	到期日	抵(质)押品

除上述列示的银行承兑汇票,本公司并无由贵行承兑而尚未支付的其他银行承兑汇票。

8. 本公司向贵行已贴现而尚未到期的商业汇票

商业汇票号码	承兑人名称	币种	票面金额	出票日	到期日	贴现日	贴现率	贴现净额

除上述列示的商业汇票,本公司并无向贵行已贴现而尚未到期的其他商业汇票。

9. 本公司为持票人且由贵行托收的商业汇票

商业汇票号码	承兑人名称	币种	票面金额	出票日	到期日

除上述列示的商业汇票,本公司并无由贵行托收的其他商业汇票。

10. 本公司为申请人,由贵行开具的、未履行完毕的不可撤销信用证

信用证号码	受益人	币种	信用证金额	到期日	未使用金额

除上述列示的不可撤销信用证,本公司并无由贵行开具的、未履行完毕的其他不可撤销信用证。

11. 本公司与贵行之间未履行完毕的外汇买卖合约

类别	合约号码	贵行卖出币种	贵行买入币种	未履行的合约买卖金额	汇率	交收日期

(续表)

除上述列示的外汇买卖合约,本公司并无与贵行之间未履行完毕的其他外汇买卖合约。

12. 本公司存放于贵行托管的证券或其他产权文件

证券或其他产权文件名称	证券代码或产权文件编号	数量	币种	金额

除上述列示的证券或其他产权文件,本公司并无存放于贵行托管的其他证券或其他产权文件。

13. 本公司购买的由贵行发行的未到期银行理财产品

产品名称	产品类型(封闭式/开放式)	币种	持有份额	产品净值	购买日	到期日	是否被用于担保或存在其他使用限制

除上述列示的银行理财产品,本公司并未购买其他由贵行发行的理财产品。

14. 其他

附表 资金归集(资金池或其他资金管理)账户具体信息

序号	资金提供机构名称（即拨入资金的具体机构）	资金提供机构账号	资金使用机构名称(即向该具体机构拨出资金)	资金使用机构账号	币种	截至函证基准日拨入或拨出资金余额(拨出填列正数,拨入填列负数)	备注

(预留签章)

2022 年 02 月 12 日 经办人：王珊珊

职　务：财务经理

电　话：0592-5118842

———— 以下由被询证银行填列 ————

结论：

经本行核对,所函证项目与本行记载信息相符。特此函复

　年　月　日　　经办人：　　　职务：　　　电话：
　　　　　　　　　复核人：　　　职务：　　　电话：

(银行盖章)

(续表)

经本行核对，存在以下不符之处。				
年　月　日	经办人：	职务：	电话：	
	复核人：	职务：	电话：	（银行盖章）

1. 填写银行询证函表头部分

交通银行厦门思明支行：

本公司聘请的北京友和会计师事务所正在对本公司2021年度财务报表进行审计，按照中国注册会计师审计准则的要求，应当询证本公司与贵行相关的信息。下列信息出自本公司记录，如与贵行记录相符，请在本函下端"信息证明无误"处签章证明；如有不符，请在"信息不符"处列明不符项目及具体内容；如存在与本公司有关未列入本函的其他重要信息，也请在"信息不符"处列出其详细资料。回函请直接寄至北京友和会计师事务所。截至2021年12月31日，本公司与贵行相关信息列示如下。

【注意】填写银行询证函时需注意：①审计年度及审计年度财务报表日的确定。②函证银行和会计师事务所的名称。③回函请直接寄至会计师事务所的原因。

2. 填写银行询证函主体内容部分

从银行总账和其他资料中可以查询相关账户余额等重要信息。银行存款总账如表9-13所示。

表9-13　　　　　　　　　　　银行存款总账

科目	1002 银行存款					
2021年 月　日	凭证号数	摘要	借方	贷方	方向	余额
06　30		本月合计	150 000.00	11 352.00	借	138 648.00
07　31		本月合计	424 400.00	46 458.16	借	516 589.84
08　31		本月合计	235 600.00	41 858.16	借	710 331.68
09　30		本月合计	45 500.00	41 317.30	借	714 514.38
10　31		本月合计	120 000.00	42 132.50	借	792 381.88
11　30		本月合计	1 000.00	739 540.76	借	53 841.12
12　31		本月合计	200 000.00	39 540.76	借	214 300.36
12　31		本年累计	1 176 500.00	962 199.64	借	214 300.36
		结转下年			借	214 300.36

3. 填写银行存款函证结果汇总表

在实务工作中，企业很可能存在对多个银行账户进行函证的情况。将函证寄出之后，根据回函情况，注册会计师应当填制银行存款函证结果汇总表，以汇总和分析回函情况。银行存款函证结果汇总表如表9-14所示。

表 9-14　　　　　　　　　　　　银行存款函证结果汇总表

被审计单位：厦门新立来实业有限公司　　编制：黎云景　　日期：2022/02/12　　索引号：1101-4
会计期间：2021.06.01～2021.12.31　　　　复核：李天一　　日期：2022/02/15　　页　次：　1

开户银行	银行账号	币种	账面余额	函证情况						提取限制或最低余额要求	抵押质押等事项说明	备注
				发函日期	发函金额(1)	是否回函	回函日	回函确认金额(2)	金额差异(1)-(2)	函证索引		
交通银行厦门思明支行	41835994129	人民币		2021.02.12		是	2021.02.14			YHCK-001		
合计	—	—		—		—		—	—	—		
审计说明												

相关思考 9-1

实施函证没有回函该怎么办

函证是指注册会计师为了获取影响财务报表或相关披露认定的项目的信息，通过直接来自第三方对有关信息和现存状况的声明，获取和评价审计证据的过程，对企业来讲十分重要。

【思考题】　请同学们思考一下，如果没有及时收到回函，注册会计师应如何处理呢？

如果在合理的时间内没有收到积极式询证函回函，注册会计师应当考虑必要时再次向被询证者寄发询证函。如果未能得到被询证者的回应，注册会计师应当实施替代审计程序。如果注册会计师认为取得积极式询证函回函是获取充分、适当审计证据的必要程序，则替代审计程序不能提供注册会计师需要的审计证据，这种情况下，如果没有获得回函，注册会计师应当确定其对审计工作和审计意见的影响。

二、银行存款余额调节表

银行存款余额调节表如表 9-15 所示。

表 9-15　　　　　　　　　　　　银行存款余额调节表

被审计单位：厦门新立来实业有限公司　　编制：黎云景　　日期：2022/02/12　　索引号：1101-5
会计期间：2021.06.01～2021.12.31　　　　复核：李天一　　日期：2022/02/15　　页　次：　1
开户银行：交通银行厦门思明支行　　　　　币种：人民币　　　　　　　　　　　　账号：41835994129600342930 9

被审计单位提供			被审计单位提供		
项目	审计前金额	T/F	项目	审计前金额	T/F
企业银行存款日记账余额			银行对账单余额		
加：银行已收企业未收款项			加：企业已收银行未收款项		
其中：			其中：		

(续表)

被审计单位提供		被审计单位提供	
1.		1.	
2.		2.	
3.		3.	
4.		4.	
减:银行已付、企业未付款项		减:企业已付、银行未付款项	
其中:		其中:	
1.		1.	
2.		2.	
3.		3.	
4.		4.	
调节后余额		调节后余额	

【工作底稿填写要求】

根据企业信息资料提示,检查银行存款对账单余额和银行存款日记账的期末余额,如有差异,可能是记账错误或者未达账项所导致的,分析差异性质,填入对应未达账项项目,经过调整之后的银行存款对账单余额和企业银行存款日记账余额应当一致。交通银行银行对账单如图9-2所示。

交通银行银行对账单

单位名称:厦门新立来实业有限公司　　账号:418359941296003429309　　2021年12月31日

2021年		凭证号	摘要	结算凭证		借方	贷方	余额
月	日			种类	号码			
12	01		承前页					53 841.12
12	04		收到货款	网银	03787		200 000.00	253 841.12
12	10		发放上月工资	网银		27 478.36		226 362.76
12	25		缴纳社会保险	网银	12029	8 842.40		217 520.36
12	25		缴纳公积金	网银	12121	3 220.00		214 300.36
合计								

图9-2　交通银行银行对账单

第四节 货币资金其他实质性程序

实验目的

通过本节课的学习,学生能够了解货币资金实质性程序的流程,掌握实施货币资金实质性程序的方法。

实验资料及操作

一、货币资金凭证检查表

货币资金凭证检查表如表9-16所示。

表9-16　　　　　　　　　　货币资金凭证检查表

被审计单位:厦门新立来实业有限公司　　编制:黎云景　　日期:2022/02/12　　索引号:1101-6
会计期间:2021.06.01~2021.12.31　　复核:李天一　　日期:2022/02/15　　页 次: 1

序号	记账日期	凭证号	业务摘要	对应科目		金额	核对内容(用"√"或"×"表示)						备注
				方向	一级科目名称		1	2	3	4	5	6	
1	2021/06/30	记-001											
2	2021/08/31	记-032											
3	2021/10/31	记-016											
4	2021/11/30	记-032											
5	2021/11/30	记-065											
6	2021/12/31	记-015											
核对内容说明:(1)原始凭证是否齐全;(2)记账凭证与原始凭证是否相符;(3)账务处理是否正确;(4)是否记录于恰当的会计期间;(5)……													
审计说明													

【工作底稿填写要求】

根据企业信息资料,抽查大额库存现金、银行存款、其他货币资金收支。检查是否存在非营业目的的大额货币资金转移,并核对相关账户的进账情况。如有与被审计单位生产经营无关的收支事项,应查明原因并作相应的记录,填入货币资金收支检查情况表。以2021年6月记字001号凭证为例,相关资料如图9-3和图9-4所示。

记 账 凭 证

记字001号　　　　　　　　　　　日期：2021-06-30　　　　　　　　　　　附单据　1　张

摘要	科目名称	借方金额	贷方金额
收到深圳市江源合成橡胶技术有限公司货款	银行存款——交通银行厦门思明支行	150 000.00	
收到深圳市江源合成橡胶技术有限公司货款	应收账款——深圳市江源合成橡胶技术有限公司		150 000.00
合计		150 000.00	150 000.00

记账　张承　　　　审核　王珊珊　　　　出纳　刘晓薇　　　　制单　张承

图 9-3　记账凭证 6-001 号

交通银行电子汇划收款回单

2021 年 06 月 03 日　　　流水号：1041847870912003

付款人	全称	深圳市江源合成橡胶技术有限公司	收款人	全称	厦门新立来实业有限公司
	账号	41714517345286690000		账号	41835994129600342930
	开户行	中国建设银行深圳罗湖支行		开户行	交通银行厦门思明支行
金额	（大写）壹拾伍万元整			￥150 000.00	
用途	货款				
备注	汇划日期：2021.06.03　　　　　　　　　　　汇划流水号：1041847870912003				
	汇出行行号：11041824092　　　　　　　　原凭证种类：1023				
	原凭证号码：　　　　　　　　　　　　　　原凭证金额：￥150 000.00				
	汇款人地址：				
	收款人地址：				
	实际收款人账号：41835994129600342930				
	实际收款人名称：厦门新立来实业有限公司　　　　　　　　　　　　　　银行盖章				

（印章：交通银行厦门思明支行 2021.06.30 转讫(01)）

图 9-4　交通银行电子汇划收款回单

注册会计师分别核对：
（1）原始凭证是否齐全。（是）
（2）记账凭证与原始凭证是否相符。（是）
（3）财务处理是否正确。（是）
（4）是否记录于恰当的会计期间。（是）

经测试检查，未发现异常。

二、货币资金截止性测试表

货币资金截止性测试表如表 9-17 所示。

表 9-17　　　　　　　货币资金截止性测试表

被审计单位:厦门新立来实业有限公司　　编制:黎云景　　日期:2022/02/12　　索引号:1101-7
会计期间:2021.06.01~2021.12.31　　复核:李天一　　日期:2022/02/15　　页　次:　1

序号	记账日期	凭证号	业务摘要	金额	是否跨期（是/否）	备注
1	2021/12/31	记-020				
2	2021/12/31	记-025				
3	2021/12/31	记-052				
			截止日前 截止日期:2021 年 12 月 31 日 截止日后			
1	2022/01/31	记-015				
2	2022/01/31	记-020				
3	2022/01/31	记-023				
4	2022/01/31	记-032				
审计说明						

【工作底稿填写要求】

根据企业信息资料,抽查财务报表日前后货币资金凭证,列示凭证具体内容、对应科目和金额,查看是否有跨期现象。以 2022 年 1 月第 015 号记账凭证为例,相关资料如图 9-5 和图 9-6 所示。

记 账 凭 证

记字015号　　　　　　　　日期: 2022-01-31　　　　　　　　附单据　1　张

摘要	科目名称	借方金额	贷方金额
收到厦门万利工贸有限公司货款	银行存款——交通银行厦门思明支行	120 000.00	
收到厦门万利工贸有限公司货款	应收账款——厦门万利工贸有限公司		120 000.00
合计		120 000.00	120 000.00

记账　张承　　　审核　王珊珊　　　出纳　刘晓薇　　　制单　张承

图 9-5　记账凭证 1-015 号

交通银行电子汇划收款回单

2022 年 01 月 04 日　　　　流水号：1041812093403609

付款人	全 称	厦门万利工贸有限公司	收款人	全 称	厦门新立来实业有限公司
	账 号	4161841548580437310		账 号	4183599412960003429309
	开户行	中国工商银行厦门思明支行		开户行	交通银行厦门思明支行
金额	（大写）壹拾贰万元整				￥120 000.00
用途	货款				

备注：汇划日期：2022.01.04　　　　汇划流水号：1041812093403609

汇出行行号：11041824092　　　　凭证种类：1023

原凭证号码：　　　　　　　　　　原凭证金额：￥120 000.00

汇款人地址：

收款人地址：

实际收款人账号：4183599412960003429309

实际收款人名称：厦门新立来实业有限公司　　　　　　银行盖章

（交通银行厦门思明支行 2022.01.04 转讫(01)）

图 9-6　交通电子汇划收款回单

凭证具体信息：

（1）凭证内容（收到厦门万利工贸有限公司货款）。

（2）对应科目（应收账款）。

【注意】对应科目为被测试科目会计分录的反方向科目，只需记录总账科目即可。

（3）金额（120 000.00 元）。

经过记账凭证和原始凭证核对可知，记账凭证日期和银行电子汇划收款回单日期都在 2022 年 1 月，没有跨期现象。

三、货币资金审定表

货币资金审定表如表 9-18 所示。

表 9-18　　　　　　　　　　货币资金审定表

被审计单位：厦门新立来实业有限公司　　编制：黎云景　　日期：2022/02/12　　索引号：1101-1

会计期间：2021.06.01～2021.12.31　　复核：李天一　　日期：2022/02/15　　页　次：　1

项目	期末未审数	账项调整		重分类调整		期末审定数	期初审定数	索引号
		借方	贷方	借方	贷方			
一、报表数								
二、总账数								
三、明细账数								
其中：库存现金								

(续表)

项目	期末未审数	账项调整		重分类调整		期末审定数	期初审定数	索引号
		借方	贷方	借方	贷方			
银行存款								
其他货币资金								
审计说明								
审计结论								

【工作底稿填写要求】

根据企业信息资料,货币资金项目由库存现金、银行存款和其他货币资金构成:

(1) 查询本期未审财务报表或者明细账可知期末未审数,经过账项调整和重分类调整(如有),得出本期期末审定数。

(2) 将上期期末审定数和本期财务报表期初余额进行比较分析,上期期末审定数和本期期末审定数进行比较分析,目的是让财务报表使用者对项目情况一目了然。

(3) 考虑错报是否接近或超过实际执行重要性水平,是否需要执行进一步审计程序。

(4) 得出审计结论:经审计,期末余额可以得到确认。

【注意】 在实务工作中,货币资金审定表的数据大多是由其他审计工作底稿的数据自动录入生成的。

延伸阅读 9-1

货币资金舞弊

A市某企业资金充裕,银行活期账核对无误后方结账。年初,会计人员因急于结账,在帮助出纳人员核对银行账的过程中发现银行账对不上,在查找过程中发现有几笔未达账项不熟悉、上月银行存款余额调节表实际两边不相等等异常情况。该企业遂仔细查找,最后查出异常情况的背后是一起舞弊案件。

经审计检查发现,该企业出纳人员以银行定期存款到期转存需携带印鉴、付款凭证(支票或电汇)印鉴模糊需补盖印鉴等理由拿到印鉴,或以提取备用金为由骗盖印鉴等手段,逐笔提取现金,多则四五万元少则七八千元,时间累计长达1年有余,共计贪污挪用公款56万元。该出纳人员进行舞弊行为的手法如下:

(1) 制作虚假银行对账单,声称银行对账单最后一页暂未拿到或丢失,用真实银行对账单粘贴复印制作虚假银行对账单,用虚假银行对账单余额制作银行存款余额调节表以应付检查,掩盖贪污挪用资金的事实。

(2) 用真实银行对账单余额对账,将多笔提取现金数额捏造成虚假银行已付企业未付之未达账项,造成已付货款暂未记账的假象。

(3) 编造谎言,声称银行记错账,下月转回,甚至委托拉拢银行人员与其统一口径。

二维码9-7：参考答案——货币资金

（4）制作虚假银行存款调节表，银行存款调节表两边实际计算不相等或硬性相等。

该企业遵循了各会计法规对出纳人员的岗位及职责作出的限制性规定，如出纳人员不得兼管稽核、会计档案保管和收入、费用、债权债务账目的登记工作等。同时，该企业也制定了相应的内部控制制度，如规定财务印鉴由多人保管等。但仅仅做到这些还是远远不够的，这起舞弊案件让企业认识到虽然有了内部控制制度，但是必须严格遵守并严格检查执行情况，才能保证内部控制制度的有效运行。如果缺乏有效的执行，则形同虚设。在实际工作中，很少有企业认真执行轮岗制度，而轮岗是防止挪用资金行为的有效方法。

第十章 审计完成阶段

知识框架

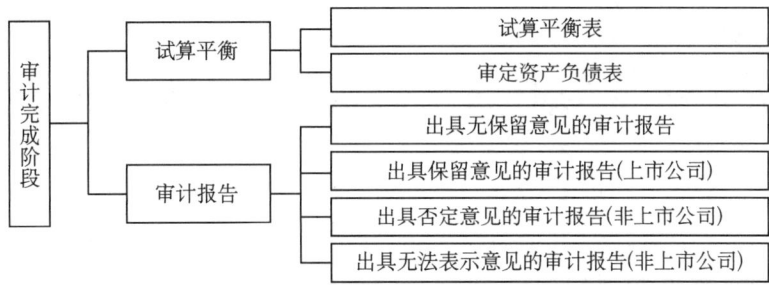

实验目标

1. 了解编制试算平衡表和审定资产负债表的方法。
2. 掌握审计报告的类型和出具审计报告。

思政育人

诚信为本，操守为重，实事求是，依法执业

康美药业股份有限公司（以下简称康美药业）财务造假案，是一起我国迄今最为严重的财务造假案。康美药业2016年至2018年连续3年有预谋、有组织、系统性地实施财务造假，涉案金额巨大，约300亿元，加之持续时间长，性质特别严重，社会影响极其恶劣。

康美药业财务造假手段包括：

手段一：使用虚假银行单据虚增存款。据康美药业自查，康美药业应收账款少计近64.1亿元；存货少计近19.55亿元；在建工程少计近6.31亿元。康美药业核算账户资金时存在错误，使用虚假银行单据，造成货币资金多计近299.44亿元。

手段二：通过伪造业务凭证进行收入造假。康美药业对2017年财务报表进行会计差错更正，货币资金多计近299.44亿元，营业收入多计近88.98亿元，销售费用、财务费用少计共计近7.25亿元。康美药业通过伪造业务凭证等一系列操作，虚增正常营业利润，提高其总市值。

手段三：部分资金转入关联方账户买卖本公司股票。据相关消息透露，自2001年上市以来，康美药业获得包括许冬瑾在内的多位高管增持，从2017年5月开始，康美实业开始频繁增持。康美药业还存在多个关联方，如持股1.87%的普宁市金信典当行有限公司、持股1.87%的普宁市国际信息咨询服务有限公司，他们的控股股东分别为马兴田（康美药业董事长)与许冬瑾(康美药业副董事长)。

康美药业财务造假涉案不但对我国上市公司的信息披露制度、政府监管与追责体系的强化、完善,具有深远的影响,也对会计师事务所的职业道德和行为规范,敲响了警钟。

要求:请大家思考为什么有企业知法犯法?怎样才能有效预防财务造假的行为发生?

资料来源:张军智.康美药业败局始末:造假、行贿、传销,无所不用其极[EB/OL].(2020-05-27)[2023-04-15]https://mp.weixin.qq.com/s/qjKaZxmMjCDLBiPgpdOEnA.

第一节 试算平衡

实验目的

通过本节课的学习,学生能够了解试算平衡的编制要点,完成试算平衡表和审定资产负债表的编制。

理论知识点

一、编制试算平衡表的目的

编制试算平衡表的目的是验证被审计单位未审财务报表、调整分录、重分类分录、调整后的金额(审定数)的借贷是平衡的。由于报表项目众多,通常将试算平衡表分为资产负债类项目试算平衡表和利润类项目试算平衡表。为了提高审计效率,注册会计师在审计计划阶段执行分析程序时,即对试算平衡表中的资产、负债及所有者权益的期末数与期初数进行绝对数比较或相对数比较,对利润表中的损益项目进行本期数据与上期数据的绝对数比较或相对数比较。在审计报告阶段,填制试算平衡表的后半部分,包括调整分录、重分类分录、调整后的金额。调整的金额应与审计工作底稿各报表项目的审定数核对一致,并与已审财务报表核对相符。

二、注册会计师与治理层的沟通

根据《中国注册会计师审计准则第1151号——与治理层的沟通》的规定,注册会计师应当就与财务报表审计相关且根据职业判断认为与治理层责任相关的重大事项,以适当的方式及时与治理层沟通。保持有效的双向沟通关系,有利于注册会计师与治理层履行各自的职责。注册会计师在审计完成阶段与治理层沟通的内容主要包含但不限于以下几点。

1. 注册会计师与财务报表审计相关的责任

注册会计师应当与治理层沟通注册会计师与财务报表审计相关的责任,包括:

(1)注册会计师负责对管理层在治理层监督下编制的财务报表形成和发表意见。

(2)财务报表审计并不减轻管理层或治理层的责任。

2. 审计中发现的重大问题

注册会计师应当与治理层沟通审计中发现的下列重大问题:

(1)注册会计师对被审计单位会计实务(包括会计政策、会计估计和财务报表披露)重大方面的质量的看法。在适当的情况下,注册会计师应当向治理层解释为何某项在适用的财务报表编制基础下可以接受的重大会计实务,并不一定最适合被审计单位的具体情况。就被审计单位会计实务重大方面的质量进行开放的、建设性的沟通,可能包括评价重大会计实务和披露的质量的可接受性。

(2) 审计工作中遇到的重大困难。审计工作中遇到的重大困难可能包括:①在提供审计所需信息时管理层严重拖延或不愿意提供,或者被审计单位的人员不予配合。②不合理地要求缩短完成审计工作的时间。③为获取充分、适当的审计证据需要付出的努力远远超过预期。④无法获取预期的信息。⑤管理层对注册会计师施加的限制。⑥管理层不愿意按照要求对被审计单位持续经营能力进行评估,或不愿意延长评估期间。

(3) 已与管理层讨论或需要书面沟通的重大事项,以及注册会计师要求提供的书面声明,除非治理层全部成员参与管理被审计单位。已与管理层讨论或需要书面沟通的重大事项可能包括:①影响被审计单位的业务环境,以及可能影响重大错报风险的经营计划和战略。②对管理层就会计或审计问题向其他专业人士进行咨询的关注。③管理层在首次委托或连续委托注册计师时,就会计实务、审计准则应用、审计或其他服务费用与注册会计师进行的讨论或书面沟通。④当年发生的重大事项或交易。⑤与管理层存在意见分歧的重大事项,但因事实不完整或初步信息造成并在随后通过进一步获取相关事实或信息得以解决的初始意见分歧除外。

(4) 影响审计报告形式和内容的其他情形(如有)。

(5) 审计中出现的、根据职业判断认为与监督财务报告过程相关的所有其他重大事项。

审计中出现的、与治理层履行对财务报告过程的监督职责直接相关的其他重大事项,可能包括已更正的其他信息存在的对事实的重大错报或重大不一致。

沟通审计中发现的重大问题可能包括要求治理层提供进一步信息以完善获取的审计证据。例如,注册会计师可以证实治理层对与特定的交易或事项有关的事实和情况有着与其相同的理解。

3. 值得关注的内部控制缺陷

在识别和评估重大错报风险时,审计准则要求注册会计师了解与审计相关的内部控制。在进行风险评估时,注册会计师了解内部控制的目的是设计适合具体情况的审计程序,而不是对内部控制的有效性发表意见。

内部控制缺陷,是指某项控制的设计、执行或运行不能及时防止或发现并纠正财务报表错报或者缺少用以及时防止或发现并纠正财务报表错报的必要控制。值得关注的内部控制缺陷,是指注册会计师根据职业判断,认为足够重要从而值得治理层关注的内部控制的一个缺陷或多个缺陷的组合。

注册会计师应当根据已执行的审计工作,确定是否识别出内部控制缺陷。如果识别出内部控制缺陷,注册会计师应当根据已执行的审计工作,确定该缺陷单独或连同其他缺陷是否构成值得关注的内部控制缺陷。注册会计师应当以书面形式及时向治理层通报审计过程中识别出的值得关注的内部控制缺陷。

4. 补充事项

注册会计师可能注意到一些补充事项,虽然这些事项不一定与监督财务报告流程有关,但是其对治理层监督被审计单位的战略方向或与被审计单位受托责任相关的义务是重要的。这些事项可能包括与治理结构或过程有关的重大问题、缺乏适当授权的高级管理层作出的重大决策或行动。

延伸阅读 10-1

出具审计报告的业务流程

出具审计报告的业务流程具体如图 10-1 所示。

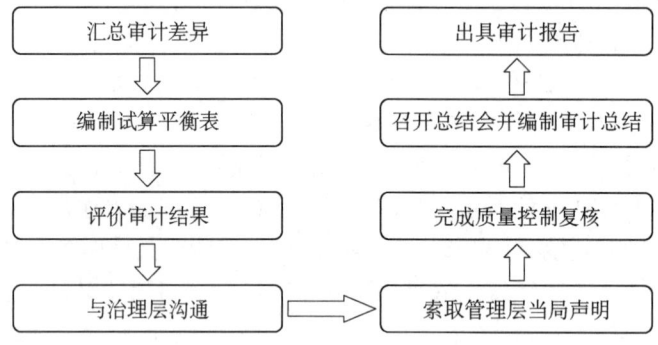

图 10-1　出具审计报告的业务流程

实验资料及操作

一、试算平衡表

根据背景单据填写试算平衡表,如表 10-1 所示。

二维码 10-1:
操作表格——
试算平衡表

二维码 10-2:
参考资料——
试算平衡表

表 10-1　　　　　　　　　　　试算平衡表　　　　　　　　　　　　　　　单位:元

项目	期初/上期数（审定）	期末数（未审）	审计借方调整	审计贷方调整	期末数（审定）
内部往来借项					
以前年度损益调整					
库存现金					
银行存款	6 775 897.98				
其他货币资金	2 227 771.46				
货币资金	9 003 669.44				
……					
应收账款	243 506 102.47				
减:坏账准备——应收账款	4 812 347.75				
……					
流动资产合计	552 745 678.05				

(续表)

项目	期初/上期数（审定）	期末数（未审）	审计借方调整	审计贷方调整	期末数（审定）
固定资产	474 761 413.56				
减：累计折旧	161 078 183.24				
减：固定资产减值准备	625 976.92				
未担保余值					
减：未担保余值减值准备					
固定资产	313 057 253.40				
……					
非流动资产合计	407 073 413.19				
资产总计	959 819 091.24				
短期借款	250 000 000.00				
……					
流动负债合计	588 744 640.18				
长期借款					
……					
非流动负债合计	9 040 463.59				
负债合计	597 785 103.77				
实收资本（股本）	33 967 391.30				
资本公积	728 884.20				
盈余公积	59 651 830.01				
未分配利润	267 685 881.96				
股东权益合计	362 033 987.47				
负债和股东权益总计	959 819 091.24				
……					
营业收入	231 301 744.35				
……					
营业利润	−15 808 043.48				
……					
利润总额	−31 299 598.24				
所得税费用	−4 851 279.40				
净利润	−26 448 318.84				

(续表)

项目	期初/上期数（审定）	期末数（未审）	审计借方调整	审计贷方调整	期末数（审定）
其他综合收益的税后净额					
综合收益总额	−26 448 318.84				
……					
未分配利润	267 685 881.96				
……					

【试算平衡表填写要求】

根据企业信息资料提示，查询科目余额表、未审资产负债表、上期调整分录汇总表（企业未调整）和本年度调整分录汇总表，编制试算平衡表，并确定调整后的金额是否与审计工作底稿各报表项目的审定数核对一致，是否与已审财务报表核对相符。

（1）试算平衡表中"期末数（未审）"一列应依据未审资产负债表的"期末余额"列填写，但是未审资产负债表中的资产、负债和所有者权益均是报表项目，故编制试算平衡表中"期末数（未审）"一列还需参考科目余额表，如坏账准备、累计折旧等。

（2）试算平衡表中"审计借方调整"和"审计贷方调整"依据上期调整分录汇总表（企业未调整）和本年度调整分录汇总表填写。

【注意】年初未分配利润"审计借方调整"和"审计贷方调整"依据上期调整分录汇总表（企业未调整）中的损益类科目计算填列。上期调整分录汇总表（企业未调整）如表10-2所示。

审计借方调整：12 774 484.39＋4 812 347.75＝17 586 832.14（元）

审计贷方调整：1 316 840.58＋9 274 484.39＝10 591 324.97（元）

表10-2　　　　　　　　　上期调整分录汇总表（企业未调整）　　　　　　　　　单位：元

序号	科目	内容	借方	贷方
AJE-001	递延所得税资产	补确认递延	1 316 840.58	
AJE-001	所得税费用——递延所得税资产	补确认递延		1 316 840.58
AJE-002	主营业务收入	调整销售退回预计负债	12 774 484.39	
AJE-002	主营业务成本	调整销售退回预计负债		9 274 484.39
AJE-002	预计负债	调整销售退回预计负债		3 500 000.00
AJE-003	资产减值损失	补提本期坏账	4 812 347.75	
AJE-003	坏账准备——应收账款	补提本期坏账		4 812 347.75
RJE-001	应收账款	重分类	1 000 000.00	
RJE-001	预收账款	重分类		1 000 000.00
RJE-002	预付账款	重分类	2 300 000.00	

(续表)

序号	科目	内容	借方	贷方
RJE-002	应付账款	重分类		2 300 000.00
	合计		22 203 672.72	22 203 672.72

未分配利润"审计借方调整"和"审计贷方调整"依据本期调整分录汇总表中的损益类科目加年初未分配利润调整数计算填列。本期调整分录汇总表如表10-3所示。

审计借方调整:230 000－1 607 993.45＋17 586 832.14＝16 208 838.69(元)

审计贷方调整:792 597.92＋625 976.92＋10 591 324.97＝12 009 899.81(元)

表10-3　　　　　　　　　本期调整分录汇总表　　　　　　　　　单位:元

序号	科目	内容	借方	贷方
AJE-001	递延所得税资产	确认递延	2 109 438.50	
AJE-001	所得税费用——递延所得税资产	确认递延		792 597.92
AJE-001	年初未分配利润	确认递延		1 316 840.58
AJE-002	管理费用	补提折旧	230 000.00	
AJE-002	在产品	补提折旧	270 000.00	
AJE-002	累计折旧	补提折旧		500 000.00
AJE-003	年初未分配利润	补提本期坏账	4 812 347.75	
AJE-003	资产减值损失	补提本期坏账	－1 607 993.45	
AJE-003	坏账准备——应收账款	补提本期坏账		3 204 354.30
AJE-004	存货跌价准备	转销已售产品跌价	625 976.92	
AJE-004	主营业务成本	转销已售产品跌价		625 976.92
RJE-001	应收账款	重分类	5 000 000.00	
RJE-001	预收账款	重分类		5 000 000.00
RJE-002	预付账款	重分类	3 000 000.00	
RJE-002	应付账款	重分类		3 000 000.00
	合计		14 439 769.72	14 439 769.72

 相关思考 10-1

试算平衡表

【思考题】 试算平衡表的勾稽关系要点是什么?

(1)试算平衡表中的"期末未审数"列,应根据被审计单位提供的未审计财务报表填列。

(2)试算平衡表中的"审计借方调整"和"审计贷方调整"列,应根据经被审计单位同意的"账项调整分录汇总表"填列。

(3)试算平衡表中的"重分类调整"列,应根据经被审计单位同意的"重分类调整分录汇总表"填列。

(3)试算平衡表中"期末数(审定)"一列依据计算填列,其中计算公式根据科目性质的不同而有所不同。具体有以下两种情形:

第一,资产类科目(除了备抵科目,如坏账准备、存货跌价准备、固定资产减值准备、累计折旧等)、成本类科目和损益类科目中的支出类科目的期末数(审定)计算公式为:

期末数(审定)=期末数(未审)+审计借方调整-审计贷方调整

第二,负债类、所有者权益类、损益类科目中的收入类科目和资产类科目中的备抵科目的期末数(审定)计算公式为:

期末数(审定)=期末数(未审)-审计借方调整+审计贷方调整

二维码10-3:
参考答案——
试算平衡表

二、审定资产负债表

根据背景单据及上文试算平衡表,填制审定资产负债表,如表10-4所示。

【审定资产负债表填写要求】

根据企业信息资料提示,查询科目余额表、未审资产负债表、上期调整分录汇总表(企业未调整)、本年度调整分录汇总表和试算平衡表,编制审定资产负债表。审定资产负债表中"期末数"一列依据试算平衡表"期末数(审定)"一列直接或间接填列。

表10-4　　　　　　　　　　　审定资产负债表

2021-12-31

编制单位:阳光城股份有限公司　　　　　　　　　　　　　　　　　　　　　　单位:元

资产	附注编号	期末余额	上年年末余额	负债和所有者权益(或股东权益)	附注编号	期末余额	上年年末余额
流动资产:				流动负债:			
货币资金	1		9 003 669.44	短期借款	14		250 000 000.00
交易性金融资产			0	交易性金融负债			0
衍生金融资产			0	衍生金融负债			0
应收票据及应收账款	2		261 248 102.55	应付票据及应付账款	15		130 388 503.03
预付款项	3		3 005 877.73	预收款项	16		10 785 895.43
其他应收款	4		63 255 898.62	合同负债			0
存货	5		203 889 923.06	应付职工薪酬	17		9 505 836.67
合同资产				应交税费	18		2 170 228.80
持有待售资产				其他应付款	19		185 894 176.25

(续表)

资产	附注编号	期末余额	上年年末余额	负债和所有者权益（或股东权益）	附注编号	期末余额	上年年末余额
一年内到期的非流动资产				持有待售负债			
其他流动资产	6		12 342 206.63	一年内到期的非流动负债			
流动资产合计			552 745 678.03	其他流动负债			
				流动负债合计			588 744 640.18
				非流动负债：			
				长期借款			
				应付债券			
非流动资产：				其中：优先股			
债权投资				永续债			
其他债权投资				长期应付款			
长期应收款				预计负债	20		3 500 000.00
长期股权投资	7		55 027 173.91	递延收益	21		5 540 463.59
其他权益工具投资				递延所得税负债			
其他非流动金融资产				其他非流动负债			
投资性房地产				非流动负债合计			9 040 463.59
固定资产	8		313 057 253.40	负债合计			597 785 103.77
在建工程	9		1 097 214.14	所有者权益（或股东权益）：			
固定资产清理				实收资本（或股本）	22		33 967 391.30
生产性生物资产				其他权益工具			
公益性生产资产				其中：优先股			
油气资产				永续债			
无形资产	10		31 886 985.94	资本公积	23		728 884.20
开发支出				减：库存股			
商誉				其他综合收益			
长期待摊费用	11		700 425.75	专项储备			
递延所得税资产	12		5 284 529.90	盈余公积	24		59 651 830.01

(续表)

资产	附注编号	期末余额	上年年末余额	负债和所有者权益（或股东权益）	附注编号	期末余额	上年年末余额
其他非流动资产	13		19 830.17	未分配利润	25		267 685 881.96
非流动资产合计			407 073 413.21	所有者权益合计			362 033 987.47
资产总计			959 819 091.24	负债和所有者权益总计			959 819 091.24

法定代表人： 　　　　　主管会计工作的负责人： 　　　　　会计机构负责人：

二维码10-4：参考答案——审定资产负债表

第二节 审计报告

 实验目的

通过本节课的学习，学生能够熟悉审计报告编制前要做的准备工作，掌握标准审计报告和非标准审计报告的基本格式、措辞要求和确定依据。

 理论知识点

一、审计报告的含义

审计报告是指注册会计师根据注册会计师审计准则的规定，在执行审计工作的基础上，对被审计单位财务报表发表审计意见的书面文件。它是注册会计师在完成审计工作后向委托人提交的最终产品。注册会计师一旦在审计报告上签名并盖章，就表明对其出具的审计报告负责。

审计报告是注册会计师对财务报表是否在所有重大方面按照财务报表编制基础编制并实现公允反映发表审计意见的书面文件，因此，注册会计师应当将已审计的财务报表附于审计报告之后，以便于财务报表使用者正确理解和使用审计报告，并防止被审计单位替换、更改已审计的财务报表。

二、审计报告的类型

二维码10-5：审计报告类型视频

注册会计师的目标是在评价根据审计证据得出的结论的基础上，对财务报表形成审计意见，并通过书面报告的形式清楚地表达审计意见。审计报告的类型分为无保留意见的审计报告和非无保留意见的审计报告。无保留意见是指当注册会计师认为财务报表在所有重大方面按照适用的财务报表编制基础编制并实现公允反映时发表的审计意见。非无保留意见是指注册会计师对财务报表发表保留意见、否定意见或无法表示意见。

如果注册会计师认为财务报表在所有重大方面按照适用的财务报表编制基础编制并实现公允反映，则其应当发表无保留意见。

但当存在下列情形之一时，注册会计师应当按照《中国注册会计师审计准则第1502号——在审计报告中发表非无保留意见》的规定，在审计报告中发表非无保留意见：

①根据获取的审计证据,得出财务报表整体存在重大错报的结论。②无法获取充分、适当的审计证据,不能得出财务报表整体不存在重大错报的结论。如果财务报表没有实现公允反映,注册会计师应当就该事项与管理层讨论,并根据适用的财务报表编制基础的规定和该事项得到解决的情况,决定是否有必要按照注册会计师审计准则的规定在审计报告中发表非无保留意见。

确定非无保留意见类型的基本原则有:

(1) 导致非无保留意见的事项的性质,是财务报表存在重大错报,还是在无法获取充分、适当的审计证据的情况下,财务报表可能存在重大错报。

(2) 注册会计师就导致非无保留意见的事项对财务报表产生或可能产生影响的广泛性作出的判断。

非无保留意见类型如表 10-5 所示。

表 10-5　　　　　　　　　　非无保留意见类型

导致非无保留意见的事项	对财务报表产生或可能产生的影响	
	重大但不具有广泛性	重大且具有广泛性
财务报表存在重大错报	保留意见	否定意见
无法获取充分、适当的审计证据	保留意见	无法表示意见

三、审计报告的内容

审计报告应当包括下列要素:①标题。②收件人。③审计意见。④形成审计意见的基础。⑤管理层对财务报表的责任。⑥注册会计师对财务报表审计的责任。⑦按照相关法律法规的要求报告的事项(如适用)。⑧注册会计师的签名和盖章。⑨会计师事务所的名称、地址和盖章。⑩报告日期。

在适用的情况下,注册会计师还应当按照《中国注册会计师审计准则第 1324 号——持续经营》《中国注册会计师审计准则第 1504 号——在审计报告中沟通关键审计事项》《中国注册会计师审计准则第 1521 号——注册会计师对其他信息的责任》的相关规定,在审计报告中对与持续经营相关的重大不确定性、关键审计事项、被审计单位年度审计报告中包含的除财务报表和审计报告之外的其他信息进行报告。

实验资料及操作

一、出具无保留意见的审计报告

2023 年 1 月 25 日,北京正大会计师事务所对北京新城发展股份有限公司 2022 年度的财务报表进行审计时,项目负责人刘新注册会计师遇到了以下情况:2021 年漏记固定资产折旧费用 200 万元。北京新城股份有限公司在编制 2022 年度财务报表时,对此项会计差错予以更正,追溯调整了相关会计报表项目,并在会计报表附注中进行了适当披露。假定不存在其他因素的影响,请替注册会计师刘新出具审计报告。

北京正大会计师事务所

正大审字〔2023〕第 0001 号

审计报告

全体股东：

一、对财务报表出具的审计报告

（一）审计意见

我们审计了　　　（以下简称　　　公司）的财务报表，包括　　年　　月　　日的资产负债表，　　年度的利润表、现金流量表、股东权益变动表以及相关财务报表附注。

我们认为，后附的财务报表在所有重大方面按照企业会计准则的规定编制，公允反映了　　公司　　年　　月　　日的财务状况以及年度的经营成果和现金流量。

（二）形成审计意见的基础

我们按照《中国注册会计师审计准则》的规定执行了审计工作。审计报告的"注册会计师对财务报表审计的责任"部分进一步阐述了我们在这些准则下的责任。按照《中国注册会计师职业道德守则》，我们独立于公司，并履行了职业道德方面的其他责任。我们相信，我们获取的审计证据是充分、适当的，为发表审计意见提供了基础。

（三）关键审计事项

2022年度，北京新城公司销售光电产品确认的主营业务收入为人民币 50 000.00 万元，主要为国内销售产生的收入。北京新城公司对于国内销售的光电产品产生的收入是在商品所有权上的风险和报酬已转移至客户时确认的，根据销售合同约定，通常以光电产品运离北京光电公司仓库作为销售收入的确认时点。收入是北京新城公司的关键业绩指标之一，从而存在管理层为了达到特定目标或期望而操纵收入确认时点的固有风险，我们将北京新城公司收入确认识别为关键审计事项。

（四）管理层和治理层对财务报表的责任

管理层负责按照《企业会计准则》的规定编制财务报表，使其实现公允反映，并设计、执行和维护必要的内部控制，以使财务报表不存在舞弊或错误导致的重大错报。

在编制财务报表时，管理层负责评估　　公司的持续经营能力，披露与持续经营相关的事项（如适用），并运用持续经营假设，除非管理层计划清算　　公司、终止营运或别无其他现实的选择。

治理层负责监督　　公司的财务报告过程。

（五）注册会计师对财务报表审计的责任

我们的目标是对财务报表整体是否不存在舞弊或错误导致的重大错报获取合理保证，并出具包含审计意见的审计报告。合理保证是高水平的保证，但并不能保证按照审计准则执行的审计在某一重大错报存在时总能发现。错报可能由舞弊或错误所导致，如果合理预期错报单独或汇总起来可能影响财务报表使用者依据财务报表作出的经济决策，则通常认为错报是重大的。

在按照注册会计师审计准则执行审计的过程中，我们运用了职业判断，保持了职业怀疑。我们同时：

（1）识别和评估舞弊或错误导致的财务报表重大错报风险；对这些风险有针对性地设计和实施审计程序；获取充分、适当的审计证据，作为发表审计意见的基础。舞弊可能涉及串通、伪造、故意遗漏、虚假陈述或凌驾于内部控制之上，未能发现舞弊导致的重大错报的风险高于未能发现错误导致的重大错报的风险。

（2）了解与审计相关的内部控制，以设计恰当的审计程序，但目的并非对内部控制的有效性发表意见。

（3）评价管理层选用会计政策的恰当性和作出会计估计及相关披露的合理性。

（4）对管理层使用持续经营假设的恰当性得出结论。同时，根据获取的审计证据，就可能导致对_____公司持续经营能力产生重大疑虑的事项或情况是否存在重大不确定性得出结论。如果我们得出结论认为存在重大不确定性，审计准则要求我们在审计报告中提请报表使用者注意财务报表中的相关披露。如果披露不充分，我们应当发表非无保留意见。我们的结论基于审计报告日可获得的信息。然而，未来的事项或情况可能导致_____公司不能持续经营。

（5）评价财务报表的总体列报、结构和内容（包括披露），并评价财务报表是否公允反映相关交易和事项。

我们与治理层就计划的审计范围、时间安排和重大审计发现等事项进行沟通，包括沟通我们在审计中识别出的值得关注的内部控制缺陷。我们还就遵守关于独立性的相关职业道德要求向治理层提供声明，并就可能被合理认为影响我们独立性的所有关系和其他事项，以及相关的防范措施（如适用）与治理层进行沟通。

从与治理层沟通的事项中，我们确定哪些事项对本期财务报表审计最为重要，因而构成关键审计事项。我们在审计报告中描述这些事项，除非法律法规禁止公开披露这些事项，或在极其罕见的情形下，如果合理预期在审计报告中沟通某事项造成的负面后果超过在公众利益方面产生的益处，我们确定不应在审计报告中沟通该事项。

二、按照相关法律法规的要求报告的事项

北京正大会计师事务所	中国注册会计师：
（盖章）	（签名并盖章）
	中国注册会计师：
	（签名并盖章）
中国 北京 市	年 月 日

地址：北京市通州区建设西路27号　　电话：010-82398876　　传真：010-82398876

【工作底稿填写要求】

根据企业信息资料提示，出具无保留意见审计报告，将审计报告填写完整。

1. 标题

审计报告应当具有标题，统一规范为"审计报告"。

2. 收件人

审计报告的收件人是指注册会计师按照业务约定书的要求致送审计报告的对象，一般是指审计业务的委托人。审计报告应当载明收件人的全称。为了防止审计报告被委托人滥用，注册会计师应当与委托人在业务约定书中约定致送对象。针对整套通用目的的财务报表出具审计报告,审计报告的致送对象通常为被审计单位的全体股东或董事会。例如,北京新城发展股份有限公司全体股东。

3. 审计意见

审计意见由两部分构成,注册会计师首先应指出已根据注册会计师审计准则的规定完成了审计工作,审计了财务报表;其次要说明得出的审计结论、发表的审计意见。

第一部分指出已审计财务报表,应当包括以下几个方面:

(1) 指出被审计单位的名称。

(2) 说明财务报表已经审计。

(3) 指出构成整套财务报表的每一财务报表的名称。

(4) 提及财务报表附注。

(5) 指明构成整套财务报表的每一财务报表的日期或涵盖的期间。

第二部分应当说明注册会计师发表的审计意见。注册会计师如果对财务报表发表了无保留意见,除非法律法规另有规定,审计意见应当使用"我们认为,财务报表在所有重大方面按照适用的财务报表编制基础(如《企业会计准则》等)编制,公允反映……"的措辞。审计意见说明财务报表在所有重大方面按照适用的财务报表编制基础编制,公允反映了财务报表旨在反映的事项。

4. 形成审计意见的基础

审计报告应当包含标题为"形成审计意见的基础"的部分。该部分提供关于审计意见的重要背景,应当紧接在审计意见部分之后,并包括下列方面:

(1) 说明注册会计师按照注册会计师审计准则的规定执行了审计工作。

(2) 提及审计报告中用于描述注册会计师审计准则规定的注册会计师责任的部分。

(3) 声明注册会计师按照与审计相关的职业道德要求对被审计单位保持了独立性,并履行了职业道德方面的其他责任。声明中应当指明适用的职业道德要求,如《中国注册会计师职业道德守则》。

(4) 说明注册会计师是否相信获取的审计证据是充分、适当的,为发表审计意见提供了基础。

5. 关键审计事项

关键审计事项,是指注册会计师根据职业判断认为对当期财务报表审计最为重要的事项。注册会计师应当:

(1) 在审计报告中单设关键审计事项部分。

(2) 描述单一关键审计事项。

(3) 不在审计报告中沟通关键审计事项的情形。

6. 管理层对财务报表的责任

审计报告应当包含标题为"管理层对财务报表的责任"的部分,其中应当说明管理层负责下列方面:

(1) 按照适用的财务报表编制基础编制财务报表,使其实现公允反映,并设计、执行和维护必要的内部控制,以使财务报表不存在舞弊或错误导致的重大错报。

(2) 评估被审计单位的持续经营能力和使用持续经营假设是否适当,并披露与持续经营相关的事项(如适用)。对管理层评估责任的说明应当包括描述在何种情况下使用持续经营假设是适当的。

7. 注册会计师对财务报表审计的责任

审计报告应当包含标题为"注册会计师对财务报表审计的责任"的部分,其中应当包括下列内容:

(1) 说明注册会计师的目标是对财务报表整体是否不存在舞弊或错误导致的重大错报获取合理保证,并出具包含审计意见的审计报告。

(2) 说明合理保证是高水平的保证,但按照注册会计师审计准则执行的审计并不能保证一定会发现存在的重大错报。

(3) 说明错报可能是舞弊或错误导致的。说明错报可能是舞弊或错误导致的,注册会计师应当从下列两种做法中选取一种:一是描述如果合理预期错报单独或汇总起来可能影响财务报表使用者依据财务报表作出的经济决策,则通常认为错报是重大的。二是根据适用的财务报表编制基础,提供关于重要性的定义或描述。

8. 按照相关法律法规的要求报告的事项(如适用)

除了注册会计师审计准则规定的注册会计师对财务报表出具审计报告的责任,相关法律法规可能对注册会计师设计了其他报告责任。这些责任是注册会计师按照注册会计师审计准则对财务报表出具审计报告的责任的补充。例如,如果注册会计师在财务报表审计中注意到某些事项,可能被要求对这些事项予以报告。此外,注册会计师可能被要求实施额外的规定的程序并予以报告,或对特定事项(如会计账簿和记录的适当性)发表意见。在某种情况下,相关法律法规可能要求或允许注册会计师对这些其他责任报告作为财务报表出具的审计报告的一部分。在另外一些情况下,相关法律法规可能要求或允许注册会计师在单独出具的报告中进行报告。

9. 注册会计师的签名和盖章

审计报告应当由项目合伙人和另一名负责该项目的注册会计师签名和盖章。在审计报告中指明项目合伙人有助于进一步增强对审计报告使用者的透明度,有利于增强项目合伙人的个人责任感。因此,对上市实体整套通用目的财务报表出具的审计报告,应当注明项目合伙人。

10. 会计师事务所的名称、地址和盖章

审计报告应当载明会计师事务所的名称和地址,并加盖会计师事务所公章。

根据《中华人民共和国注册会计师法》中注册会计师承办业务的规定,由其所在的会计师事务所统一受理并与委托人签订委托合同。因此,审计报告除了应由注册会计师签名和盖章,还应载明会计师事务所的名称和地址并加盖会计师事务所公章。

11. 报告日期

审计报告应当注明报告日期。审计报告日期不应早于注册会计师获取充分、适当的审计证据(包括管理层认可对财务报表的责任且已批准财务报表的证据),并在此基础上对财务报表形成审计意见的日期。

二、出具保留意见的审计报告(上市公司)

2023年1月25日,北京正大会计师事务所对北京新城发展股份有限公司2022年度的财务报表进行审计时,项目负责人刘新注册会计师遇到了以下情况:北京新城发展股份有限

二维码 10-6:
参考答案
——无保留
意见审计报
告

公司拥有一项长期股权投资,账面价值500万元,持股比例30%。2022年12月31日,北京新城发展股份有限公司与长江投资有限公司签署投资转让协议,拟以450万元的价格转让该项长期股权投资,已收到价款300万元,但尚未办理产权过户手续。北京新城发展股份有限公司以该项长期股权投资正在转让之中为由,不再计提减值准备。前述事项对北京新城发展股份有限公司2022年度财务报表的影响都是重要的,且北京新城发展股份有限公司拒绝接受刘新注册会计师的审计处理意见。假定不存在其他因素的影响,请替注册会计师刘新出具审计报告。(被审计单位的企业所得税税率为25%)

北京正大会计师事务所
正大审字[2023]第0001号

审计报告

全体股东:

一、对财务报表出具的审计报告

(一)保留意见

我们审计了 (以下简称 公司)的财务报表,包括 年 月 日的资产负债表, 年度的利润表、现金流量表、股东权益变动表以及相关财务报表附注。

我们认为,除了"形成保留意见的基础"部分所述事项的影响,后附的财务报表在所有重大方面按照企业会计准则的规定编制,公允反映了 公司 年 月 日的财务状况以及 年度的经营成果和现金流量。

(二)形成保留意见的基础

北京新城公司2022年12月31日的一笔长期股权投资500万元,由于北京新城公司要对该项长期股权投资进行转让而未进行计提投资减值准备。如果计提减值准备,北京新城公司的长期股权投资账面价值将减少50万元,净利润将减少37.50万元。

我们按照《中国注册会计师审计准则》的规定执行了审计工作。审计报告的"注册会计师对财务报表审计的责任"部分进一步阐述了我们在这些准则下的责任。按照《中国注册会计师职业道德守则》,我们独立于 公司,并履行了职业道德方面的其他责任。我们相信,我们获取的审计证据是充分、适当的,为发表审计意见提供了基础。

(三)其他信息

公司管理层对其他信息负责。其他信息包括年度报告中除财务报表和本审计报告以外的信息。

我们对财务报表发表的审计意见不涵盖其他信息,我们也不对其他信息发表任何形式的鉴证结论。

结合我们对财务报表的审计,我们的责任是阅读其他信息,在此过程中,考虑其他信息是否与财务报表或我们在审计过程中了解到的情况存在重大不一致或者似乎存在重大错报。

(四)关键审计事项

（五）管理层和治理层对财务报表的责任

管理层负责按照《企业会计准则》的规定编制财务报表,使其实现公允反映,并设计、执行和维护必要的内部控制,以使财务报表不存在舞弊或错误导致的重大错报。

在编制财务报表时,管理层负责评估 ×× 公司的持续经营能力,披露与持续经营相关的事项(如适用),并运用持续经营假设,除非管理层计划清算 ×× 公司、停止营运或别无其他现实的选择。

治理层负责监督 ×× 公司的财务报告过程。

（六）注册会计师对财务报表审计的责任

我们的目标是对财务报表整体是否不存在舞弊或错误导致的重大错报获取合理保证,并出具包含审计意见的审计报告。合理保证是高水平的保证,但并不能保证按照审计准则执行的审计在某一重大错报存在时总能发现。错报可能由舞弊或错误所导致,如果合理预期错报单独或汇总起来可能影响财务报表使用者依据财务报表作出的经济决策,则通常认为错报是重大的。

在按照注册会计师审计准则执行审计的过程中,我们运用了职业判断,保持了职业怀疑。我们同时:

（1）识别和评估舞弊或错误导致的财务报表重大错报风险;对这些风险有针对性地设计和实施审计程序;获取充分、适当的审计证据,作为发表审计意见的基础。舞弊可能涉及串通、伪造、故意遗漏、虚假陈述或凌驾于内部控制之上,未能发现舞弊导致的重大错报的风险高于未能发现错误导致的重大错报的风险。

（2）了解与审计相关的内部控制,以设计恰当的审计程序,但目的并非对内部控制的有效性发表意见。

（3）评价管理层选用会计政策的恰当性和作出会计估计及相关披露的合理性。

（4）对管理层使用持续经营假设的恰当性得出结论。同时,根据获取的审计证据,就可能导致对 ×× 公司持续经营能力产生重大疑虑的事项或情况是否存在重大不确定性得出结论。如果我们得出结论认为存在重大不确定性,审计准则要求我们在审计报告中提请报表使用者注意财务报表中的相关披露。如果披露不充分,我们应当发表非无保留意见。我们的结论基于审计报告日可获得的信息。然而,未来的事项或情况可能导致 ×× 公司不能持续经营。

（5）评价财务报表的总体列报、结构和内容(包括披露),并评价财务报表是否公允反映相关交易和事项。

我们与治理层就计划的审计范围、时间安排和重大审计发现(包括我们在审计中识别的值得关注的内部控制缺陷)进行沟通。

我们还就遵守关于独立性的相关职业道德要求向治理层提供声明,并就可能被合理认为影响我们独立性的所有关系和其他事项,以及相关的防范措施(如适用)与治理层进行沟通。

从与治理层沟通的事项中,我们确定哪些事项对本期财务报表审计最为重要,因而构成关键审计事项。我们在审计报告中描述这些事项,除非法律法规禁止公开披露这些事项,或在极其罕见的情形下,如果合理预期在审计报告中沟通某事项造成的负面后果超过在公众利益方面产生的益处,我们确定不应在审计报告中沟通该事项。

二、按照相关法律法规的要求报告的事项

二维码10-7：
参考答案
——出具保
留意见的审
计报告（上
市公司）

北京正大会计师事务所　　　　　　　　　　　中国注册会计师：
（盖章）　　　　　　　　　　　　　　　　　　（签名并盖章）
　　　　　　　　　　　　　　　　　　　　　　中国注册会计师：
　　　　　　　　　　　　　　　　　　　　　　（签名并盖章）
中国 北京 市　　　　　　　　　　　　　　　　年　月　日

地址：北京市通州区建设西路27号　　电话：010-82398876　　传真：010-82398876

三、出具否定意见的审计报告（非上市公司）

2023年1月25日，北京正大会计师事务所对北京海威发展有限公司2022年度的财务报表进行审计时，项目负责人刘新注册会计师遇到了以下情况：北京海威发展有限公司为北京新城公司向银行借款3 000万元提供信用担保。2022年10月，北京新城公司因经营严重亏损，进行破产清算，无力偿还已到期的该笔银行借款。银行向法院起诉，要求北京海威发展有限公司承担担保连带责任，支付借款本息3 200万元。2023年1月10日，法院终审判决银行胜诉，并于2023年1月20日执行完毕。北京新城公司已破产，3 200万元均无法收回，考虑到无法向北京新城公司追偿，北京海威发展有限公司在2023年1月支付该笔款项的同时，将其全额计入当月营业外支出项目。假定不存在其他因素的影响，请替注册会计师刘新出具审计报告。（被审计单位的企业所得税税率为25％）

北京正大会计师事务所
正大审字〔2023〕第0001号

审计报告

全体股东：
一、对财务报表出具的审计报告
（一）否定意见
我们接受委托，审计了　　　　（以下简称　　　公司）的财务报表，包括　年　月　日的资产负债表，　年度的利润表、现金流量表、股东权益变动表以及相关财务报表附注。
我们不对后附的　　　公司财务报表发表审计意见。由于"形成否定意见的基础"部分所述事项的重要性，我们无法获取充分、适当的审计证据以作为对财务报表发表审计意见的基础。
（二）形成否定意见的基础
北京海威公司为北京新城公司向银行承担的连带责任于2023年度确认营业外支出3 200万元。这项义务已于2022年已经确定发生了，因此应于2022年确认营业外支出3 200万元。如果在2022年确认营业外支出3 200万元，净利润将减少2 400万元。
（三）管理层和治理层对财务报表的责任
　　　　　公司管理层（以下简称管理层）负责按照《企业会计准则》的规定编制财务报表，使其实现公允反映，并设计、执行和维护必要的内部控制，以使财务报表不存在舞弊或错误导致的重大错报。

在编制财务报表时,管理层负责评估　　公司的持续经营能力,披露与持续经营相关的事项(如适用),并运用持续经营假设,除非管理层计划清算　　公司、终止营运或别无其他现实的选择。

治理层负责监督　　公司的财务报告过程。

(四)注册会计师对财务报表审计的责任

我们的责任是按照《中国注册会计师审计准则》的规定,对　　公司的财务报表执行审计工作,以出具审计报告。但由于"形成否定意见的基础"部分所述的事项,我们无法获取充分、适当的审计证据以作为发表审计意见的基础。

按照《中国注册会计师职业道德守则》,我们独立于　　公司,并履行了职业道德方面的其他责任。

二、对其他法律和监管要求的报告

北京正大会计师事务所　　　　　　　　中国注册会计师:
(盖章)　　　　　　　　　　　　　　(签名并盖章)
　　　　　　　　　　　　　　　　　　中国注册会计师:
　　　　　　　　　　　　　　　　　　(签名并盖章)
中国　北京市　　　　　　　　　　　　　　年　月　日

地址:北京市通州区建设西路27号　　电话:010-82398876　　传真:010-82398876

二维码10-8:参考答案——出具否定意见的审计报告(非上市公司)

四、出具无法表示意见的审计报告(非上市公司)

2023年1月25日,北京正大会计师事务所对北京新城发展股份有限公司2022年度的财务报表进行审计时,项目负责人刘新注册会计师遇到了以下情况:北京光电联合发展有限公司2022年度会计报表净利润为1 800万元。广海公司系北京新城发展股份有限公司于2022年1月1日在国外投资设立的联营公司,其2022年度财务报表反映的净利润为3 600万元。北京新城发展股份有限公司占广海公司45%的股权比例,对其财务和经营政策具有重大影响,故在2022年度会计报表中采用权益法确认了该项投资收益1 620万元。广海公司2022年度财务报表未经任何注册会计师审计,也无法实施其他替代审计程序来确认此项收益。假定不存在其他因素的影响,请替注册会计师刘新出具审计报告。

北京正大会计师事务所

正大审字[2023]第0001号

审计报告

全体股东:

一、对财务报表出具的审计报告

(一)无法表示意见

我们接受委托,审计了　　(以下简称　　公司)的财务报表,包括　　年　月　日的资产负债表，　　年度的利润表、现金流量表、股东权益变动表以及相关财务报表附注。

我们不对后附的　　公司财务报表发表审计意见。由于"形成无法表示意见的基础"部分所述事项的重要性，我们无法获取充分、适当的审计证据以作为对财务报表发表审计意见的基础。

（二）形成无法表示意见的基础

北京新城公司的联营企业广海公司的净利润为3 600万元，北京新城公司对该项投资确认的收益为1 620万元，但广海公司的会计报表未经任何注册会计师审计，我们无法实施替代审计程序，以对北京新城公司的投资收益获取充分、适当的审计证据。

（三）管理层和治理层对财务报表的责任

公司管理层（以下简称管理层）负责按照《企业会计准则》的规定编制财务报表，使其实现公允反映，并设计、执行和维护必要的内部控制，以使财务报表不存在舞弊或错误导致的重大错报。

在编制财务报表时，管理层负责评估　　公司的持续经营能力，披露与持续经营相关的事项（如适用），并运用持续经营假设，除非管理层计划清算　　公司、终止营运或别无其他现实的选择。

治理层负责监督　　公司的财务报告过程。

（四）注册会计师对财务报表审计的责任

我们的责任是按照《中国注册会计师审计准则》的规定，对　　公司的财务报表执行审计工作，以出具审计报告。但由于"形成否定意见的基础"部分所述的事项，我们无法获取充分、适当的审计证据以作为发表审计意见的基础。

按照《中国注册会计师职业道德守则》，我们独立于　　公司，并履行了职业道德方面的其他责任。

二、对其他法律和监管要求的报告

北京正大会计师事务所	中国注册会计师：
（盖章）	（签名并盖章）
	中国注册会计师：
	（签名并盖章）
中国　北京　市	年　月　日

地址：北京市通州区建设西路27号　　电话：010-82398876　　传真：010-82398876

二维码10-9：参考答案——出具无法表示意见的审计报告（非上市公司）

参 考 文 献

［1］中国注册会计师协会.审计[M].北京:中国财政经济出版社,2021.
［2］李华.审计实训[M].大连:东北财经大学出版社,2020.
［3］王章友.审计全真实训[M].大连:东北财经大学出版社,2021.
［4］梁慧媛.审计基础模拟实训[M].5版.北京:中国人民大学出版社,2020.
［5］李雪.审计基础与实务[M].上海:立信会计出版社,2021.
［6］田金玉,许淑景.审计综合模拟实训教程[M].上海:立信会计出版社,2020.